서/미/대/네/일/리/스/트

약력

미대살롱(Nail salon) 대표

YouTube [미대살롱] 채널 운영

네일미용중앙회 이사

미용사(네일) 온라인 위생교육 강사

소상공인 진흥공단 네일강사

관련저서_네일쟁이를 위한 포크아트

젤 네일아트북

네일아트 영상 갤러리

시험안내 및 출제기준

미용사(네일) 자격시험 가이드

미용사(네일)은 네일미용에 관한 지식 및 숙련기능을 가지고 현장업무를 수행할 수 있는 전문기능인력을 양성하고자 제정되었습니다.

손톱·발톱의 전반적인 관리 뿐만 아니라 손톱·발톱이라는 좁은 공간 위에 여러 가지 방법을 이용해서 디자인하여 연출하는 패션의 방식을 네일아트라고 하며, 이 네일아트를 직업으로 하는 사람을 '네일리스트' 또는 '네일아티스트'라고 합니다.

2015년 4월 17일 이후부터는 미용사(네일) 자격취득자만이 미용업(손톱·발톱) 영업신고를 할 수 있습니다.

필기시험

- 시행기관 : 한국산업인력공단
- 출제방식 : CBT[Computer Based Training] / 4지선다형
- 합격기준 : 100점 만점에 60점 이상 / 60문항 중 36문항 이상
  - ✓ 필기시험에 합격한 자에 대하여는 필기시험 합격자 발표일로부터 2년간 필기시험을 면제한다.
- 시험시간 : 1시간(60분)
- 시험문제수 : 60문제
- 응시자격 : 제한 없음
- 홈페이지 : www.Q-net.or.kr

TIP : 시험접수는 선착순으로 이뤄집니다. 원서접수 첫날 오전 10시부터 접수가 시작되니, 미리 큐넷 사이트에 접속 후 대기 하세요! 필기시험 당일엔 신분증과 수험표를 꼭 챙겨가셔야 합니다. 시험은 컴퓨터로 진행되며, 합격 여부를 바로 확인 할 수 있습니다.

필기과목명	주요항목	세부항목	세세항목
네일개론, 공중위생관리학, 네일미용기술	1. 네일개론	1. 네일미용의 역사	1. 한국의 네일미용 2. 외국의 네일미용
		2. 네일미용 개론	1. 네일 미용의 위생 및 안전 2. 네일 미용인의 자세 3. 네일의 구조와 이해 4. 네일의 특성과 형태 5. 네일의 병변 6. 고객응대 및 상담
		3. 손·발의 구조와 기능	1. 뼈(골)의 형태 및 발생 2. 손과 발의 뼈대(골격) 구조·기능 3. 손과 발의 근육의 형태 및 기능 4. 손·발의 신경 조직과 기능
	2. 피부학	1. 피부와 피부 부속 기관	1. 피부구조 및 기능 2. 피부 부속기관의 구조 및 기능
		2. 피부유형분석	1. 정상피부의 성상 및 특징 2. 건성피부의 성상 및 특징 3. 지성피부의 성상 및 특징 4. 민감성피부의 성상 및 특징 5. 복합성피부의 성상 및 특징 6. 노화피부의 성상 및 특징
		3. 피부와 영양	1. 3대 영양소, 비타민, 무기질 2. 피부와 영양 3. 체형과 영양
		4. 피부장애와 질환	1. 원발진과 속발진 2. 피부질환
		5. 피부와 광선	1. 자외선이 미치는 영향 2. 적외선이 미치는 영향
		6. 피부면역	1. 면역의 종류와 작용

필기과목명	주요항목	세부항목	세세항목
네일개론, 공중위생관리학, 네일미용기술	2. 피부학	7. 피부노화	1. 피부노화의 원인 2. 피부노화현상
	3. 공중위생 관리학	1. 공중보건학	1. 공중보건학 총론 2. 질병관리 3. 가족 및 노인보건 4. 환경보건 5. 식품위생과 영양 6. 보건행정
		2. 소독학	1. 소독의 정의 및 분류 2. 미생물 총론 3. 병원성 미생물 4. 소독방법 5. 분야별 위생·소독
		3. 공중위생관리법규 (법, 시행령, 시행규칙)	1. 목적 및 정의 2. 영업의 신고 및 폐업 3. 영업자준수사항 4. 면허 5. 업무 6. 행정지도감독 7. 업소 위생등급 8. 위생교육 9. 벌칙 10. 시행령 및 시행규칙 관련사항
	4. 화장품학	1. 화장품학 개론	1. 화장품의 정의 2. 화장품의 분류
		2. 화장품 제조	1. 화장품의 원료 2. 화장품의 기술 3. 화장품의 특성

필기과목명	주요항목	세부항목	세세항목
네일개론, 공중위생관리학, 네일미용기술	4. 화장품학	3. 화장품의 종류와 기능	1. 기초 화장품
			2. 메이크업 화장품
			3. 모발 화장품
			4. 바디(body)관리 화장품
			5. 네일 화장품
			6. 방향 화장품
			7. 에센셜(아로마)오일 및 캐리어오일
			8. 기능성 화장품
	5. 네일미용 기술	1. 손톱, 발톱 관리	1. 재료와 도구의 활용
			2. 매니큐어
			3. 매니큐어 컬러링
			4. 페디큐어
			5. 페디큐어 컬러링
		2. 인조 네일관리	1. 재료와 도구의 활용
			2. 네일 팁
			3. 네일 랩
			4. 아크릴릭 네일
			5. 젤 네일
			6. 인조네일(손, 발톱)의 보수와 제거
		3. 네일제품의 이해	1. 용제의 종류와 특성
			2. 네일 트리트먼트의 종류와 특성
			3. 네일 폴리시의 종류와 특성
			4. 인조네일 재료의 종류와 특성
			5. 네일기기의 종류와 특성

목차
(Contents)

Part. 1

네일개론

Chapter.1

네일미용의 역사

7~8문제 출제

이 단락은 한국 · 외국의 네일미용의 역사와 현대 네일미용의 역사의 부분으로 최초시행 시점과 최초 개발자들을 중점으로 공부하고 시대별, 연도별의 특징을 파악하세요.
질문과 지문을 조금씩 변형하면서 문제가 출제되기 때문에 정확히 암기하지 않으면 헷갈릴 수 있으니 주의하세요.

핵심문제

01. 고대 이집트 시대의 네일미용과 관련 없는 것은?

① 왕과 왕비의 손톱에 헤나를 칠하였다.
② 시녀의 미이라 손톱에 보라색 색조가 칠해져 있었다.
③ 출토된 고분에서 금속제로 된 오렌지 우드스틱이 발견되었다.
④ 손톱색조를 통해 계급을 알 수 있었으며 신분이 낮은 사람은 짙은색을 칠하였다.

답 ④

신분이 낮으면 옅은색, 신분이 높으면 짙은색

02. B.C 3000년경 최초의 손 관리가 행해졌다고 기록된 나라는?

① 그리스
② 로마
③ 이집트
④ 프랑스

답 ③

이집트 파라오의 무덤에서 매니큐어 세트가 발견 됨

03. 네일의 역사에 대해 서술한 내용 중 거리가 가장 먼 것은?

① 고대에는 손톱 매니큐어를 남성 전유물로 여겼다.
② 네일 기술은 약 5,000년경에 걸쳐 변화하여 왔다.
③ 최초의 네일케어는 B.C 3,000년경에 이집트와 중국에서 시작되었다.
④ B.C 3,000년경 중국에서는 벌꿀과 계란 흰자, 아라비아 고무 나무를 사용하였다.

답 ①

중세시대에 매니큐어를 남성의 전유물로 여겼다.

04. 네일 미용의 유래에 관한 설명 중 바르지 않은 것은?

① 중국은 특권층의 신분을 드러내기 위해 홍화를 손톱에 바르기 시작했다.
② 그리스 로마 시대 남성들은 오직 전쟁의 승리를 기원하는 의미로 손톱을 치장했다.
③ 17C 인도의 여성들은 손톱의 뿌리 부분에 신분을 나타내는 목적으로 문신을 했다.
④ 건강을 기원하는 주술적 의미에서 손톱에 빨간색을 물들이게 되었다.

답 ②

중세시대에는 군 지휘관들이 용맹 과시를 위해 입술과 손톱에 같은 색을 칠했다.

05. **고대 네일 미용에 관한 설명으로 바르지 않은 것은?**

① 손톱색으로 사회적 계급을 나타내었다.
② 중국 명나라에서는 흑색과 적색을 발랐다.
③ 중국에서는 미라의 손톱에 빨간색을 입혔다.
④ 중국 주 왕조시대에는 손톱에 금색과 은색을 입혔다.

답 ③

고대 이집트에서는 권력과 주술적 의미로 손톱에 헤나를 사용하여 색을 입혔다.

06. **고대 이집트에서 손톱화장에 사용된 재료는?**

① 홍화
② 헤나
③ 계란 흰자
④ 오일

답 ②

07. **17세기 부의 상징으로 긴 손톱을 길렀으며 보석이나 대나무 등으로 장식한 나라는?**

① 중국
② 인도
③ 미국
④ 이집트

답 ①

Study

1. 외국 미용의 역사

시대	국가	특징
고대	이집트	• **최초의 네일미용의 기원**: B.C3000년경 • 파라오 무덤에서 금으로 만든 오렌지 우드스틱 발견 • 헤나를 사용하여 미이라의 손톱에 색을 입혀 권력이나 주술적인 의미로 사용됨 • 고분에서 출토된 미이라에서 보라색 손톱 발견 • 신분이 높은 계층은 손톱에 적색으로 신분이 낮은 계층은 옅은 색으로 물들여 신분과 지위를 나타냄
	중국	• 왕족과 귀족들은 금색과 은색으로 색을 칠함 • 계란 흰자와 벌꿀, 고무나무 수액 등을 혼합한 액체를 손톱에 바름 • 입술연지를 만드는 홍화를 손톱에 물들여 '조홍'이라 부름
	그리스 로마	남성의 전유물로 손톱을 관리

시대	국가	특징
중세 근대	중국	• 명나라 왕조들은 흑색과 적색을 손톱에 발라 신분을 과시함 • 부의 상징으로 손톱을 기르고 보석, 대나무 등으로 장식함
	프랑스	• 손톱이 붉고 손가락이 희고 긴 손이 미의 기준이 됨 • 궁전에서는 손톱을 길러 방문을 긁도록 하여 노크를 대신하기도 함
	인도	네일 매트릭스에 바늘로 색소를 주입하여 상류층임을 과시함

핵심문제

08. **한국의 네일미용 역사가 아닌 것은?**

① 고려시대부터 시작되었다.
② 최초의 네일숍인 '그리피스'가 서울 이태원에 오픈하였다.
③ 1997년 최초의 한국네일협회가 창립되어 네일아트가 대중화 되었다.
④ 상류층 여성들은 매트릭스 부분에 문신바늘로 색소를 주입하여 신분을 과시하였다.

답 ④

17세기 인도의 네일미용에 대한 내용이다.

09. **우리나라 네일 관련 내용과 거리가 먼 것은?**

① 1992년 - 서울 이태원에 국내 최초 네일살롱 개원
② 1998년 - 전문 아카데미 핑크네일 오브 뉴욕 오픈
③ 1996년 - 서울 압구정동 백화점 내 전문네일코너 입점
④ 1997년 - 최초의 한국네일협회가 창립함

답 ②

1995년 국내 최초 아카데미가 압구정에 오픈하였다.

10. **한국의 네일미용 역사에 대한 설명으로 틀린 것은?**

① 봉숭아 꽃으로 손톱을 물들이는 풍속이 있었다.
② 조선시대에 봉숭아 꽃물을 들이는 풍속이 시작되었다.
③ 한국네일미용의 역사는 고려시대부터 시작되었다.
④ 최초의 네일숍은 1992년에 오픈한 '그리피스'이다.

답 ②

봉숭아꽃 물들이기의 시작은 고려시대, 유행은 조선시대이다.

study

2. 한국 미용의 역사

시대		특징
과거	고려시대	고려 충선왕 때에 봉숭아 꽃물을 들인 궁녀 이야기가 전해지며 부녀자와 처녀들 사이에서 '염지갑화' 라고 하는 봉숭아꽃 물들이기가 시작됨
	조선시대	신분에 관계없이 젊은 각시와 어린이들이 봉선화를 백반에 찧어 손톱에 물들임
20세기	1992년	최초의 네일아트 숍 '그리피스' 가 이태원에 오픈함
	1995년	서울 압구정동에 최초 네일 아카데미가 오픈함
	1996년	압구정 백화점에 네일코너가 입점되며 본격적인 도입기를 알림
	1997년	• 최초의 한국네일협회가 창립 • 인기스타들이 네일아트를 하면서 대중화 되기 시작함
	1998년	최초의 민간자격시험제도가 시행됨(한국네일협회)
현대	2000년	대학의 피부미용학과에서 네일 미용사가 배출되기 시작함
	2002년	네일제품의 전문화가 이루어지기 시작하였고 네일 산업이 호황기에 들어섬
	2014년	• 미용업(손톱·발톱) 공중위생 관리법 시행으로 네일미용업 면허증 발급이 시작됨 • 미용사(네일)국가 자격증 제도 시작

핵심문제

11. **네일산업의 발달과정 중 년도와 내용이 바르게 연결되지 않은 것은?**

① 1885년 - 폴리시의 피막형성제인 니트로셀룰로오스가 개발되었다.
② 1994년대 - 뉴욕주에서 네일 테크니션 면허제도가 생겼다.
③ 1932년대 - 최초의 염료가 들어간 네일 폴리시가 발명되었다.
④ 1990년대 - 네일팁을 이용한 인조네일의 개발이 시작됐다.

답 ④

네일팁을 이용한 인조네일과 집착제의 개발은 1935년대에 시작되었다.

12. **네일 도구 및 네일재료가 네일 산업에 도입된 순서대로 나열된 것은?**

① 아크릴 네일 - 네일팁 - 젤네일 - 네일 폴리시
② 네일 폴리시 - 네일팁 - 아크릴 네일 - 젤네일
③ 네일팁 - 네일 폴리시 - 젤네일 - 아크릴 네일
④ 네일 폴리시 - 네일팁 - 젤네일 - 아크릴 네일

답 ②

네일 폴리시 개발(1910년 이전) → 네일팁 개발(1935년) → 아크릴 네일 개발(1957년) → 젤 네일 개발(1994년)

13. **외국 네일 미용의 역사에서 페디큐어가 일반화되기 시작한 시기는?**

① 1940년대
② 1950년대
③ 1960년대
④ 1970년대

답 ②

1950년대에 페디큐어와 호일을 이용한 아크릴 네일이 시작되었다.

14. **외국 네일미용의 발전과 인물에 대한 연결이 옳은 것은?**

① 헬렌 걸리 - 네일팁 개발
② 시트 - 오렌지 우드스틱 개발
③ 닥터 코로니 - 큐티클 리무버 개발
④ 토마스 슬래그 - 네일 폴리시 리무버 개발

답 ②

- 헬렌 걸리 - 최초의 네일아트 수업
- 닥터 코로니 - 홈 케어 제품 개발
- 토마스 슬래그 - 네일 폼 개발

15. **네일 산업의 발달 과정 중 연도와 내용의 연결이 옳은 것은?**

① 1925년 - 네일 폴리시 시장의 본격화
② 1935년 - 근대적 페디큐어 등장
③ 1967년 - 아몬드형의 네일이 유행
④ 1992년 - 실크와 린넨을 이용한 네일랩 작업 시작

답 ①

• 1957년 - 근대적 페디큐어 등장
• 1800년 - 아몬드형의 네일이 유행
• 1960년 - 실크와 린넨을 이용한 네일랩 작업 시작

16. **네일케어가 대중화된 시기는?**

① 1800년
② 1830년
③ 1885년
④ 1892년

답 ①

1800년에는 아몬드형 네일이 유행을 하고 네일케어가 대중화 되기 시작하였다.

17. **네일 미용 관리가 일반인들에게 대중화가 가장 먼저 발전한 나라는?**

① 유럽
② 중국
③ 미국
④ 일본

답 ③

1892년에 미국에서 처음 네일리스트라는 직업이 생겨나면서 대중화가 가장 먼저 시작되었다.

18. **미국에서 메틸메타크릴레이트 등의 아크릴 화학 제품의 사용 금지시킨 기관은?**

① NIA
② FDA
③ WHO
④ KNA

답 ②

FDA는 미국 내에서 생산되는 식품 · 의약품 · 화장품뿐만 아니라 수입품과 일부 수출품의 효능과 안전성을 관리한다.

19. **네일 재료의 개발에 관한 설명이 틀린 것은?**

① 아크릴 네일제품은 미술 조형작품에 사용하던 아크릴 재료에서 비롯된 것이다.
② 오렌지 우드스틱은 치과에서 사용하던 도구에서 착안되었다.
③ 니트로셀룰로오스는 네일 폴리시의 필름 형성제로 사용되었다.
④ 에어로졸 테크닉에서 스프레이형 네일 폴리시 드라이어가 개발되었다.

답 ①

아크릴 네일 제품은 치과에서 사용하던 재료이다.

20. **네일산업의 발달 과정과 연도의 내용이 틀린 것은?**

① **1994년** : 뉴욕주에서 네일 테크니션 면허제도가 생겼다.
② **1885년** : 네일 폴리시의 필름 형성제인 니트로셀룰로오스가 개발되었다.
③ **1932년** : 최초의 염료가 들어간 네일 폴리시가 발명되었다.
④ **1940년** : 인조네일은 부와 사치의 상징이 되었다.

답 ④

인조네일이 부와 사치의 상징이 된 해는 1970년대이다.

21. **1900년대의 네일미용과 거리가 먼 것은?**

① 크림이나 파우더로 손톱에 광을 내었다.
② 낙타털 브러시를 이용, 손톱에 폴리시를 칠했다.
③ 네일 폴리시 피막 형성제인 니트로셀룰로오스가 개발되었다.
④ 네일케어에 금속가위와 금속파일 등의 네일도구가 이용되었다.

답 ③

니트로셀룰로오스는 1885년에 개발되었다.

study

1. 네일 미용의 역사

시대		특징
19세기	19세기초	• 중국의 서태후가 손톱 미용법을 기술함 • 영국의 상류층은 손톱에 장미빛 파우더를 사용
	1800년	• 아몬드형 네일이 유행 • 샤모아 가죽으로 손톱에 광택을 냄 • 네일이 대중화됨
	1830년	발 전문의사인 '시트'에 의해 치과에서 사용하던 도구에서 오렌지 우드스틱이 개발됨

시대		특징
19세기	1885년	네일 폴리시 피막형성제인 니트로셀룰로오스 개발
	1892년	미국에서 처음으로 네일리스트라는 직업이 도입됨
20세기	1900년	• 금속파일과 사포 타일이 제작되어 네일케어가 시작됨 • 크림이나 파우더로 손톱에 광을 내고 낙타털 브러쉬로 손톱에 컬러를 칠함
	1910년	• 네일 폴리시 제조 회사 '플라워리'가 뉴욕에 설립됨 • 네일손질에 금속파일과 사포파일을 도구로 사용
	1917년	잡지 '보그'의 '닥터 코로니'가 홈케어 네일제품을 소개함
	1925년	투명한 장밋빛 네일컬러가 생기면서 손톱 중앙에만 컬러를 바르는 것이 유행함
	1927년	화이트 폴리시, 큐티클 크림, 리무버가 제조됨
	1932년	다양한 색상의 폴리시가 출시됨
	1935년	인조네일 개발
	1940년	• 남성이발소에서 습식 매니큐어 최초시술 • 여배우 '리타 헤이워드'에 의해 레드 풀컬러링이 유행함
	1956년	'헬렌 걸리'가 최초로 미용학교에서 강의를 시작함
	1957년	• '토마스 슬래그'가 네일폼을 개발함 • 페디큐어와 호일을 이용한 아크릴 네일이 시작됨
	1960년	실크와 린넨을 이용하여 네일랩이 시술됨
	1970년	인조네일이 본격적으로 시작되고 네일아트가 유행하기 시작함
	1973년	미국 'IBD'사에서 네일접착제와 접착식 인조네일을 개발함
	1975년	미국 식약청(FDA)에서 메틸 메타크릴레이트의 아크릴 제품을 금지시킴
	1976년	• 스퀘어형의 손톱모양이 유행 • 네일아트가 미국에 정착함
	1981년	네일 악세사리 등이 등장하고 OPI, 에씨 등에서 네일 전문 제품을 출시함
	1982년	아크릴 스컬프쳐 제품이 개발됨
	1992년	• NIA(Nail Industry Association)가 창립되어 네일 산업이 정착함 • 인기 스타들에 의해 네일아트가 대중화 됨
	1994년	• 독일 라이트 큐어드 젤 시스템 등장 • 미국 뉴욕에서 네일 테크니션 면허제도 도입
	2000 년대	젤아트, 핸드페인팅, 3D입체 네일 등의 다양한 아트 기법의 등장

memo

Chapter.2
네일미용 개론

7~8문제 출제

용어도 어렵고 외울게 많은 부분입니다. 하지만 네일리스트로서 꼭 알아야 하는 부분이니 정확히 공부하세요! 가장 힘들어 하는 네일의 병변 부분은 관리할 수 있는 손톱과 관리할 수 없는 손톱으로 나눠 외우고 관리할 수 있는 손톱의 관리법 위주로 공부하시면 됩니다.
안전관리에 대한 부분과 미용인으로서 갖춰야 할 자세는 난이도가 다소 낮으니 먼저 가볍게 풀고 넘어가세요.

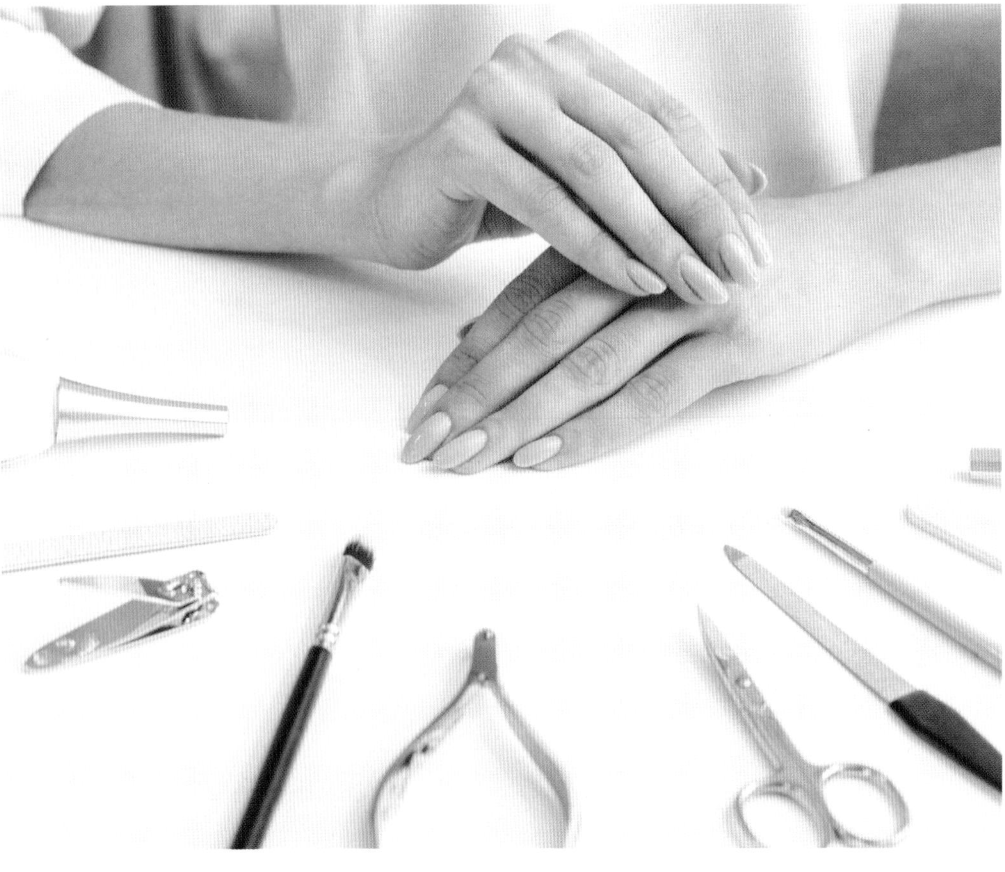

핵심문제

01. **네일숍의 안전관리에 대한 설명 중 바르지 않은 것은?**

① 제품에 소독 및 안전관리를 철저히 한다.
② 화학제품에는 라벨을 표기하지 않아도 된다.
③ 소화기를 배치하고 소방서, 경찰서 등의 비상 연락처를 붙여 놓는다.
④ 환기가 제대로 되고 있는지를 반드시 확인한다.

답 ②

네일숍에서 사용하는 모든 화학제품에는 반드시 라벨을 붙여 보관한다.

02. **제품안전정보 지침서를 뜻하는 약어로 맞는 것은?**

① MSDS
② FDA
③ DOH
④ OSHA

답 ①

MSDS[Material Safety Data Sheet] : 화학물질을 안전하게 사용하고 관리하기 위하여 필요한 정보를 기재한 Sheet이다.

03. **네일 미용사의 자세로 바람직하지 않은 것은?**

① 네일은 피부에 위치하고 있음을 인식해야 한다.
② 네일의 구조에 대해 잘 알고 있어야 한다.
③ 고객을 배려하는 차원에서 어떠한 고객이라도 관리하여야 한다.
④ 새로운 기술에 대한 탐구와 숙련된 서비스를 위해 노력한다.

답 ③

건강상태와 손톱 질환의 유·무에 따라 관리할 수 없는 경우도 있다.

04. **고객서비스 기록 카드에 기재하지 않아도 되는 것은?**

① 네일의 상태
② 고객의 은행 계좌정보와 수입
③ 알레르기 유무와 피부타입
④ 이름, 주소, 전화번호

답 ②

고객의 은행 계좌 정보와 수입은 지극히 사적인 부분이므로 고객관리와는 무관하다.

05. 네일숍의 환경위생에 관련된 내용으로 잘못 설명된 것은?

① 작업도구 - 소독한 도구와 소독하지 않는 도구를 분리 보관한다.
② 손세척 - 소독제를 사용하거나 역성비누 등으로 씻는다.
③ 테이블 - 클리너나 소독액으로 닦는다.
④ 테이블 타월 - 하루 정도 사용한 후 세탁한다.

답 ④

고객마다 새 타월을 사용해야 한다.

study

1. 안전관리

(1) 안전관리 지침서

① OSHA[Occupational Safety and Health Administration] - 직업 안전 위생 관리국

안전 프로그램들의 실시, 위생 및 안전과 관련된 기준들에 대한 새로운 설정과 기존의 잘못된 기준들을 폐기, 기업체 감찰, 프로그램들에 대한 조사, 질병 및 상해의 발생 비율에 대한 계속적 감시, 소환장 발부, 벌과금(罰科金)의 산정, 안전 기준을 지키지 않는 고용주에 대해 적합한 행동을 취하기 위한 법원에의 청원, 안전 훈련의 제공, 상해방지 컨설팅 제공, 위생 및 안전에 관한 통계 데이터베이스의 관리 등을 수행하고 있다(Goetsch, 1996).

② MSDS[Material Safety Data Sheet]

ㄱ. 화학물질을 안전하게 사용하고 관리하기 위하여 필요한 정보를 기재한 Sheet이다.
ㄴ. 제조자명, 제품명, 성분과 성질, 취급상의 주의, 적용법규, 사고시의 응급처치방법 등이 기입되어 있다.
ㄷ. 화학물질 등 안전 Data Sheet라고도 한다.

③ 재해 커뮤니케이션 기준(HCS)

ㄱ. 화학용품 제조업자들과 수입업자들에게 각 제품의 위험요소를 주의시키기 위한 기준이다.
ㄴ. 위험 정보와 제품안전 지침서, 제품라벨에 필요한 보호방법과 화학제품을 다루는 모든 작업장에서의 재해에 대해 동등한 평가 기준이다.

(2) 네일숍에서의 안전 주의사항

전기사용	• 전기 장치의 주된 사용법과 전류의 종류, 전기의 형태와 특성, 전기를 사용할 때의 안전수칙 등을 숙지해야 한다. • 전기 장치는 습한 곳을 피하고 항상 건조하게 유지해야 한다. • 마모된 전기코드는 교체하고, 사용하지 않으면 플러그를 뽑아서 전원을 차단한다.
화학물질	• 마스크와 보안경, 일회용 장갑을 착용한다. • 모든 제품에는 라벨을 붙여 사용하고 철제기구 속에 보관한다. • 화학제품은 반드시 뚜껑이 있는 용기에 넣고 서늘한 곳에 보관한다. • 사용한 페이퍼타월이나 네일 폴리시를 제거한 탈지면은 즉시 폐기한다. • 수시로 환기를 시켜준다.

2. 미용인의 자세와 고객관리

(1) 네일 미용인의 자세

① 숙련된 기술과 고객이 원하는 서비스를 제공하기 위해 노력해야 한다.

② 시술하기 편한 단정한 복장과 청결한 용모를 유지한다.

③ 고객과의 예약시간을 지키고 응대 전 테이블과 시술 도구 등을 깨끗이 유지하고 소독한다.

④ 예의 바르고 상냥하게 말하며, 비속어와 남의 험담 등을 하지 않는다.

⑤ 미용업 관련법규와 살롱 운영 규칙을 준수하며 직업윤리에 저촉되는 행위는 하지 않는다.

(2) 고객 관리

① 고객의 건강상태, 피부상태, 네일상태 등을 파악하여 최선의 서비스를 제공할 수 있도록 한다.

② 고객관리 카드 기재사항(고객의 동의하에 고객관리 카드를 작성한다)

ㄱ. 기본사항(이름, 전화번호, 집주소, 휴대폰번호, 직업 등)

ㄴ. 건강상태와 질병의 유무

ㄷ. 손·발톱의 병변의 유무

ㄹ. 피부타입과 알레르기

ㅁ. 손·발톱의 상태

ㅂ. 관리시 주의사항

ㅅ. 관리자의 성명

핵심문제

06. **네일의 구조에 대한 설명으로 옳은 것은?**

① **매트릭스**(조모) : 네일의 성장이 진행되는 곳으로 이상이 생기면 네일의 변형을 가져온다.
② **네일베드**(조상) : 네일의 끝부분에 해당되며 손톱의 모양을 만들 수 있다.
③ **루눌라**(조반월) : 매트릭스와 네일베드가 만나는 부분으로 미생물의 침입을 막는다.
④ **네일바디**(조체) : 네일 측면으로 손톱과 피부를 밀착시킨다.

답 ①

- 네일베드(조상)는 네일 바디 밑의 피부로 네일바디를 단단히 부착해주고 모세혈관이 있어 핑크빛을 띤다.
- 루눌라(조반월)는 유백색의 반달모양의 외부에서 보이는 매트릭스에 해당한다.
- 네일바디(조체)는 플레이트라고도 하며 손톱 그 자체를 말한다.

07. **네일 매트릭스에 속하면서 손톱 표면에 유색으로 비치는 부분은?**

① 네일 바디
② 네일 그루브
③ 루눌라
④ 네일 폴드

답 ③

- **네일 바디** : 손톱자체
- **네일 그루브** : 손톱을 따라 자라는 손톱과 피부 사이의 양측면에 좁게 패인 홈
- **네일 폴드** : 네일 주위에 있는 깊은 주름

08. **옐로우 라인에 대한 설명으로 맞는 것은?**

① 조구가 끝나는 지점
② 자유연이 찢어지기 시작한 지점
③ 조체와 자유연의 경계선
④ 외부적인 충격을 가장 많이 받는 지점

답 ③

①, ②, ④는 스트레스 포인트의 내용이다.

09. **신경이 없는 여러 층의 각질로 구성되어 손끝을 보호하는 역할을 하며, 네일 자체를 구성하는 곳은?**

① 네일 베드(조상)
② 네일 바디(조체)
③ 매트릭스(조모)
④ 네일 그루브(조구)

답 ②

흔히 손톱이라고 말하는 딱딱한 부분이 네일바디이며, 신경이 없다.

10. **하이포니키움(하조피)에 대한 설명으로 옳은 것은?**

① 매트릭스를 병원균으로부터 보호한다.
② 네일 아래 살과 연결된 끝부분으로 박테리아의 침입을 막아준다.
③ 손톱 측면의 피부로 네일배드와 연결된다.
④ 매트릭스 윗부분으로 손톱의 근원이다.

답 ②

- **매트릭스를 병원균으로부터 보호한다** : 에포니키움(상조피)
- **손톱 측면의 피부로 네일배드와 연결된다** : 네일월(조벽)
- **매트릭스 윗부분으로 손톱의 근원이다** : 네일루트(조근)

11. **에포니키움 아래 각화된 얇은 막으로 네일판이 성장함에 따라 나오는 피부조직은?**

① 큐티클
② 하조피
③ 네일 베드
④ 네일 바디

답 ①

- **하조피** : 하이포니키움으로 프리에지 밑 돌출된 피부를 말한다.
- **네일 베드** : 네일 바디의 바로 밑 피부로 네일 바디를 받쳐주는 역할을 한다.
- **네일 바디** : 일반적으로 손톱을 말한다.

12. **네일루트 바로 밑에 있으며 모세혈관, 림프, 신경조직 등이 있어 네일을 만드는 세포를 생성, 성장시키며 손상을 입게 되면 네일의 성장에 저해가 되는 중요한 부분은?**

① 매트릭스(조모)
② 네일 베드(조상)
③ 루눌라(조반월)
④ 하이포니키움(하조피)

답 ①

13. 조근(네일루트)의 특징으로 잘못 설명된 것은?

① 손(발)톱의 근원으로 피부 밑에 있다.
② 하부와의 접착 정도가 불충분하여 불완전하다.
③ 미량의 멜라닌 색소가 분비되어 네일의 색을 형성시킨다.
④ 림프관, 혈관, 신경이 많이 분포하고 있는 가장 예민한 부분이다.

답 ②

조반월(루눌라)에 대한 설명이다.

study

네일의 구조와 이해

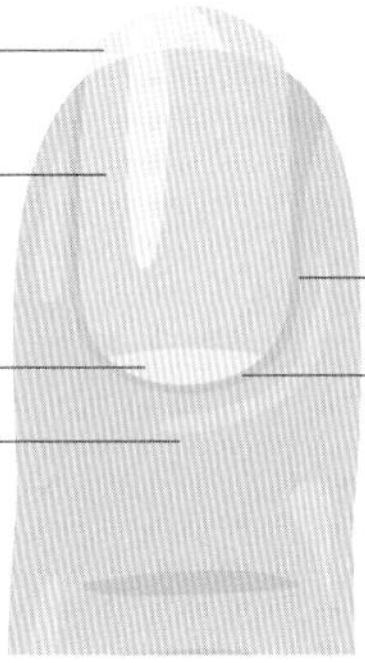

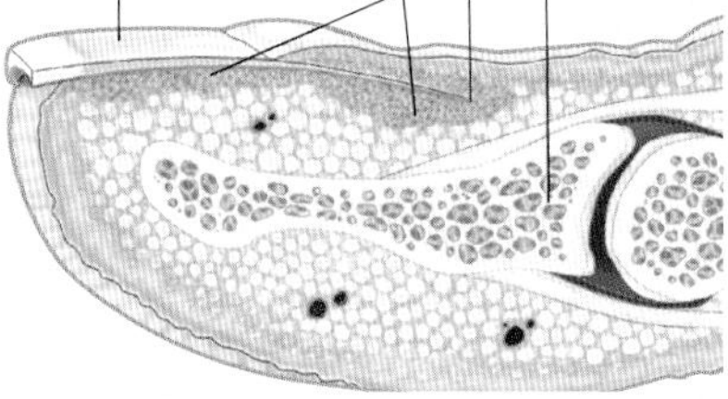

1. 네일 자체

① **네일루트(조근)**: 네일의 근원으로 네일이 자라기 시작하는 얇고 부드러운 손·발톱의 뿌리 부분이다.

② **네일바디(조체, 조판, 네일 플레이트)**: 일반적으로 손톱이라 부른다. 신경과 혈관이 없어 산소가 필요하지 않은 여러개의 층으로 이루어져 있다.

③ **프리에지(자유연)**: 네일 베드와 분리된 손톱의 끝 부분으로 모양과 길이를 자유롭게 조절할 수 있다.

2. 네일판 밑 부분

① **매트릭스(조모)**

ㄱ. 손톱을 만드는 케라틴 세포를 생성·성장시키는 역할을 한다.

ㄴ. 모세혈관, 림프, 신경조직 등이 있으며 매트릭스가 손상되면 네일이 더 이상 자라지 않거나 변형을 가져올 수 있다.

② 루눌라(조반월)

ㄱ. 케라틴 화가 덜 된 여린 부분으로 유백색의 반달모양을 하고 있다.

ㄴ. 충분히 각화되지 않아 부드러우며 하부와의 접착정도가 불충분하여 불완전하다.

③ 네일베드(조상)

ㄱ. 네일 바디의 밑 피부이다.

ㄴ. 모세혈관이 있어 네일이 핑크빛으로 보이며 산소를 공급받는다.

④ 옐로우 라인 : 네일 바디(조체)와 프리에지(자유연)의 경계선이다.

⑤ 스트레스 포인트

ㄱ. 옐로우 라인의 양 끝지점을 말한다.

ㄴ. 외부적인 충격을 가장 많이 받는 곳이므로 인조네일 작업시에 잘 커버해야 한다.

3. 네일을 둘러싼 피부

① 네일폴드(조주름) : 네일루트가 시작되는 곳으로 네일 바디에 맞추어 형성되어 있는 네일 주위에 있는 깊은 피부 주름이다.

② 에포니키움(상조피)

ㄱ. 네일 바디의 시작점에서 자라나는 피부로 매트릭스를 보호하는 역할을 한다.

ㄴ. 푸셔로 심하게 밀거나 잘못된 큐티클 정리 등으로 에포니키움에 상처가 생기면 세균에 감염될 수 있다.

③ 큐티클(조소피)

ㄱ. 에포니키움의 각질화 과정에서 생성되며 네일에 단단히 붙어 나오는 얇은 각질막이다.

ㄴ. 네일 주변을 덮고 있으며 세균의 침입으로부터 네일을 보호하는 역할을 한다.

④ 네일월(조벽) : 네일 베드를 보호하는 손톱의 양쪽 면을 둘러싸고 있는 피부로 파로니키움이라고도 하며 감염을 예방하는 역할을 한다.

⑤ 네일 그루브(조구) : 손톱을 따라 자라는 손톱과 피부 사이의 양 측면에 좁게 패인 홈이다.

⑥ 하이포니키움(하조피) : 프리에지 밑 부분의 돌출된 피부를 말하며 세균이나 박테리아의 침입으로부터 네일 베드를 보호하는 역할을 한다.

핵심문제

14. 손톱, 발톱의 설명으로 틀린 것은 ?

① 정상적인 손·발톱의 교체는 대략 6개월 가량 걸린다.
② 개인에 따라 성장 속도는 차이가 있지만 매일 1mm 정도 성장한다.
③ 손끝과 발끝을 보호한다.
④ 물건을 잡을 때 받침대 역할을 한다.

답 ②

손톱은 하루에 0.1~0.15mm정도 자라며 한 달에 3~5mm, 발톱은 한달에 약 1mm정도 자란다.

15. 태아의 손톱이 나타나기 시작되어 자라는 모습을 확인 할 수 있는 시기는?

① 임신 4주
② 임신 8주
③ 임신 14주
④ 임신 20주

답 ③

16. 네일의 주요 구성 성분에 해당하는 것은?

① 케라틴
② 엘라스틴
③ 콜라겐
④ 비타민

답 ①

네일은 반투명의 케라틴 경단백질이 주성분으로 이루어져 있다.

17. 건강한 손톱의 특징이 아닌 것은?

① 네일 베드에 잘 부착되어 있어야 한다.
② 연한 핑크색이 나며 둥근 모양의 아치형이다.
③ 매끈하게 윤이 흘러야 한다.
④ 단단하고 두꺼우며 딱딱해야 한다.

답 ④

건강한 손톱은 탄력이 있으며 유연하다.

18. **건강한 네일의 특성이 아닌 것은?**

① 매끄럽고 광택이 나며 반투명한 핑크빛을 띤다.
② 모양이 고르고 표면이 매끈하다.
③ 약 8~12% 수분을 함유하고 있다.
④ 탄력이 있고 단단하다.

답 ③

약 12~18% 수분을 함유하고 있어야 건강한 네일이다.

19. **다음 중 손톱의 특성이 아닌 것은?**

① 아미노산과 시스테인이 많이 포함되어 있다.
② 네일 바디에서 땀이 나오며 약 20% 수분을 함유하고 있다.
③ 네일 바디는 산소를 필요로 하지 않는다.
④ 네일 베드는 혈관으로부터 산소를 공급받는다.

답 ②

손톱주변에서 땀이 나오며 네일바디의 수분량은 12~18%이다.

20. **네일의 성장속도에 관한 설명으로 틀린 것은?**

① 한달에 약 3~5mm정도 자란다.
② 손톱이 전체적으로 다시 자라나는 데 소요되는 기간은 4~6개월이다.
③ 사람마다 다를 수 있으나 일반적으로 중지손톱이 가장 빨리 자란다.
④ 손톱은 여름보다 겨울에 빨리 자라고 발톱은 손톱보다 빨리 자란다.

답 ④

손톱은 여름에 빨리 자라고 손톱이 발톱보다 빨리 자란다.

21. **네일의 지질 함유량은?**

① 0.2~0.5%
② 0.15~0.76%
③ 0.25~1%
④ 2~3%

답 ②

지질 함유량은 0.15~0.76% 수분 함유량은 12~18%이다.

22. 파고드는 발톱을 예방하기 위한 발톱의 형태로 적합한 것은?

① 라운드형
② 스퀘어형
③ 오벌형
④ 포인트형

답 ②

발톱은 짧은 라운드 형으로 깎으면 살이 차올라 파고드는 발톱이 될 수 있다.

23. 손이 가늘어 보이지만 끝이 뾰족하여 손상되기 쉬운 네일의 형태는?

① 라운드형
② 오벌형
③ 스퀘어형
④ 포인트형

답 ④

- **라운드형** : 남성들에게 적합하다.
- **오벌형** : 여성스러움이 가장 돋보이는 형태이다.
- **스퀘어형** : 네모난 모양으로 발톱의 형태에 적합하다.

24. 다음 네일의 유형 만들기에 관련되는 내용의 손톱의 형태는?

<보기>

- 파일의 각도는 90°이다.
- 스트레스 포인트와 프리에지가 만나는 점이 직각이다.
- 강한 느낌을 주며, 대회용으로 많이 사용된다.

① 스퀘어형
② 오벌형
③ 라운드형
④ 라운드 스퀘어형

답 ①

study

1. 네일의 특성

① 네일은 의학적 용어로 오닉스라고도 하며 피부 밖으로 노출되어 있는 표피각질층의 변형이다.

② 네일은 여러개의 층으로 형성되어 있으며 네일 매트릭스에서 만들어진다.

③ 반투명한 케라틴 성분으로 여러 층의 단백질로 구성되어 있으며 시스테인을 포함한 아미노산과 12~18% 수분을 함유하고 있다.

tip!!

건강한 네일의 조건
- 네일 베드에 잘 부착되어 있다.
- 탄력이 있으며 단단하고 윤기가 있다.
- 부드럽고 광택이 나며 투명한 분홍색을 띤다.
- 12~18%의 수분을 함유하고 있다.
- 0.15~0.75%의 유분(지질 함유량)을 보유한다.

2. 네일의 성장

① 임신 9~10주째부터 손톱 끝마디 뼈 윗부분부터 손톱의 성장부위가 형성되어 피부가 휘어져 들어가기 시작한다. 14주째는 손톱이 나타나기 시작하며 20주째 부터는 완전한 손톱이 형성된다.

② 손톱은 하루 평균 0.1~0.15mm정도의 길이가 자라고 손톱은 한달에 3~5mm, 발톱은 1mm 정도 자란다.

③ 손톱이 탈락 후 재생되는 기간은 4~6개월 정도이다.

3. 네일의 역할

① 손 · 발가락 끝의 피부를 보호한다.

② 감염이나 외부 환경으로부터 손가락을 보호한다.

③ 물건은 들어 올리거나 긁는 기능을 한다.

④ 방어와 공격, 미용의 장식적인 기능을 한다.

4. 네일의 형태

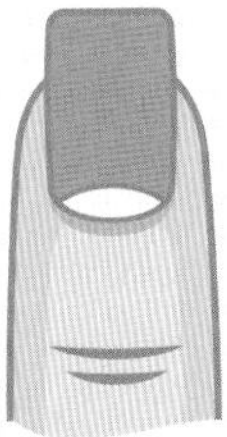

스퀘어(사각형)

- 프리에지에서 단면이 직선인 형태로 모서리가 90°의 직각인 형태이다.
- 내구성이 강하여 컴퓨터 작업을 많이 하는 사무직 종사자들에게 적합하다.
- 대회용으로 많이 사용되며, 강한 느낌을 준다.
- 파고드는 발톱의 예방을 위해 페디큐어시 발톱의 형태로 많이 쓰인다.

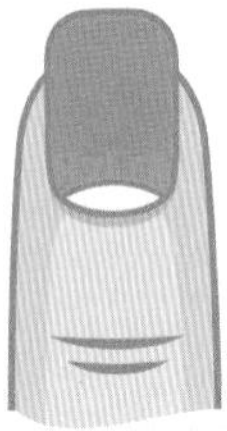

라운드 스퀘어
(끝이 둥근 사각형)

- 세미 스퀘어라고도 하며 양쪽 손톱의 각만 둥글게 만들어준 손톱의 형태이다.
- 세련된 느낌으로 남성과 여성에게 모두 잘 어울린다.

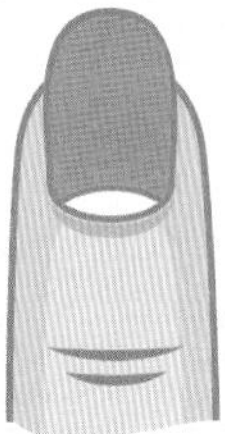

라운드(둥근형)

- 스트레스 포인트에서부터 프리에지까지 직선이 존재하고, 끝부분은 라운드 형태를 가진다.
- 남성에게 가장 적합한 손톱의 형태이기도 하다.

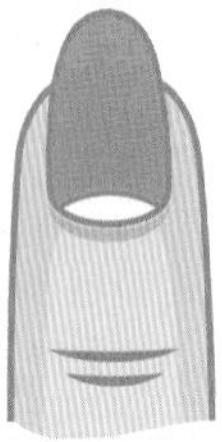

오벌(타원형)

- 스트레스 포인트부터 각이 없는 곡선의 형태이다.
- 손이 길어 보이며 여성스러움이 가장 돋보이는 손톱의 형태이다.

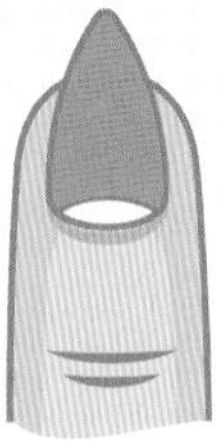

포인트(아몬드형)

- 프리에지 끝부분이 뾰족한 형태이다.
- 손이 가늘어 보이긴 하나 가장 약하고 손상되기 쉬운 형태이다.

핵심문제

25. **다음중 네일과 관련된 모든 질환을 총칭하는 용어는?**

① 오닉스
② 오니코시스
③ 오니코파지
④ 오니코렉시스

답 ②

- **오닉스**: 손톱의 의학적 용어
- **오니코파지**: 물어뜯는 손·발톱
- **오니코렉시스**: 세로골이 파여 갈라지고 부서지는 손톱

26. **진균(식물성균)에서 감염되는 질환은?**

① 오니코그라이포시스(Onychogryphosis)
② 티니아페디스(Tinea Pedis)
③ 오니콕시스(Onychauxis)
④ 오니코리시스(Onycholysis)

답 ②

- **오니코그라이포시스**: 휘고 팽배한 네일(조갑구만증)
- **오니콕시스**: 길이와 두께가 과다성장네일(조갑비대증)
- **오니코리시스**: 네일이 벌어지는 현상(조갑박리증)

27. **다음 중 네일리스트가 서비스 할 수 있는 손톱은?**

① 사마귀(워트)
② 발진균증(티니아 페디스)
③ 고랑 파인 네일(퍼로우)
④ 조갑주위염(파로니키아)

답 ③

고랑 파인 네일(퍼로우): 네일강화제를 사용하거나 인조네일로 보강하여 관리한다.

28. **매니큐어 작업시 부주의한 큐티클 정리로 인해 생길 수 있는 증상은?**

① 교조증(오니코파지)
② 손거스러미(행네일)
③ 조갑감입증(오니코크립토시스)
④ 조갑탈락증(오니콥토시스)

답 ②

- **교조증(오니코파지)**: 물어뜯는 손톱
- **조갑감입증(오니코크립토시스)**: 손톱이 살쪽으로 파고드는 형태
- **조갑탈락증(오니콥토시스)**: 손톱 일부분 혹은 손톱 전체가 떨어져 나가는 증상

29. **손·발톱의 이상증상에 대한 설명으로 틀린 것은?**

① **고랑진 손톱**: 영양 불균형이나 매트릭스의 상해로 인해 생길 수 있다.
② **조백반증**: 손톱에 하얀점이 나타나는 현상으로 손톱이 충격을 받았을 때 생길 수 있다.
③ **조갑비대증**: 손톱이 두꺼워지면서 건강해지는 현상이다.
④ **표피조막**: 손톱 위로 두꺼운 큐티클이 자라는 증상이다.

답 ③

조갑비대증: 길이와 두께가 과다 성장하는 네일이다.

30. **손톱의 색이 어둡고 윤기가 없으며 오므라들면서 떨어져 나가는 증상을 무엇이라 하는가?**

① 교조증
② 조갑청색증
③ 조갑연화증
④ 조갑위축증

답 ④

- **교조증(오니코파지)**: 물어뜯는 습관으로 인한 손상
- **조갑청색증(오니코싸이아노시스)**: 손톱의 색이 푸르게 변하는 증상
- **조갑연화증(에그쉘 네일)**: 손톱 끝이 겹겹이 벗겨지면서 프리에지가 굴곡지고 흰색을 띠는 증상

31. **네일이 달걀껍질처럼 얇고 벗겨지는 증상인 조갑연화증의 네일관리 방법으로 적절하지 않은 것은?**

① 손상된 네일을 정리한다.
② 항생제 연고를 꾸준히 발라준다.
③ 네일 강화제를 발라준다.
④ 인조네일로 보강해준다.

답 ②

항생제 연고와는 관련 없음

32. 오니코크립토시스에 대한 설명으로 틀린 것은?

① 인그로운 네일이라고도 한다.
② 발톱은 반드시 스퀘어 형태로 다듬어야 한다.
③ 파고들어가기 때문에 네일을 짧게 잘라주어야 한다.
④ 네일미용사가 관리 가능한 증세이다.

답 ③

너무 짧게 잘라주면 파고 들어간다.

33. 다음 중 네일리스트가 서비스 할 수 없는 손톱은?

① 멍든 손톱
② 고랑진 손톱
③ 계란껍질 손톱
④ 매트릭스 감염손톱

답 ④

오니키아(매트릭스 감염) : 손톱 밑의 살이 붉어지고 부어올라 고름이 형성되는 증상이다.

34. 다음 중 거친 큐티클을 부드럽게 해주는 핫 크림 매니큐어로 가장 큰 효과를 볼 수 있는 증상은?

① 조갑주위염(파로니키아)
② 고랑 파인 네일(퍼로우)
③ 조갑익상편(테리지움)
④ 조갑박리증(오니코리시스)

답 ③

테리지움 : 큐티클이 과잉성장하는 증상으로 큐티클을 부드럽게 하는 핫 크림 매니큐어로 관리하면 좋다.

35. 네일관리시 소독이 잘 안 된 도구로 인해 생길 수 있는 감염 증상으로 네일 주위가 빨갛게 부어오르며 살이 물러지는 손톱 증상은?

① 조갑탈락증(오니콥토시스)
② 조갑구만증(오니코그리포시스)
③ 조갑감입증(오니코크립토시스)
④ 조갑주위염(파로니키아)

답 ④

- **조갑탈락증(오니콥토시스)** : 손톱의 일부분 혹은 손톱 전체가 손가락에서 떨어져 나가는 증상이다.
- **조갑구만증(오니코그리포시스)** : 손톱이 두꺼워지면서 피부속으로 파고들거나 심하게 휘는 증상이다.
- **조갑감입증(오니코크립토시스)** : 파고드는 손·발톱이다.

study

TIP : 오니코시스 - 네일과 관련된 모든 질환을 총칭하는 의학적 용어이다.

1. 관리가 가능한 네일의 이상 증상

행네일(Hangnail) (손 거스러미)	증상	손톱 주변의 큐티클과 피부에 거스러미가 일어난 상태
	원인	피부가 건조하거나 잦은 화학제품 사용, 큐티클을 뜯거나 부주의한 큐티클 정리로 인해 발생
	관리	• 크림이나 오일 등의 보습 제품을 사용 • 화학제품의 사용을 자제하고 물을 사용할 때는 고무장갑을 착용
테리지움 (조갑익상편)	증상	큐티클이 과잉성장하여 손톱 위로 자라나오는 증상
	원인	인체에 유해한 성분과 변질된 네일제품의 사용으로 발생
	관리	니퍼와 푸셔를 조심스럽게 사용하고 핫 오일 매니큐어로 꾸준히 관리
오니코렉시스 (조갑종렬증)	증상	세로로 골이 파여 갈라지거나 부러지는 상태
	원인	• 물이나 화학제품의 잦은 사용으로 건조해져 발생 • 네일파일의 사용으로 균열되어 발생
	관리	• 네일 강화제를 사용하거나 인조네일로 보강 • 화학제품 사용을 자제하고 보습제품을 사용
보우 라인 (조갑횡구증)	증상	가로로 골이 파져 갈라져 있는 상태
	원인	• 건강 악화, 질병으로 인한 매트릭스 기능의 일시적 저하로 기간에 따라 길이나 폭이 달라짐 • 과도한 네일도구 사용과 같이 물리적인 압력으로 인해 발생
	관리	• 압력에 주의하고 식습관 관리에 유의함 • 네일 강화제를 사용하거나 인조네일로 보강
퍼로우, 커러제이션 (고랑 파인 네일)	증상	세로나 가로로 고랑이 파여있는 상태
	원인	• 세로 골은 순환계의 이상으로 발생, 가로골은 고열, 임신, 아연 부족으로 발생 • 식습관이나 질병, 빈혈, 신경성 등에 의해 발생
	관리	• 꾸준한 버핑 작업과 손톱 강화제를 사용 • 인조네일 보강

오니코파지 (교조증)	증상	프리에지가 없고 손톱 끝부분이 살 속으로 파고들어간 상태
	원인	심리적인 불안이나 습관 등으로 손톱을 물어 뜯어서 발생
	관리	뜯는 손톱에 맞는 제품을 사용하거나 인조네일 등으로 보강
오니코말라시아, 에그쉘 네일 (조갑연화증)	증상	손톱 끝이 겹겹이 벗겨지면서 프리에지가 굴곡지고 흰색을 띠는 증상
	원인	불규칙한 식습관이나 내과적 질병 등에 의해 발생
	관리	부드러운 파일로 관리하고 손톱 영양제를 꾸준히 사용
코일로니키아 (숟가락 네일)	증상	손톱 가운데 부분이 움푹 파여 들어간 상태
	원인	유전적 요인이나 빈혈, 갑상선 질병 등으로 발생
	관리	인조네일 보강으로 외부로부터 보호
오니코크립토시스, 인그로운 네일 (조갑감입증)	증상	• 손톱의 양면이 살속으로 파고 들어가는 형태 • 엄지발톱에서 자주 나타남
	원인	유전적인 요인과 발톱을 너무 짧게 깎아서 발생
	관리	파고 들어가는 네일에 솜을 끼워주거나 스퀘어 형태로 관리
오니카트로피아 (조갑위축증)	증상	주로 새끼발톱에서 볼 수 있으며 광택이 없어지고 작아지면서 서서히 없어지는 증상
	원인	• 내과적 질병이나 잦은 화학제품의 사용 • 매트릭스의 손상
	관리	• 화학 제품 사용을 자제하고 네일강화제를 사용 • 인조네일로 보강
오니콕시스 (조갑비대증)	증상	손톱의 과잉성장으로 비정상적으로 두꺼워지고 변색되는 상태
	원인	• 내부 감염이나 손상 • 꽉 끼는 신발을 신는 경우에 발생
	관리	• 파일로 두께를 제거하고 부석가루를 사용하여 관리 • 습한 환경을 피하고 꽉 끼는 신발을 자제
디스컬러드네일 (조갑변색증)	증상	손톱 색상이 청색, 황색, 검푸른색 등으로 나타나는 증상
	원인	• 혈액순환이나 심장이 좋지 못한 상태에서 발생 • 흡연이나 자외선의 노출 요인 등으로 발생
	관리	손톱 표면정리를 하고 네일 표백제를 사용
브루이즈드 네일 (헤마토마, 혈종)	증상	피가 응결되어 퍼런 멍이 반점처럼 나타나는 상태
	원인	외부의 충격으로 손톱에 혈액이 응고되어 나타남
	관리	• 손톱이 잘 고정된 상태라면 일반적인 관리가 가능 • 시간이 지나면서 손톱이 자라나면서 점차 없어짐

루코니키아 (조백반증)	증상	네일에 흰 색 반점이 생긴 상태
	원인	물리적 압력이 가해져서 발생되거나 선천적 이상 구조 요인으로 생김
	관리	• 부드러운 표면정리로 효과를 볼 수 있음 • 물리적 압력일 경우 시간이 지나면 자연스럽게 없어짐
니버스 (흑조증)	증상	손톱 표면의 거무스름한 얼룩이 나타나는 증상
	원인	색소 침착으로 인하여 발생
	관리	손톱이 자라면서 없어지고 네일 폴리시로 관리함
오니코사이아노시스 (조갑청색증)	증상	손톱의 색이 푸르스름하게 변하는 상태
	원인	혈액순환이 원활하지 않아 산소 포화도가 떨어지면서 발생
	관리	일반적인 관리는 가능하나 전문의 상담 권장

2. 관리가 불가능한 네일의 이상 증상

티니아 페디스 (발 진균증)	증상	발바닥과 발가락 사이에 붉은색의 물집이 잡히거나 피부가 하얗게 올라와 가렵고 갈라지는 증상
	원인	진균성(곰팡이) 감염으로 발생
오니코마이코시스 (조갑 진균증)	증상	• 무좀, 네일이 누렇게 변하고 프리에지부터 루눌라까지 점차 감염 • 감염된 부분이 떨어져 나가고 네일 베드가 드러나는 증상
	원인	손발톱의 진균성(곰팡이) 감염으로 발생, 네일 백선
오니코그리포시스 (조갑구만증)	증상	손발톱이 두꺼워지며 피부 속으로 파고들거나 심하게 휘는 증상
	원인	특정한 원인이 밝혀지지 않음
오니콥토시스 (조갑탈락증)	증상	손톱의 일부분 혹은 전체가 떨어져 나가는 증상
	원인	특정 질병이나 매독, 고열, 외상 등으로 발생
오니코리시스 (조갑박리증)	증상	• 네일 베드에서 손톱이 분리되는 현상 • 프리에지에서 점차 루눌라까지 번질 수 있음
	원인	내과적 질환이나 하이포니키움 손상으로 발생
파이로제닉그래뉴노마 (화농성 육아종)	증상	염증이 심한 상태로 손톱 주위에 붉은 빛을 띠는 조직이 자라나오는 증상
	원인	박테리아 감염 또는 비위생적인 도구의 사용으로 발생
오니키아 (조갑염)	증상	손톱 밑의 살이 붉어지거나 부어올라 고름이 형성된 증상
	원인	박테리아 감염 혹은 하이포니키움의 손상으로 발생

파로니키아 (조갑주위염)	증상	피부염증으로 빨갛게 부어오르며 살이 물러지는 증상
	원인	박테리아 감염이나 비위생적인 도구의 사용으로 인해 발생
워트 (사마귀)	증상	볼록한 점의 형태로 나타나며 울퉁불퉁한 것들이 생기며 변색되기도 함
	원인	바이러스에 의해 발병하며 대부분 손이나 손가락에서 발생
몰드 (사상균, 곰팡이균)	증상	녹색의 점처럼 보이며 점차 갈색에서 검은색으로 변함
	원인	인조네일에 의해 습기가 차서 발생

Chapter.3
손·발의 구조와 기능

3~4문제

전문 용어가 다소 어렵게 느껴질 수 있지만 이름마다 나름의 규칙성이 있어 생각보다 어렵지 않게 학습할 수 있는 단락입니다. 뼈의 성장과 뼈의 형태에 관한 문제는 자주 출제되오니 중점적으로 공부하고 손·발의 구조와 기능은 난이도가 낮은편이라 편안히 이해하고 넘어가세요.
신경에 대한 부분은 손·발을 확실하게 구분하고, 근육의 형태 및 기능은 명칭에서 그 뜻을 유추할 수 있는 것이 많기 때문에 대부분의 문제를 쉽게 풀 수 있을 것입니다.

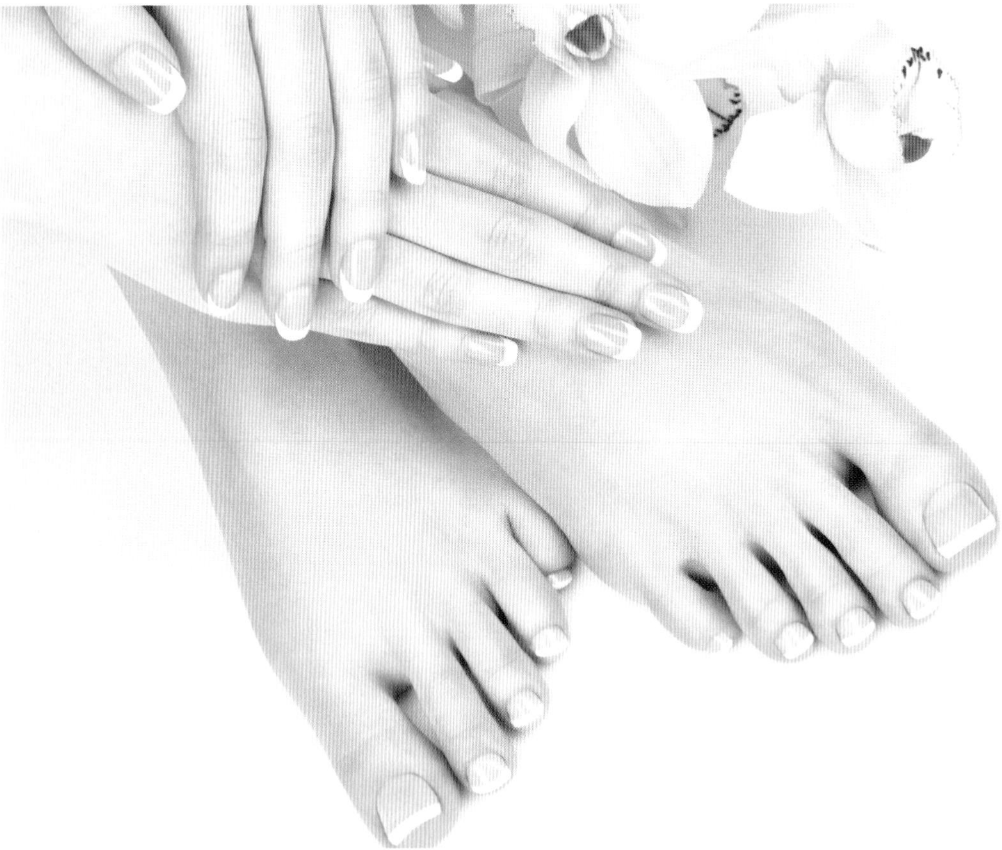

핵심문제

01. **다음 중 뼈의 기본구조가 아닌 것은?**

① 심막
② 골막
③ 골외막
④ 골내막

답 ①

- 뼈는 골막(골내막, 골외막), 골조직, 골수강, 골단으로 이루어져 있다.
- 심막은 심장을 둘러싸고 있는 막이다.

02. **골격계에 대한 설명으로 틀린 것은?**

① 성인의 뼈는 총 206개이다.
② 무기질이 약 45%를 차지한다.
③ 뼈는 체중의 약 70%를 차지한다.
④ 뼈는 관절로 연결되어 있다.

답 ③

뼈는 체중의 약 20%를 차지한다.

03. **뼈의 종류와 뼈의 구조의 연결이 옳은 것은?**

① **뼈 바깥막** : 섬유질로 된 두꺼운 결합조직으로 덮여 있다.
② **뼈 끝** : 황색과 적색의 2가지 골수가 있다.
③ **뼈 골수 공간** : 다량의 혈액 손실 시 황색 골수로 변환된다.
④ **뼈 골수 공간** : 혈관과 림프관, 신경이 분포해 있다.

답 ①

- **뼈 골수공간** : 황색과 적색의 2가지 골수가 있다(시황색→적색골수로 변환된다).
- **뼈 바깥막** : 혈관과 림프관, 신경이 분포해 있다.

04. **골격계의 기능이 아닌 것은?**

① 보호 기능
② 저장 기능
③ 지지 기능
④ 열 생산 기능

답 ④

지지기능, 보호기능, 운동기능, 저장기능, 조혈기능을 가진다.
- **지지기능** : 인체의 형태를 유지하고 체중을 지지하는 기능
- **보호기능** : 기관을 둘러싸고 내부 장기와 외부의 충격으로부터 보호하는 기능
- **운동기능** : 뼈와 관절, 골격근의 연결 및 뼈에 부착된 근육의 수축을 이용하여 운동을 일으키는 기능
- **저장기능** : 칼슘, 인 등의 무기질을 저장하는 장소
- **조혈기능** : 뼈 속 적골수에서 혈액을 생산하는 기능

05. **뼈의 굵기의 성장에 관여하는 곳은?**

① 돌간
② 연골
③ 골수
④ 골막

답 ④

골막 : 뼈의 바깥 표면을 덮고 있으며 내막과 외막으로 구성된 두꺼운 결합 조직으로서 뼈를 보호하고 성장, 영양재생을 관여한다.

06. **다음 중 뼈의 성질이 잘못된 것은?**

① 해면골은 뼈의 안쪽으로 스펀지와 같이 구멍이 많은 모양이다.
② 치밀골은 뼈의 바깥쪽으로 단단하다.
③ 뼈 내부에는 뼈막이 구성되어 있어 단단하다.
④ 적골수에서는 혈액세포를 만드는 조혈 작용을 한다.

답 ③

뼈 내부에는 골수강과 골수가 있고 뼈막은 뼈의 표면을 덮고 있다.

07. **뼈의 길이 성장에 관여하며 골단연골의 성장이 멈추면서 완전한 뼈가 형성되는 장골의 양쪽 둥근 끝부분을 무엇이라 하는가?**

① 골화
② 골단
③ 연화
④ 연단

답 ②

- **골화**: 단단하지 않은 조직이 단단하게 변화하여 뼈가 형성되는 과정
- **연화**: 단단한 뼈가 물러지는 과정
- **연단**: 몸을 지탱하는 뼈의 단단한 물질

08. **골격계의 형태에 따른 분류로 옳은 것은?**

① **장골**: 측두골, 요골, 척주골, 흉골, 대퇴골 등
② **단골**: 수근골, 수지골, 족근골, 족지골 등
③ **종자골**: 척주골, 관골 등
④ **불규칙골**: 전두골, 후두골, 두정골, 견갑골, 늑골 등

답 ②

- **장골**: 상완골, 요골, 척골, 대퇴골, 경골, 비골 등
- **종자골**: 슬개골 등
- **불규칙골**: 척추, 관골 등

study

1. 뼈(골)의 형태 및 발생

(1) 뼈(골)의 특징

① 골, 관절, 인대와 연골로 구성되어 있다.

② 인체를 유지하면서 근육을 부착시켜 운동을 가능하게 한다.

③ 성인의 뼈는 총 206개로 서로 연결되어 있으며 체중의 약 20%를 차지한다.

④ 무기질(칼슘, 인) 45%, 유기질(콜라겐) 35%, 수분 20%로 구성되어 있다.

(2) 뼈(골)의 기능

지지 기능	자세 유지 및 체중과 체격을 유지한다.
운동 기능	뼈와 관절, 근육을 이용하여 신체의 운동을 가능하게 한다.
보호 기능	기관을 둘러싸서 내부 장기를 외부의 충격으로부터 보호한다.
저장 기능	칼슘, 인, 무기질을 저장한다.
조혈 기능	뼈 속 골수에서 혈액을 생산한다.

(3) 뼈(골)의 분류

분류	내용	위치
장골(긴뼈)	상완골, 요골, 척골, 대퇴골, 경골, 비골 등	팔뼈, 다리뼈
단골(짧은뼈)	수근골, 수지골, 족근골, 족지골 등	손목뼈, 발목뼈
편평골(납짝뼈)	견갑골, 두개골, 늑골 등	머리뼈, 갈비뼈, 복장뼈
부정골(불규칙뼈)	척추, 관골 등	엉치뼈, 척추뼈
종자골(종강뼈)	인대 또는 힘줄 속에 발생한 작은뼈 슬개골 등	슬개뼈
함기골(공기뼈)	뼈 속에 빈 공간이 있는 뼈 전두골, 상악골, 측두골, 접형골, 사골 등	이마뼈, 위턱뼈

(4) 뼈(골)의 구조

골막 (뼈막)		• 뼈의 바깥 표면을 덮고 있으며 골내막과 골외막으로 구성된 결합조직이며 뼈를 보호한다. • 뼈 형성에 중요한 역할과 뼈 굵기의 성장이 일어나는 곳으로 뼈성장에 관여한다.
골조직	치밀뼈(골)	뼈의 바깥쪽으로 단단하며 하버스관, 볼크만관이 있는 신경과 혈관의 통로이다.
	해면뼈(골)	• 뼈의 안쪽으로 불규칙한 구멍들이 있다. • 해면뼈 안에 골수가 차 있다.
골수	적색골수	조혈작용이 활성화 된 골수
	황색골수	조혈작용이 퇴화된 골수
골단		• 장골의 양쪽 끝부분 • 적색골수에서 각종 혈구를 생산하는 조혈작용

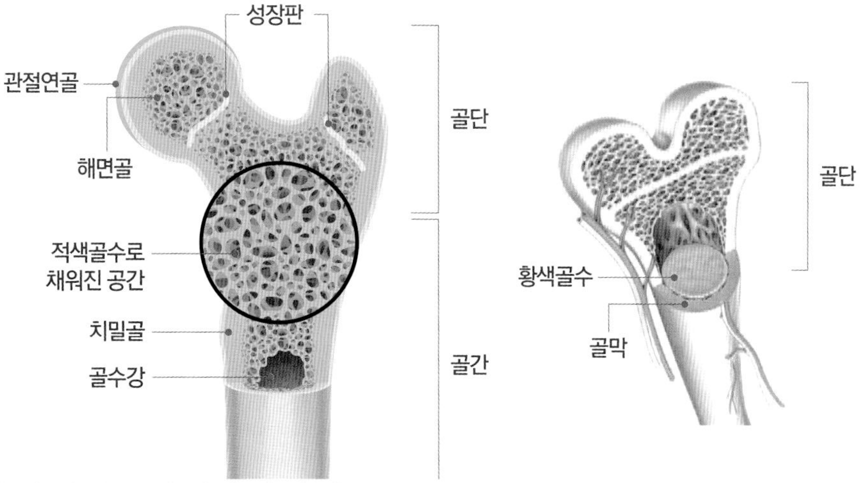

뼈(골)의 구조

핵심문제

09. 다음 중 수지골에 대한 설명으로 맞는 것은?

① 손가락뼈를 말한다
② 손허리뼈를 말한다.
③ 손목뼈를 말한다.
④ 새끼손가락의 끝마디 뼈를 말한다.

답 ①

- **손허리뼈** : 중수골
- **손목뼈** : 수근골
- **새끼손가락 끝마디뼈** : 말절골

10. **손의 뼈에 대한 설명으로 옳지 않은 것은?**

① 손목을 구성하는 8개의 짧은 뼈를 수근골이라 한다.
② 수근골의 근위부에는 주상골, 월상골, 삼각골, 두상골이 있다.
③ 손바닥을 구성하는 중수골에는 제1중수골~제5중수골의 5개의 뼈가 있다.
④ 수지골은 다섯 손가락 모두 기절골, 중절골, 말절골로 구성되어 있다.

답 ④

다섯 손가락 중 엄지 손가락은 두 마디(기절골, 말절골)로 되어 있다.

11. **손과 발의 뼈 구조에 대한 설명으로 틀린 것은?**

① 한 손은 손목뼈 8개, 손바닥뼈 5개, 손가락뼈 14개로 총 27개의 뼈로 구성되어 있다.
② 한 발은 발목뼈 7개, 발바닥뼈 5개, 발가락뼈 14개로 총 26개의 뼈로 구성되어 있다.
③ 한 손은 손목뼈 8개, 발바닥뼈 5개, 발가락뼈 14개로 총 27개의 뼈로 구성되어 있다.
④ 발목뼈는 몸의 무게를 지탱하는 5개의 길고 가는 뼈로 체중을 지탱하기 위해 튼튼하고 길다.

답 ④

발목뼈(족근골)는 7개의 뼈로 구성되어 있으며, 발바닥뼈(중족골)는 5개의 가늘고 길며 각각 발가락에 이어져 있다.

12. **족지골은 총 몇 개의 뼈로 구성되어 있는가?**

① 8개
② 10개
③ 12개
④ 14개

답 ④

엄지 발가락은 2개, 나머지 발가락은 3개씩 총 14개의 뼈로 구성되어 있다.

13. **다음 중 발의 뼈가 아닌 것은?**

① 수지골
② 중족골
③ 족지골
④ 족근골

답 ①

- **수지골** : 손가락뼈
- **중족골** : 발허리뼈
- **족지골** : 발가락뼈
- **족근골** : 발목뼈

14. **중수골은 어느 부위의 뼈를 말하는가?**

① 손가락뼈
② 손허리뼈
③ 손목뼈
④ 중족골

답 ②

- **손가락뼈** : 수지골
- **손목뼈** : 수근골
- **중족골** : 발허리뼈

15. **손과 발의 뼈 구조에 대한 설명으로 틀린 것은?**

① 발목뼈는 7개의 뼈로 체중을 지탱하기 위해 튼튼하다.
② 발가락뼈는 14개의 뼈로 구성되어 있다.
③ 손목뼈는 7개의 작고 불규칙한 형태의 뼈이다.
④ 손가락뼈는 14개의 뼈로 구성되어 있다.

답 ③

손목뼈는 총 8개(대능형골, 소능혈골, 유두골, 유구골, 주상골, 월상골, 삼각골, 두상골)로 구성되어 있다.

study

손과 발의 뼈대

1. 손의 뼈

수지골 11개, 중수골 5개, 수근골 8개로 총 27개의 뼈로 구성되어 있다.

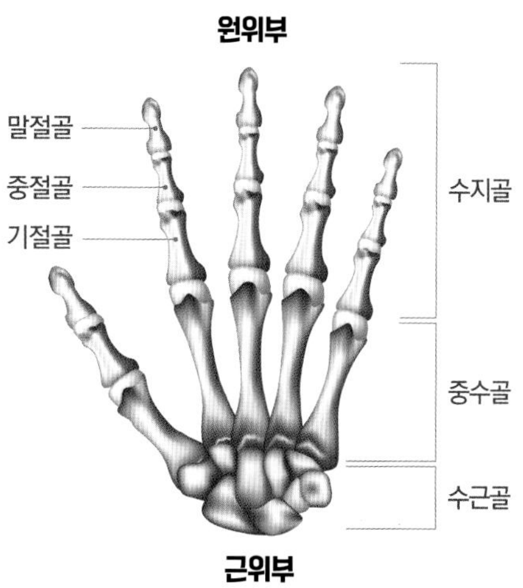

손의 뼈 구조

수근골(손목뼈)	**손목을 구성하는 8개의 뼈** -**근위수근골**: 주상골, 월상골, 삼각골, 두상골 -**원위수근골**: 대능형골, 소능형골, 유두골, 유구골
중수골(손허리뼈/손바닥뼈)	손등과 손바닥을 구성하는 5개의 뼈(제1~제5중수골)
수지골(손가락뼈)	**손가락 마디를 구성하는 14개의 뼈** -엄지손가락은 기절골, 말절골로 2개 -나머지 손가락은 기절골, 중절골, 말절골로 이루어져 3개씩 12개

2. 발의 뼈

족지골 14개, 중족골 5개, 족근골 7개로 총 26개의 뼈로 구성되어 있다.

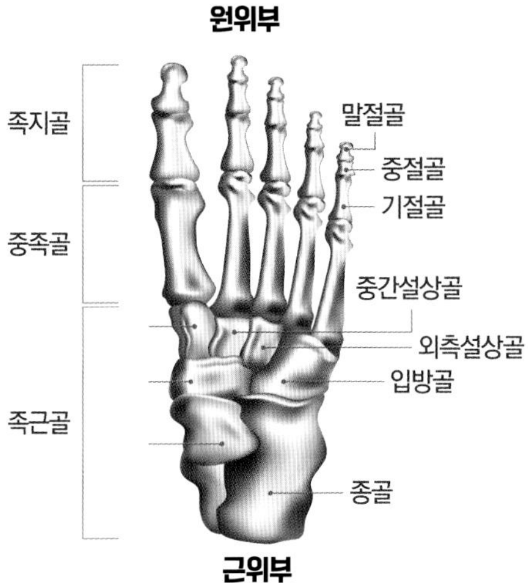

발의 뼈 구조

족근골(발목뼈)	**발목을 구성하는 7개의 뼈로 몸의 체중을 지탱하는 역할을 한다.** -**근위족근골**: 거골, 종골, 주상골 -**원위족근골**: 내측설상골, 중간설상골, 외측설상골, 입방골
중족골(발허리뼈/발바닥뼈)	발등과 발바닥을 구성하는 5개의 뼈(제1~제5중족골)
족지골(발가락뼈)	**발가락을 구성하는 14개의 뼈** -엄지발가락의 뼈는 기절골, 말절골로 2개 -나머지 발가락은 기절골, 중절골, 말절골로 이루어져 3개씩 12개

핵심문제

16. **손목을 굽히고 내외향에 작용하며 손가락을 구부리게 하는 근육을 무엇이라 하는가?**

① 회내근
② 회외근
③ 굴근
④ 신근

답 ③

- **회내근** : 손을 안쪽으로 돌려 손등이 위로 향하게 하는 근육이다.
- **회외근** : 손을 바깥쪽으로 돌려서 손바닥이 위로 향하게 하는 근육이다.
- **굴근** : 손목을 굽히고 내외향에 작용하며 손가락을 구부리게 하는 근육이다.
- **신근** : 손목과 손가락을 벌리거나 펴게 하여 내외측 회전과 내외향에 작용하는 근육이다.

17. **손가락을 나란히 붙이거나 모을 수 있게 하는 근육은?**

① 외전근
② 내전근
③ 대립근
④ 굴근

답 ②

- **외전근** : 손가락 사이를 벌어지게 하는 근육이다.
- **대립근** : 물건을 잡을 때 사용하는 근육이다.
- **굴근** : 손목을 굽히고 내외향에 작용하며 손가락을 구부리게 하는 근육이다.

18. **다음 중 새끼 발가락의 외전 및 굴곡에 관여하는 근육은?**

① 내측 족척근
② 중앙 족척근
③ 외측 족척근
④ 척측 골간근

답 ③

족척근의 종류
- **내측 족척근** : 엄지발가락의 내전·외전 및 굴곡에 관여
- **중앙 족척근** : 2~5지의 운동에 관여
- **외측 족척근** : 소지의 외전·굴곡에 관여

19. **근육의 기능이 아닌 것은?**

① 운동을 일으킨다.
② 열을 발생시킨다.
③ 운동 시 지지대의 역할을 한다.
④ 혈관의 확장과 수축을 관장한다.

답 ③

운동 시 지지대의 역할을 하는 것은 골격의 기능이다.

20. **엄지손가락을 새끼손가락으로 당겨 물건을 잡게 하는 중요한 기능을 하는 손의 근육은?**

① 장무지신근
② 단무지외전근
③ 무지대립근
④ 단무지신근

답 ③

- **신근**: 손목과 손가락을 벌리거나 펴게 하는 근육이다.
- **외전근**: 손가락 사이를 벌어지게 하는 근육이다.

21. **발바닥에 생기는 발아치를 말하며 완충작용을 하여 하체의 체중을 효율적으로 분산시켜 체중이 바닥에 닿는 충격을 흡수해 발에 무리한 힘이 실리지 않도록 받침대 역할을 하는 것을 무엇이라고 하는가?**

① 족궁
② 족근골
③ 굴근
④ 신근

답 ①

22. **자율신경에 대한 설명으로 틀린 것은?**

① **수지신경골**: 손가락에 분포
② **복재신경**: 종아리 뒤에 바깥쪽을 내려와 발 뒤꿈치의 바깥쪽 뒤에 분포
③ **요골신경**: 손등의 외측과 요골에 분포
④ **배측신경**: 발등에 분포

답 ②

복재신경: 다리와 발의 안쪽에 분포되어 있는 신경이다.

23. 엄지발가락을 펴는 작용을 하는 근육을 무엇이라고 하는가?

① 충양근(벌레근)
② 장무지신근(긴 엄지 폄근)
③ 무지대립근(엄지 맞섬근)
④ 장지신근(긴 발가락 폄근)

답 ②

- **충양근(벌레근)** : 발가락 관절은 굽히고 발가락 뼈 사이의 관절은 펴는 근육
- **무지대립근(엄지맞섬근)** : 엄지 손가락을 다른 손가락과 마주 보고 물건을 잡게 하는 근육
- **장지신근(긴 발가락 폄근)** : 둘째에서 다섯째 발가락을 펴는 근육

24. 신경계의 기본세포는?

① 뉴런
② DNA
③ 혈액
④ 미토콘드리아

답 ①

뉴런은 신경계의 기본단위로 자극과 흥분을 전달한다.

25. 신경계의 관련된 설명중 바르게 연결된 것은?

① **시냅스** : 뉴런의 지지, 보호 작용
② **축삭돌기** : 말초신경섬유의 재생에 중요한 부분
③ **수상돌기** : 수용기 세포에서 자극을 받아 세포체에 전달
④ **신경** : 뉴런과 뉴런의 접속 부위

답 ③

- **시냅스** : 신경세포(뉴런) 들을 연결해 주는 접촉 부위이다.
- **축삭돌기** : 세포체에서 받은 자극을 다른 뉴런의 수상돌기로 전달한다.
- **신경** : 신경세포들의 그물망으로 구성된 결합 조직이다.

26. 다음 중 앞팔의 척측굴근, 소지굴근, 골간근 및 내측충양근의 운동을 지배하는 신경은?

① 액와신경
② 정중신경
③ 근피신경
④ 척골신경

답 ④

- **액와신경** : 소원근과 삼각근의 운동 및 삼각근 상부에 있는 피부감각을 지배하는 신경이다.
- **정중신경** : 손바닥 외측의 피부 감각을 지배하는 신경이다.
- **근피신경** : 팔의 굴근에 대한 운동을 지배하는 신경이다.

study

손과 발의 근육과 신경 조직

- 근육은 구조적 단위인 근섬유로 이루어져 있다.
- 골격근육, 심장근육, 내장근육으로 구분되어 있으며, 각각의 위치에서 힘을 만들어 내고 움직임을 유발하는 기능을 한다.

1. 손의 근육

① 무지, 검지, 중지, 약지, 소지 → 엄지부터 새끼손가락까지

② 신전-폄, 굴곡-굽힘, 외전-벌림, 내전-모음

구분	정의	근육의 종류	작용
신근 (폄근)	손가락을 벌리거나 펴서 내·외측 회전과 내·외향에 작용	장무지·단무지신근	엄지 손가락의 신전
		시지신근	집게 손가락의 신전
		지신근	2~5번째 손가락의 신전
		소지신근	새끼 손가락의 신전
굴근 (굽힘근)	손목과 손가락을 굽히며 내·외향에 작용	장무지·단무지굴근	엄지 손가락의 굴곡
		천지굴근	2~5번 손가락의 굴곡(표층)
		심지굴근	2~5번 손가락의 굴곡(심층)
		소지굴근	새끼 손가락의 굴곡
외전근 (벌림근)	손가락 사이를 벌리는 근육	장무지·단무지외전근	엄지 손가락의 외전
		소지외전근	새끼 손가락의 외전
내전근 (모음군)	손가락 사이를 모으거나 붙이는 근육	무지내전근	엄지손가락의 내전
대립근 (맞섬근)	물건을 쥐거나 잡을 때 사용하는 근육	무지대립근	엄지 손가락의 대립
		소지대립근	새끼 손가락의 대립

2. 발의 근육

① 무지, 검지, 중지, 약지, 소지 → 엄지부터 새끼발가락까지

② 신전-폄, 굴곡-굽힘, 외전-벌림, 내전-모음

구분	정의	근육의 종류	작용
신근 (폄근)	발가락을 벌리거나 펴서 내·외측 회전과 내·외향에 작용	장무지신근	무지말절골의 신전
		단무지신근	무지기절골의 신전
		장지신근	2~5번째 발가락의 신전
		단지신근	2~4번째 발가락의 신전
굴근 (굽힘근)	발목과 발가락을 굽히며 내·외향에 작용	장무지·단무지굴근	엄지발가락의 굴곡
		장지·단지굴근	2~5번째 발가락의 굴곡
		장소지·단소지굴근	새끼발가락의 굴곡
외전근 (벌림근)	발가락 사이를 벌리는 근육	무지외전근	무지의 외전 및 굴곡
		소지외전근	새끼발가락의 외전을 보조
내전근 (모음군)	발가락 사이를 모으거나 붙이는 근육	무지내전군	무지의 내전 및 굴곡

신경계

- 신경계는 중추신경계(central nervous system, CNS)와 말초신경계(peripheral nervous system, PNS)로 되어 있다.
- 자극에 대한 반응, 전달 및 이를 통합하여 판단하고 명령을 전달하는 체제가 신경계이다.
- 신경계를 구성하는 2종류의 주요 세포는 뉴런과 신경교세포이다.

1. 손의 신경

액와신경(겨드랑이)	겨드랑이 부위의 신경으로 삼각근과 소원근에 분포한다.
근피신경(근육피부)	팔의 굴근에 대한 운동을 지배 하고 앞팔의 외측 피부감각을 지배하는 신경이다.
정중신경(중앙)	• 손바닥 감각, 손가락 움직임, 손목 뒤집힘 등의 운동기능을 담당한다. • 손바닥 외측 반의 피부 감각을 지배하는 신경이다.
요골신경	팔과 손등의 외측 엄지손가락을 지배하는 혼합 신경이다.
척골신경	손바닥 안쪽의 근을 지배하고 피부감각을 주관하는 신경이다.
수지(손가락)	손과 손가락에 감각을 느끼는 신경이다.

2. 발의 신경

대퇴신경(넙다리)	근육을 지배하고 감각을 느끼는 신경으로 대퇴부의 신근과 하부의 피부에 분포한다.
비골신경(종아리)	종아리 바깥쪽과 발등으로 연결되는 신경이다.
경골신경(정강)	정강이 뒤쪽과 발바닥으로 연결되는 신경이다.
비복신경(장딴지)	종아리 뒤쪽으로 연결되는 신경이다.
복재신경(두렁)	다리 안쪽과 무릎에 신경 감각을 전하며 대퇴신경의 끝부분이다.

memo

Part.2
네일미용기술

네일 도구 및 재료

네일 재료의 명칭과 쓰임새를 먼저 알고 가면 이론을 공부하기가 훨씬 수월합니다.
또한, 미용사(네일) 실기 과목에 따른 재료를 분류해서 설명해 놓았으니 참고하세요.

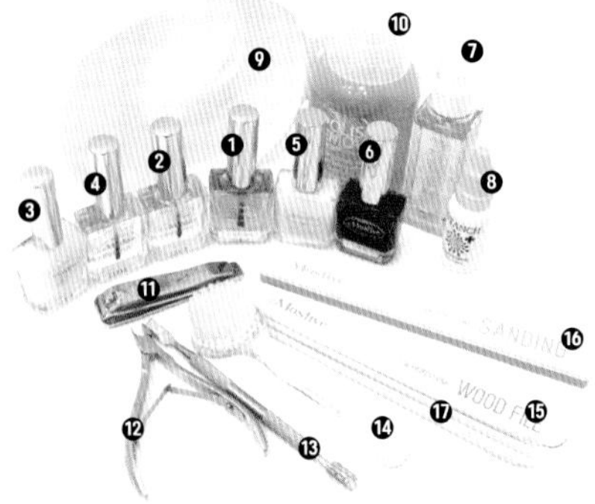

습식매니큐어

❶ 베이스코트
❷ 탑코트
❸ 큐티클 리무버
❹ 큐티클 오일
❺ 네일 폴리시(화이트)
❻ 네일 폴리시 (레드)
❼ 소독제(안티셉틱)
❽ 지혈제
❾ 핑거볼
❿ 폴리시 리무버
⓫ 클리퍼
⓬ 니퍼
⓭ 푸셔
⓮ 더스트 브러쉬
⓯ 우드 화일
⓰ 샌딩(버퍼)
⓱ 오렌지 우드스틱

습식페디큐어

❶ 베이스코트
❷ 탑코트
❸ 큐티클 리무버
❹ 큐티클 오일
❺ 네일 폴리시(화이트)
❻ 네일 폴리시 (레드)
❼ 소독제(안티셉틱)
❽ 지혈제
❿ 폴리시 리무버
⓫ 클리퍼
⓬ 니퍼
⓭ 푸셔
⓮ 더스트 브러쉬
⓯ 우드 화일
⓰ 샌딩(버퍼)
⓱ 오렌지 우드스틱
⓲ 토우세퍼레이트
⓳ 콘커터
⓴ 페디화일
㉑ 분무기

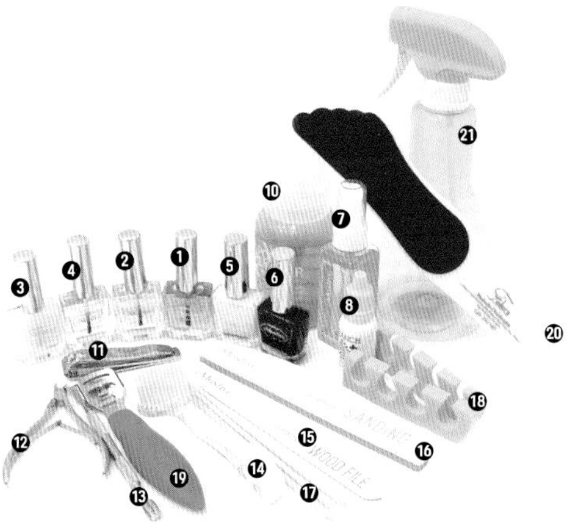

팁 위드 랩(실크)

❼ 소독제(안티셉틱)
❽ 지혈제
⓫ 클리퍼
⓰ 샌딩(버퍼)
⓱ 오렌지 우드스틱
㉒ 라이트 글루
㉓ 젤 글루
㉔ 필러 파우더
㉕ 네일랩(실크)
㉖ 네일팁
㉗ 글루드라이
㉘ 실크가위
㉙ 팁 커터기
㉚ 지브라화일
㉛ 샤이너(2-way)

네일 랩(실크) 익스텐션

- 7 소독제(안티셉틱)
- 8 지혈제
- 11 클리퍼
- 16 샌딩(버퍼)
- 17 오렌지 우드스틱
- 22 라이트 글루
- 23 젤 글루
- 24 필러 파우더
- 25 네일랩(실크)
- 26 네일팁
- 27 글루드라이
- 28 실크가위
- 29 팁 커터기
- 30 지브라화일
- 31 샤이너(2-way)

아크릴 스컬프쳐

- 7 소독제(안티셉틱)
- 8 지혈제
- 11 클리퍼
- 16 샌딩(버퍼)
- 17 오렌지 우드스틱
- 28 실크가위
- 31 샤이너(2-way)
- 32 디펜디쉬
- 33 아크릴 파우더
- 34 프라이머
- 35 모노머(리퀴드)
- 36 브러쉬 클리너
- 37 폼지
- 38 아크릴 브러쉬

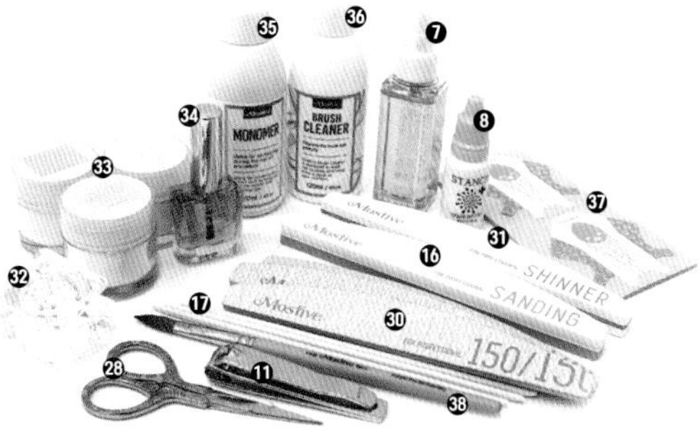

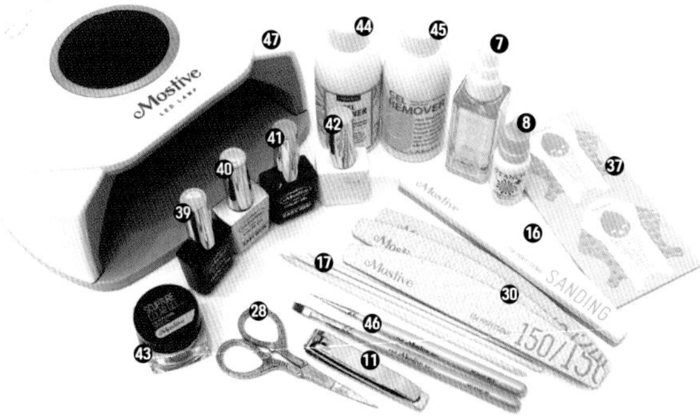

젤 네일&익스텐션

- 7 소독제(안티셉틱)
- 8 지혈제
- 11 클리퍼
- 16 샌딩(버퍼)
- 17 오렌지 우드스틱
- 28 실크가위
- 37 폼지
- 39 베이스젤
- 40 탑젤
- 41 젤컬러(레드)
- 42 젤컬러(화이트)
- 43 클리어젤(스컬프쳐)
- 44 젤 클렌저
- 45 젤 리무버
- 46 젤 브러쉬
- 47 젤 라이트기

Chapter.1

손톱 및 발톱관리

4~5문제

매니큐어와 페디큐어의 시술 순서, 그에 사용되는 제품과 그 특징들을 잘 파악해야 합니다.

또한, 컬러링의 종류와 특징은 무조건 암기하셔야 합니다.

손·발톱 관리의 가장 기본이 되는 단락이니 완벽히 숙지하세요.

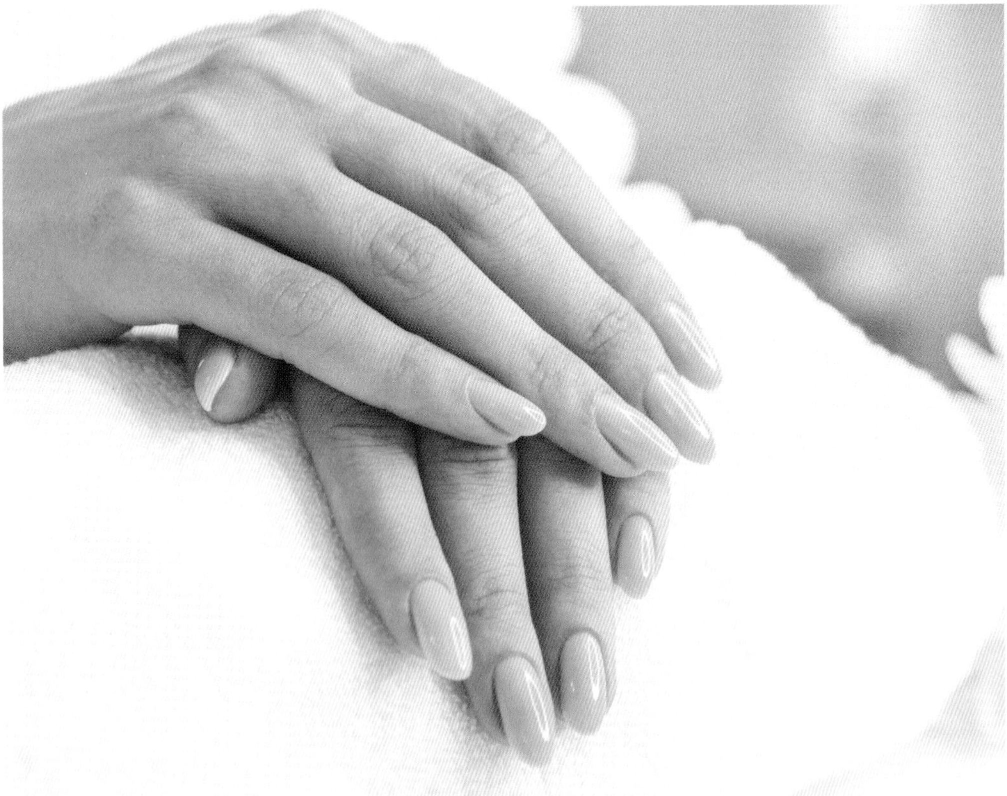

핵심문제

01. **모든 네일의 시술 절차 중 가장 먼저 해야 하는 것은?**

① 손 소독
② 파일링
③ 폴리시 제거
④ 손톱 모양 만들기

답 ①

소독은 시술자 → 피 시술자 순으로 한다.

02. **습식 매니큐어의 순서로 옳은 것은?**

① 손 소독→폴리시 제거→모양 만들기→큐티클 부드럽게 하기→큐티클 정리→소독→보습제 바르기→컬러 바르기
② 폴리시제거→손 소독→모양 만들기→큐티클 부드럽게 하기→큐티클 정리→보습제 바르기→소독→컬러 바르기
③ 손 소독→폴리시 제거→큐티클 정리→큐티클 부드럽게 하기→모양 만들기→컬러 바르기→소독→보습제 바르기
④ 폴리시 제거→소독→모양 만들기→큐티클 부드럽게 하기→큐티클 정리→보습제 바르기→컬러 바르기→소독

답 ①

소독은 모든 네일 시술에 가장 먼저 진행되어야 하고 큐티클 정리 후에도 소독을 반드시 해야 한다.

03. **매니큐어의 정의로서 틀린 것은?**

① 네일케어의 과정이다.
② 손톱을 건강하고 아름답게 유지시킨다.
③ 손질 단계와 색조화장 단계의 절차로 대별된다.
④ 네일케어, 인조네일, 아트네일을 수행한다.

답 ④

④번은 네일미용의 전체적인 영역에 대한 설명이다.

04. **매니큐어에 대한 설명으로 옳은 것은?**

① 큐티클을 세게 밀어 올린다.
② 소량의 유분기가 네일표면에 남아 있어도 컬러링에는 별 무리가 없다.
③ 큐티클은 죽은 각질 세포이므로 완전히 잘라낸다.
④ 큐티클을 완전히 깊게 제거하지 않아야 한다.

답 ④

큐티클은 죽은 각질막이긴 하나 매트릭스 및 피부를 보호하고 있으므로 완전히 깊게 자르지 않는 것이 좋다.

05. **매니큐어에 대한 설명으로 옳은 것은?**

① 큐티클 관리를 말한다.
② 손과 손톱의 총체적인 관리를 의미한다.
③ 매니큐어는 중세부터 행해졌다.
④ Manus와 Cura가 합성된 말로 스페인에서 유래되었다.

답 ②

- 매니큐어는 라틴어에서 유래되었으며 전체적인 손톱 및 손 관리를 의미한다.
- 매니큐어는 고대시대부터 행해졌다.

06. **네일화일에 대한 설명으로 틀린 것은?**

① 약한 자연네일에는 철제 파일이 적합하다.
② 자연네일에는 180G 이상의 우드 파일을 사용해야 한다.
③ 그릿 수가 높을수록 부드럽고 그릿 수가 낮을수록 거칠다.
④ 네일화일은 인조네일과 자연네일을 구분 지어 사용하는 것이 좋다.

답 ①

철제화일은 열을 발생시켜 네일을 더욱 약하게 할 수 있다.

07. **손톱에 유·수분을 보충하기 위한 스페셜 매니큐어는?**

① 프렌치 컬러
② 딥프렌치 컬러
③ 파라핀 매니큐어
④ 습식 매니큐어

답 ③

①, ②는 폴리시 컬러링에 관한 내용이고 ④는 물을 이용한 손관리 방법이다.

08. 파라핀 시술은 어떤 증상에 효과가 있는가?

① 무좀
② 건성
③ 습진
④ 통증

답 ②

파라핀은 건조한 손톱과 손에 효과적이다.

09. 핫오일 매니큐어로 가장 큰 효과를 볼 수 있는 것은?

① 테리지움
② 티니아 페디스
③ 몰드
④ 오니코파지

답 ①

테리지움은 큐티클의 과잉성장으로 네일판을 덮는 증상으로 핫오일 매니큐어가 효과적이다.

10. 핫오일 매니큐어 대한 설명으로 옳지 않은 것은?

① 오일에 손을 담그면 모공이 열리면서 큐티클이 유연해진다.
② 로션 워머에 크림을 1/2 정도 넣고 전원을 미리 켜둔다.
③ 습도가 높은 여름에 효과적이다.
④ 갈라진 네일이나 행네일 고객에게 적당한 시술이다.

답 ③

핫오일 매니큐어는 건조한 겨울에 효과적이다.

11. 페디큐어 시술시 올바른 방법은?

① 발톱 모양은 둥글게 조형한다.
② 페디큐어는 겨울철에 하지 않는 것이 좋다.
③ 콘커터 사용시 피부결 방향으로 제거한다.
④ 가벼운 각질이라도 크레도를 사용하도록 한다.

답 ③

각질제거에 사용되는 콘커터와 페디화일은 피부결대로 사용한다.

12. **페디큐어 시술 방법 중 옳은 것은?**

① 발냄새를 방지하고 시술하기 편하게 발가락에 토우세퍼레이터를 끼운다.
② 발뒷꿈치 각질은 완전히 제거하는 게 좋다.
③ 발은 관리하기 편하게 둥글게 파일링 한다.
④ 당뇨병 환자는 발마사지로 피로를 줄여준다.

답 ①

- 발톱은 일자로 조형하는 게 좋고, 발뒷꿈치 각질은 너무 많이 제거하면 아플 수 있으니 조금씩 제거해 주는 게 좋다.
- 당뇨병이나 고혈압 환자에겐 발마사지를 하지 않는 것이 좋다.

13. **네일파일에 대한 설명으로 틀린 것은?**

① 소독이 가능한 네일 파일도 있다.
② 네일의 길이와 형태를 조형한다.
③ 그릿수가 높을수록 거칠다.
④ 그릿수가 낮을수록 거칠다.

답 ③

그릿(Grit)수가 높을수록 부드럽다.

14. **네일 도구 중 1회용으로 사용되지 않는 제품의 명칭은?**

① 니퍼
② 오렌지 우드스틱
③ 면도날
④ 화장솜

답 ①

니퍼와 푸셔 등은 소독하여 재사용한다.

15. **큐티클 잘라내기와 관련 없는 것은?**

① 푸셔와 니퍼를 사용하여 큐티클을 제거한다.
② 니퍼 날의 1/3만 큐티클에 닿도록 하여 잘라낸다.
③ 푸셔는 45°각도로 푸싱한다.
④ 1개의 니퍼로 계속 사용한다.

답 ④

2개 이상의 소독된 니퍼를 예비하고 있어야 하며 페디 니퍼는 따로 사용하는 것이 좋다.

study

매니큐어

- 매니큐어란 라틴어로 마누스(Manus - 손)와 큐라(Cura - 관리)의 합성어로 손과 손톱을 관리한다는 뜻으로 손톱의 형태를 다듬고 큐티클 정리, 마사지, 컬러링 등의 총체적인 관리를 의미한다.
- 매니큐어의 종류

건식 매니큐어	미온수 대신 큐티클 리무버를 사용하여 큐티클을 연화시킨 후 관리하는 방법을 말한다.
습식 매니큐어	미온수에 손가락을 담구어 큐티클을 연화시킨 후 관리하는 방법을 말한다.
핫오일 매니큐어	• 큐티클을 불려줄 때 핑거볼에 손을 담그는 대신 핫오일 워머기에 손을 담근다. • 큐티클이 과잉성장하는 테리지움 등에 관리법으로 딱딱한 큐티클을 부드럽게 불려 관리하는 방법이다.
파라핀 매니큐어	• 거친 손·발에 유·수분을 공급하고 혈액순환을 촉진시켜 피로를 풀어주는 효과를 내는 관리법이다. • 파라핀의 온도는 52~55℃가 적당하며 손과 발의 염증이나 사마귀 등의 감염 위험이 있는 경우는 사용을 금한다.

1_ 습식 매니큐어

재료

1. **베이스코트** _ 폴리시의 착색방지 2. **탑코트** _ 폴리시 광택부여 3. **큐티클 리무버** _ 큐티클 연화 목적 4. **큐티클 오일** _ 큐티클과 손톱 주변의 피부조직을 부드럽게 만들고 영양을 공급 5. **네일 폴리시(화이트)** 6. **네일 폴리시(레드)** 7. **소독제(안티셉틱)** 8. **지혈제** 9. **핑거볼** 10. **폴리시 리무버** 11. **클리퍼** _ 손·발톱 깎이 12. **니퍼** _ 큐티클 및 거스러미를 제거시 사용 13. **푸셔** _ 큐티클을 밀어올릴 때 사용 14. **더스트 브러쉬** _ 이물질을 제거할 때 사용 15. **우드 화일** 16. **샌딩(버퍼)** 17. **오렌지 우드스틱**

순서

손 소독(시술자 → 피시술자) → 네일 폴리시 제거 → 손톱 모양 다듬기 → 표면 정리하기 → 거스러미 제거하기 → 큐티클 연화시키기 → 큐티클 리무버 바르기 → 큐티클 밀어 올리기 → 큐티클 정리하기 → 소독하기 → 유분기 제거하기 → 컬러링 하기

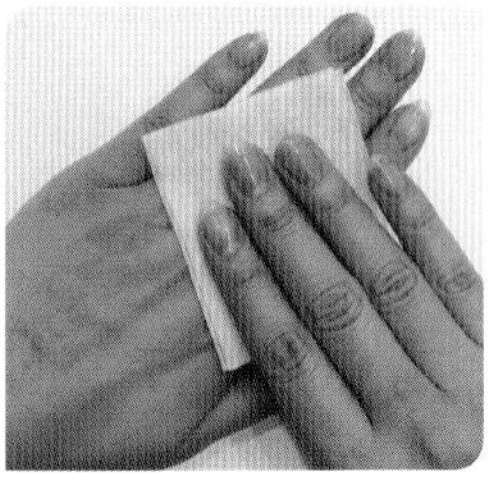

❶ 손 소독

소독제로 시술자→피시술자 순으로 소독해 준다.

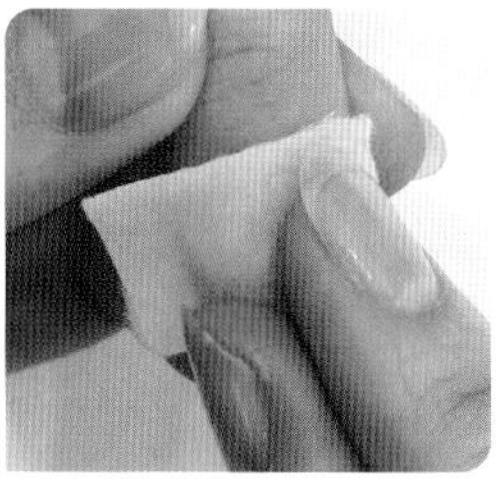

❷ 네일 폴리시 제거

화장솜에 리무버를 묻혀 한 손가락씩 제거해 준다.

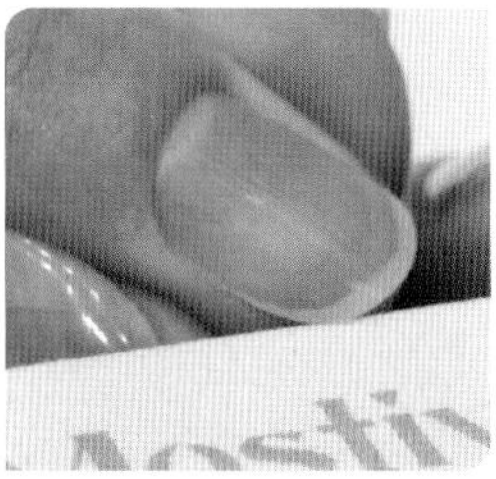

❸ 손톱 모양 다듬기

네일화일을 이용해서 모양을 다듬어 준다(네일화일은 한 방향으로 사용할 것).

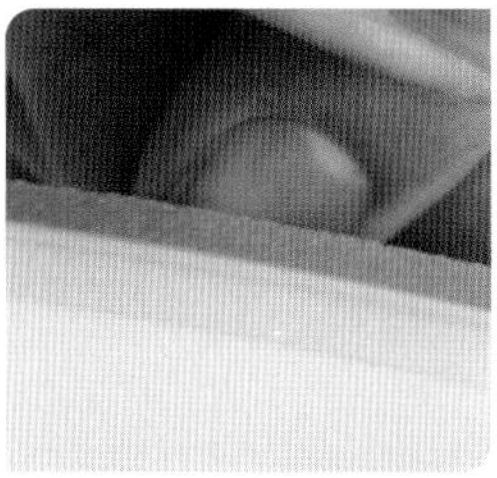

❹ 표면 정리하기

샌딩화일 등을 이용해서 손톱 표면을 정리해 준다.

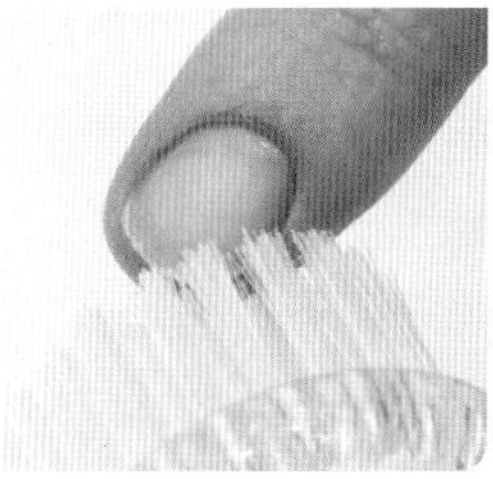

❺ 거스러미 제거하기

더스트 브러쉬를 이용하여 손톱 주변, 손톱 및 분진을 제거한다.

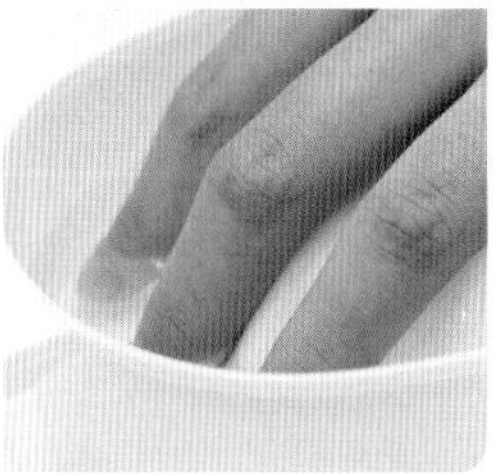

❻ 큐티클 연화시키기

핑거볼에 미온수를 담가 큐티클을 불려준다.

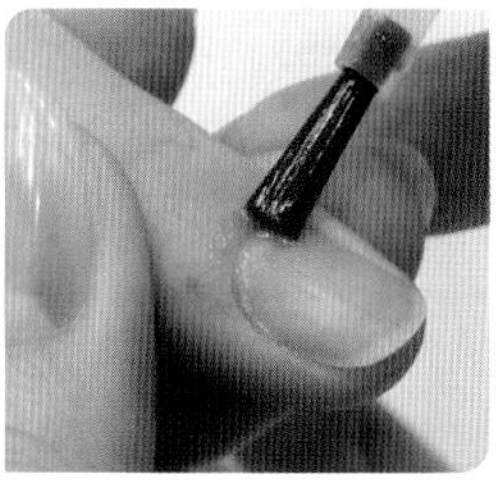

❼ 큐티클 리무버 바르기

큐티클 리무버나 오일 등을 큐티클에 발라준다(생략가능).

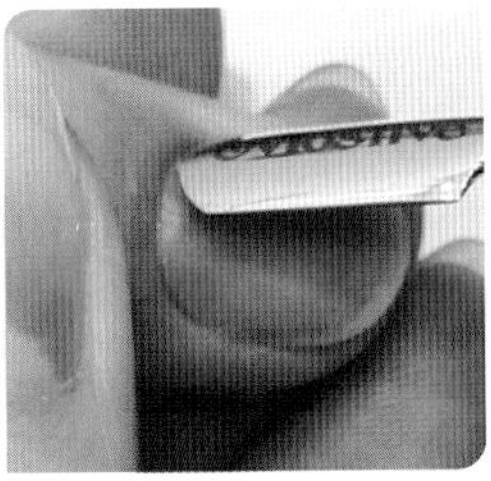

❽ 큐티클 밀어 올리기

푸셔를 45° 각도로 큐티클을 밀어 올려준다.

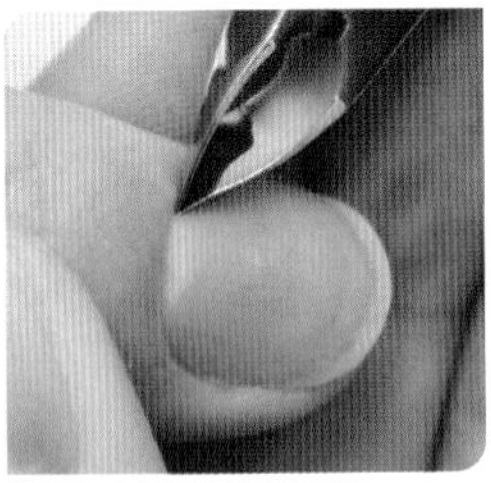

❾ 큐티클 정리하기

니퍼를 사용하여 불필요한 큐티클을 제거한다.

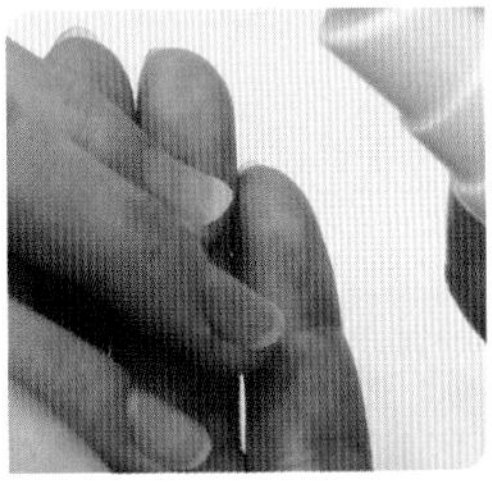

❿ 소독하기

안티셉틱으로 소독한다.

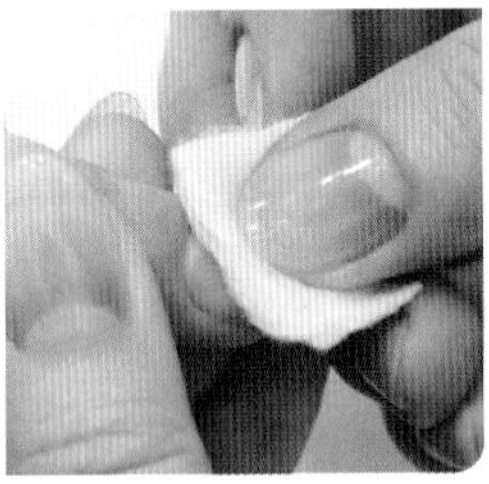

⓫ 유분기 제거하기

리무버로 손톱 표면의 유분기를 닦아준다.

⓬ 컬러링 하기

1. 베이스코트 바르기

착색 방지를 위해 베이스코트를 1회 바른다.

2. 네일 폴리시 바르기

손톱 전체에 네일 폴리시를 2회 바른다(브러쉬 각도는 45°를 유지 할 것).

3. 탑코트 바르기

컬러보호와 광택을 위해 1회 바른다.

2_ 습식 페디큐어

재료

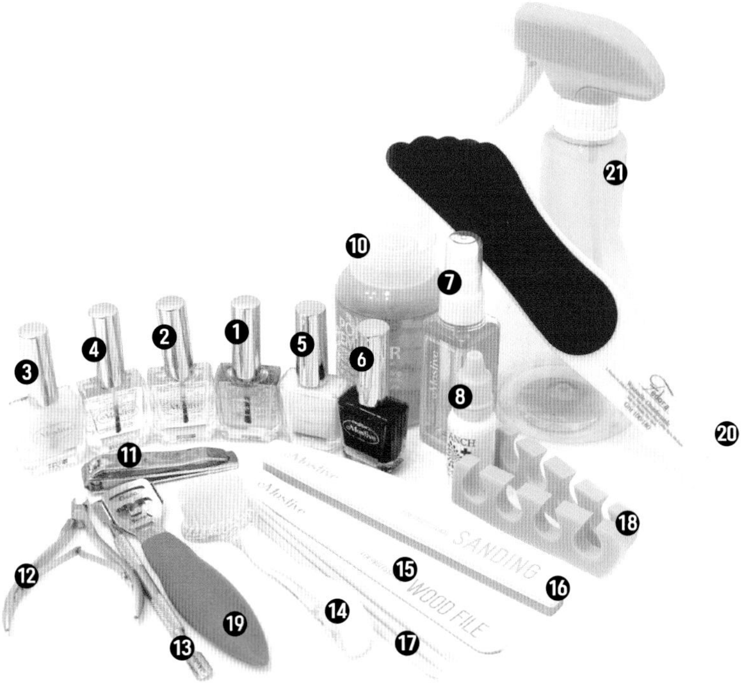

1. **베이스코트** _ 폴리시의 착색방지 2. **탑코트** _ 폴리시 광택부여 3. **큐티클 리무버** _ 큐티클 연화 목적 4. **큐티클 오일** _ 큐티클과 손톱 주변의 피부조직을 부드럽게 만들고 영양을 공급 5. **네일 폴리시(화이트)** 6. **네일 폴리시(레드)** 7. **소독제(안티셉틱)** 8. **지혈제** 10. **폴리시 리무버** 11. **클리퍼** _ 손·발톱 깎이 12. **니퍼** _ 큐티클 및 거스러미를 제거시 사용 13. **푸셔**_ 큐티클을 밀어올릴 때 사용 14. **더스트 브러쉬** _ 이물질을 제거할 때 사용 15. **우드 화일** 16. **샌딩(버퍼)** 17. **오렌지 우드스틱** 18. **토우세퍼레이트** _ 발가락 사이에 끼워 발가락을 분리시키는 도구 19. **콘커터** _ 발바닥 굳은살을 제거할 때 사용 20. **페디화일** 21. **분무기**

순서

손·발 소독(시술자→피시술자)→네일 폴리시 제거→발톱 모양 다듬기→표면 정리하기→거스러미 제거하기→큐티클 연화시키기→큐티클 리무버 바르기→큐티클 밀어 올리기→큐티클 정리하기→소독하기→유분기 제거하기→토우 세퍼레이트 끼우기→컬러링 하기

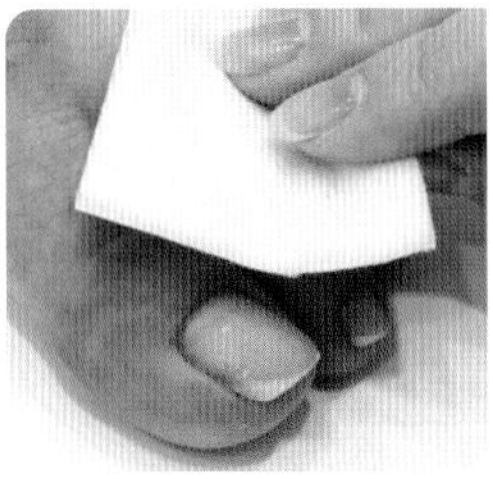

❶ 소독하기

소독제로 시술자의 손→피시술자의 발 순으로 소독해 준다.

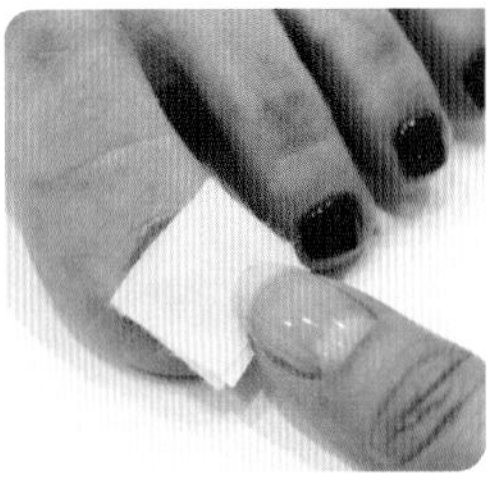

❷ 네일 폴리시 제거

화장솜에 리무버를 묻혀 한 발가락씩 제거해 준다.

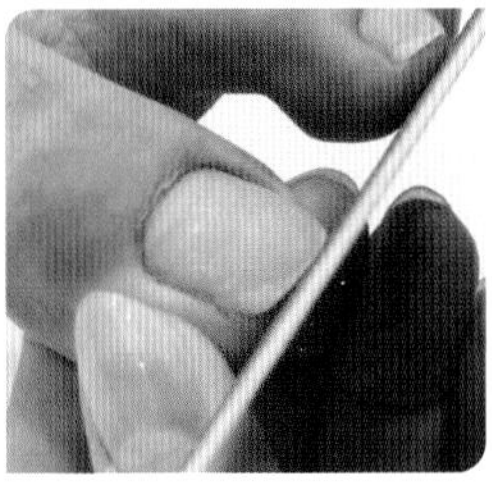

❸ 발톱 모양 다듬기

네일화일을 이용해서 모양을 다듬어 준다(발톱은 스퀘어 형태로 조형 할 것).

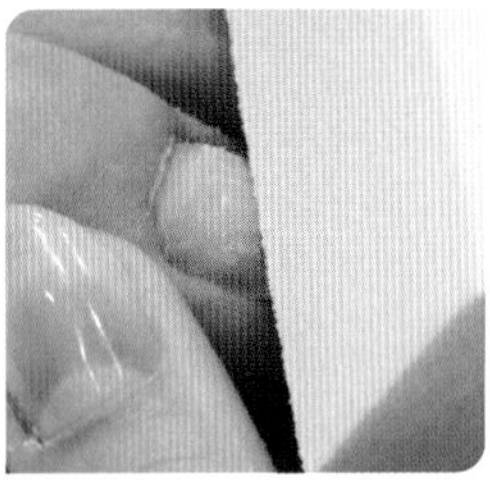

❹ 표면 정리하기

샌딩화일 등을 이용해서 손톱 표면을 정리해 준다.

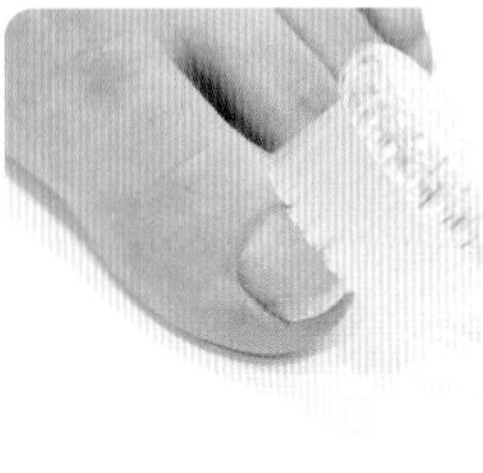

❺ 거스러미 제거하기

더스트 브러쉬를 이용하여 발톱 주변, 발톱 및 분진을 제거한다.

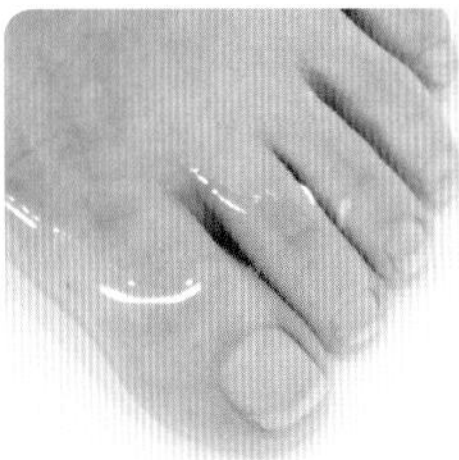

❻ 큐티클 연화시키기

족탕기에 미온수를 담가 큐티클을 불려준다(※시험 시 분무기 사용).

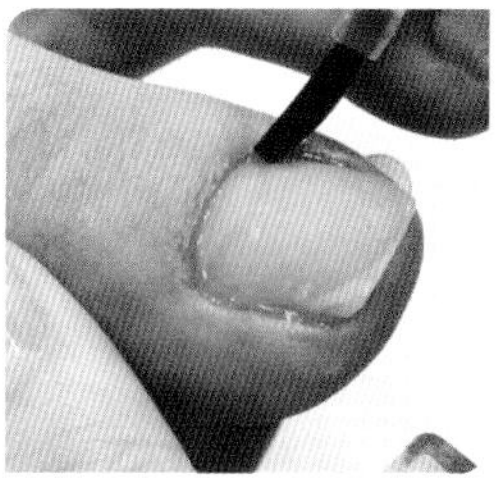

❼ **큐티클 리무버 바르기**

큐티클 리무버나 오일 등을 큐티클에 발라준다(생략가능).

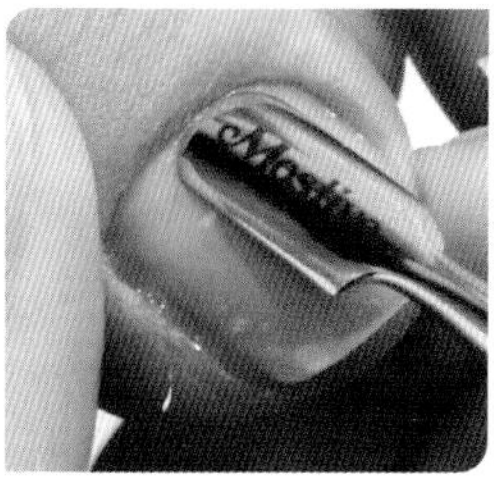

❽ **큐티클 밀어 올리기**

푸셔를 45° 각도로 큐티클을 밀어 올려준다.

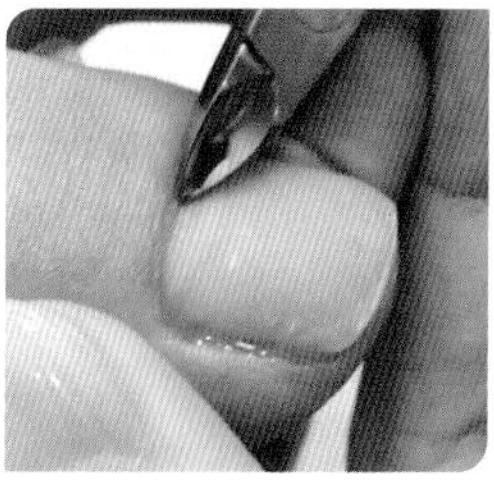

❾ **큐티클 정리하기**

니퍼를 사용하여 불필요한 큐티클을 제거한다.

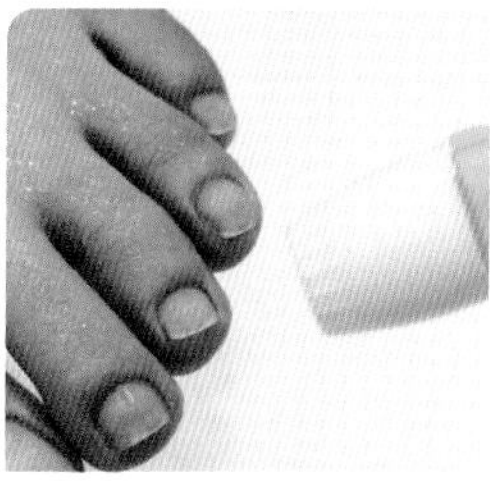

❿ **소독하기**

안티셉틱으로 소독한다.

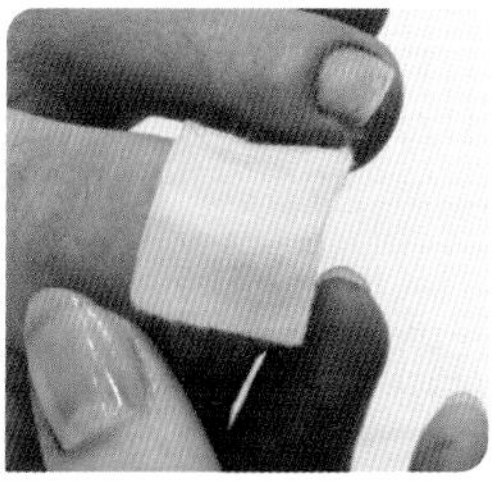

⓫ **유분기 제거하기**

리무버로 발톱 표면의 유분기를 닦아준다.

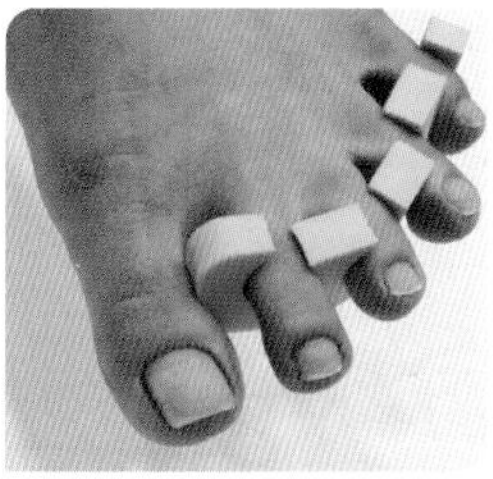

⓬ **토우세퍼레이트 장착하기**

발가락 사이에 토우세퍼레이트를 끼워준다.

⑬ 컬러링 하기

1. 베이스코트 바르기
   착색 방지를 위해 베이스코트를 1회 바른다.
2. 네일 폴리시 바르기
   발톱 전체에 네일 폴리시를 2회 바른다(브러쉬 각도는 45°를 유지 할 것).
3. 탑코트 바르기
   컬러보호와 광택을 위해 1회 바른다.

핵심문제

16. **컬러링에 대한 설명이 틀린 것은?**

① 네일 폴리시를 2회 도포한다.
② 착색 방지를 위해 베이스코트를 도포한다.
③ 네일 폴리시를 바르기 전 큐티클을 유연하게 하기 위해 큐티클 오일을 바른다.
④ 탑코트는 힘을 주지 않고 가볍게 도포한다.

답 ③

큐티클 오일은 보습제의 일종으로 유분기가 많아 컬러링 전에 바르면 안 된다.

17. **베이스코트의 주성분으로 바른 것은?**

① 아세톤
② 니트로셀룰로오스
③ 쿼츠
④ 이소프로필알코올

답 ②

베이스코트, 네일 폴리시, 탑코트는 니트로셀롤로오스, 부틸아세테이트, 톨루엔 등을 주성분으로 가지고 있다.

18. 네일 폴리시의 성분 중 다른 구성 물질의 용해와 고정을 도와 광택제로 주로 사용되나, 최근 발암 물질로 보고되어 사용이 제한되고 있는 성분은?

① 토실아마이드
② 에틸아세테이트
③ 프탈레이트
④ 니트로셀룰로오스

답 ③

✍ 프탈레이트는 내분비계 장애를 일으키는 환경 호르몬 추정 물질로 발암 가능성이 보고되어 현재 사용이 제한되고 있다.

19. 폴리시에 대한 설명으로 옳지 않은 것은?

① 폴리시는 색상을 주고 광택을 내게 하는 화장제이다.
② 보통 2~3회 정도 바른다.
③ 굳는 것을 방지하기 위해 병 입구를 닦아 보관한다.
④ 폴리시는 비인화성 물질이다.

답 ④

✍ 폴리시는 인화성 물질로서 취급시 주의를 요한다.

20. 컬러의 까짐을 미연에 방지하기 위해 손톱의 끝부분만 지워주는 컬러링 방법은?

① 슬림라인
② 풀코트
③ 프리에지
④ 헤어라인

답 ④

✍

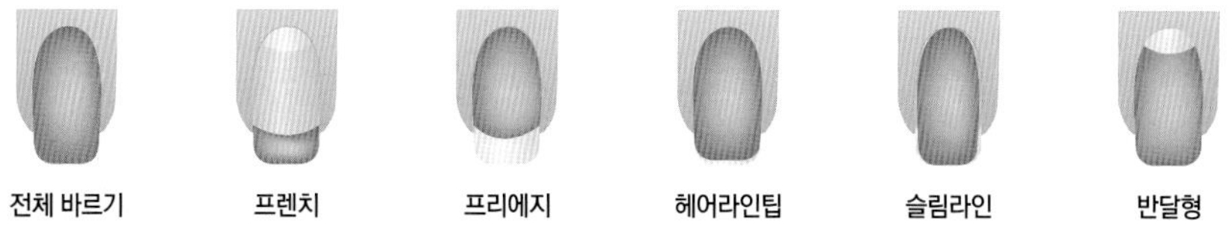

21. 그라데이션 기법의 컬러링에 대한 설명으로 틀린 것은?

① 색상 사용의 제한이 없다.
② 스펀지를 사용하여 작업 할 수 있다.
③ 라이트 큐어드 젤의 적용 시에도 사용할 수 있다.
④ 일반적으로 큐티클 부분으로 갈수록 컬러링 색상이 자연스럽게 진해지는 기법이다.

답 ④

✍ 그라데이션은 일반적으로 큐티클 부분으로 갈수록 색상이 옅어지는 컬러링 기법이다.

22. 프리에지 부분을 유색 폴리시로 도포하는 컬러링 기법은?

① 프렌치 컬러링
② 슬림라인 컬러링
③ 레귤러 컬러링
④ 풀코트

답 ①

23. 폴리시를 바르는 방법 중 헤어라인 팁 모양에 대한 설명으로 옳은 것은?

① 손톱 끝으로부터 1.5mm 정도를 지워주는 컬러링 방법
② 프리에지 부분만 컬러링하는 방법
③ 프리에지 부분은 비워두고 컬러링 하는 방법
④ 루눌라 부분만 남기고 컬러링 하는 방법

답 ①

- **프리에지 부분만 컬러링하는 방법**: 프렌치
- **프리에지 부분은 비워두고 컬러링 하는 방법**: 프리에지
- **루눌라 부분만 남기고 컬러링 하는 방법**: 하프문

study

컬러링의 종류

풀코트	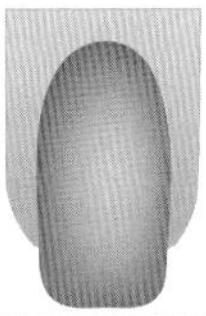	손톱 전체에 컬러링 하는 방법
프렌치	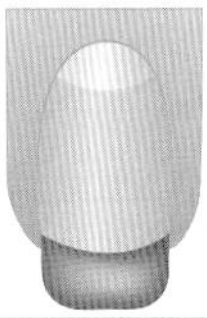	• 프리에지 부분만 컬러링 하는 방법 • **딥프렌치**: 손톱의 전체 길이 1/2 이상에서 루눌라를 넘지 않게 컬러링 하는 방법
프리에지		프리에지 부분만 컬러링 하지 않는 방법
헤어라인팁	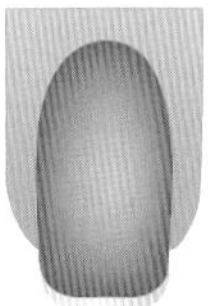	풀 코트 후에 손톱 끝 1.5mm 정도를 지워주는 컬러링 방법

슬림라인		손톱의 양쪽 옆면을 1.5mm 정도 남기고 컬러링 하는 방법
하프문(반달형)	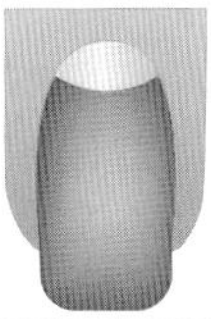	루눌라 부분만 남기고 컬러링 하는 방법
그라데이션	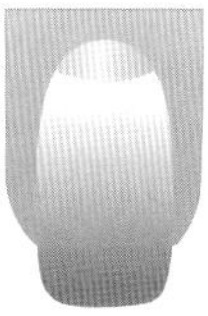	손톱의 전체 길이 1/2이상에서 루눌라를 넘지 않게 프리에지로 갈수록 자연스럽게 컬러가 진해지는 컬러링 방법

Chapter.2
인조네일 관리

6~7문제

인조네일 부분은 정확한 명칭과 재료의 쓰임새, 그리고 시술순서를 모두 암기해야 합니다. 아크릴릭 네일에 쓰이는 프라이머에 대한 특성을 파악하고 손톱상태에 따른 인조네일의 보수(리페어) 방법 등을 공부하세요.

핵심문제

01. **네일팁(인조손톱)의 재료가 아닌 것은?**

① 나일론
② 아크릴
③ 플라스틱
④ 아세테이트

답 ②

02. **랩의 종류에 대한 설명으로 바르게 연결되지 않은 것은?**

① **실크** : 명주소재로 투명성이 가능하다.
② **페이퍼 랩** : 일회용으로 사용이 가능하다.
③ **린넨** : 랩의 종류 중 가장 얇고 투명하다.
④ **화이버 글래스** : 인조유리섬유, 광섬유라고도 한다.

답 ③

- 린넨은 랩의 종류 중 가장 두껍고 투박하다.
- **페이퍼 랩** : 얇은 종이 소재의 랩으로 아세톤에 용해되기 쉬워 임시 랩으로만 사용된다.

03. **팁을 부착하는 방법으로 맞지 않은 것은?**

① 손톱의 1/3정도를 커버하는 것이 적당하다.
② 웰의 정지선 이하는 글루를 묻히지 말아야 한다.
③ 손톱보다 작은 사이즈의 팁을 골라야 한다.
④ 접근 각도는 45°가 적당하다.

답 ③

자연손톱에 딱 맞는 팁을 고르는 것이 좋고 팁이 살짝 클 경우 파일로 팁 양쪽을 갈아서 사용한다.

04. **네일 랩핑시 사용하지 않는 재료는?**

① 젤 글루
② 네일 글루
③ 아크릴 리퀴드
④ 페이퍼 랩

답 ③

리퀴드는 아크릴 스컬프쳐의 재료이다.

05. **다음은 실크 익스텐션 과정이다. (   )에 들어갈 작업으로 옳은 것은?**

<보기>

소독→광택 제거→실크 오리기→(   )→필러 파우더 뿌리기→실크턱 제거→표면 정리→글루 바르기→턱선 제거→마무리

① 글루 바르기
② 프라이머 바르기
③ 젤 바르기
④ 큐티클 정리

답 ①

실크를 오려 부착한 후에 글루를 발라 더욱 밀착시킨 후 필러파우더로 보강한다.

06. **실크 익스텐션 시술시 실크의 올바른 접착 방법이 아닌 것은?**

① 큐티클과 양 사이드로부터 1.5mm 떨어져 재단한다.
② 늘리고자 하는 길이만큼만 재단한다.
③ 실크가 밀리거나 구겨지지 않게 밀착한다.
④ 글루가 다 마르기 전에 핀칭을 준다.

답 ②

실크의 길이는 여유를 두고 재단해야 C커브를 잡아주기 용이하다.

07. **랩 네일에 대한 설명으로 옳지 않은 것은?**

① 찢어진 네일에 작업할 수 있다.
② 약한 자연네일이나 인조네일 위에 덧씌움으로써 튼튼하게 유지시켜 준다.
③ 자연네일을 보호하기 위해 사용하는 방법이다.
④ 부러진 네일에는 작업할 수 없다.

답 ④

랩 네일은 부러진 네일에도 작업할 수 있다.

08. **아크릴에 사용되는 화학성분 중 약알칼리 물질로 굳는 속도를 촉진하는 촉매제 역할을 하는 것은?**

① 프라이머
② 모노머
③ 폴리머
④ 카탈리스트

답 ④

✍ 아크릴 시스템의 촉매제는 카탈리스트이고 양에 따라서 굳는 속도가 다르다.

09. **네일 프라이머의 어떤 성질로 인해 피부에 닿았을 때 손상이 생기는가?**

① 중성
② 산성
③ 알칼리성
④ 건성

답 ②

✍ 산은 손톱을 부식시킬 수 있으며 건조하게 만들 수 있다.

10. **네일 프라이머가 피부에 묻었을 때 대처 방법으로 가장 적절한 것은?**

① 흐르는 물에 씻어준다.
② 피부 소독제에 담가둔다.
③ 알코올이나 아세톤으로 닦는다.
④ 면봉이나 솜으로 눌러준다.

답 ①

11. **프라이머에 대한 설명으로 옳지 않은 것은?**

① 피부에 묻으면 가렵거나 껍질이 벗겨질 수 있다.
② 강한 산성이다.
③ 충분한 양으로 여러번 도포해야 한다.
④ 인조 팁에는 바르지 않는다.

답 ③

✍ 프라이머는 강한 산성으로 피부에 닿을 시 화상을 입을 수 있으므로 피부에 닿지 않게 조심하면서 손톱에 한 두 번만 조심히 바르도록 한다.

12. **네일 폼의 올바른 접착 방법으로 잘못된 것은?**

① 접착 위치는 자연 손톱의 프리에지 아래 부분이다.
② 자연 손톱과의 자연스러운 연장선을 고려하며 접착한다.
③ 사이드에서 보았을 때 약간 들어올린 15°각도가 이상적이다.
④ 하이포니키움이 다치지 않도록 접착한다.

답 ③

네일 폼은 사이드월과의 자연스러운 스트레이트가 되어야 한다.

13. **아크릴 네일 시술 후 리프팅의 원인이 아닌 것은?**

① 큐티클 부분에 너무 두껍게 올렸을 경우
② 스트레스 포인트를 감싸지 못했을 경우
③ 유·수분을 충분히 제거하지 못했을 경우
④ 바디가 짧은 손톱에 시술했을 경우

답 ④

아크릴 네일은 바디가 짧은 손톱을 보정할 수 있는 장점이 있다.

14. **물어뜯는 네일을 관리하기 위해 아크릴릭을 할 수 있다. 아크릴릭을 하기 전에 선행되어야 하는 것은?**

① 프라이머를 바른다.
② 아크릴릭 사용 전에 랩핑을 한다.
③ 네일 팁을 아크릴릭 손톱에 붙인다.
④ 자연네일을 팁으로 먼저 연장한다.

답 ④

자연네일을 팁으로 먼저 연장한 후 폼을 끼워 아크릴릭을 한다.

15. **젤 네일의 장점에 대한 설명으로 옳지 않은 것은?**

① 냄새가 거의 없다.
② 시술이 용이하여 작업시간 단축이 가능하다.
③ 폴리시보다 제거가 쉽다.
④ 광택이 오래간다.

답 ③

젤은 드릴이나 아세톤으로 제거해야하므로 폴리시보다 제거하는 데 시간이 오래 걸린다.

16. **젤에 관한 설명으로 틀린 것은?**

① 아크릴릭에 비해 강한 냄새가 없다.
② 일반 폴리시에 비해 광택이 오래 지속된다.
③ 소프트(Soft)젤은 아세톤에 녹지 않는다.
④ 젤 네일은 하드(Hard)젤과 소프트(Soft)젤로 구분된다.

답 ③

소프트(Soft)젤은 아세톤에 녹고 하드(Hard)젤은 녹지 않는다.

17. **LED램프와 UV램프의 빛을 사용하여 경화되는 젤을 무엇이라고 하는가?**

① 네일 팁 라이트 젤
② 라이트 큐어드 젤
③ 노 라이트 큐어드 젤
④ 네일 랩 큐어드 젤

답 ②

응고제를 발라 경화시키는 것을 노 라이트 큐어드 젤이라고 한다.

18. **젤을 굳게 하는 자외선 또는 할로겐 전구가 들어 있는 전기용품의 이름은?**

① 젤 탑코트
② 큐어링 라이트
③ 글루 드라이
④ 젤 폴리시

답 ②

젤 램프 혹은 큐어링 라이트기라고 한다.

19. **인조네일 제거시 자연손톱으로 회복하기 위한 올바른 방법은?**

① 오일 마사지나 팩을 한다.
② 파일로 제거한다.
③ 알루미늄 호일로 감싼다.
④ 네일버퍼로 부드럽게 샌딩한다.

답 ①

②, ③, ④는 인조 손톱을 제거하는 방법이다.

20. **네일 연장 시술 후 관리 방법으로 <u>틀린</u> 것은?**

① 반드시 보수 관리를 받아야 한다.
② 새로 자라난 네일에는 젤, 필러, 아크릴 등으로 채운다.
③ 접착면이 떨어진 아크릴릭 부위를 파일로 갈아서 모나는 부분을 없애야 한다.
④ 실크 익스텐션 시술을 할 때 글루는 한번에 많은 양을 도포한다.

답 ④

실크 익스텐션 시술시 글루는 여러번 소량씩 도포하며 시술한다.

21. **아크릴 네일의 제거 방법으로 옳은 것은?**

① 알코올을 탈지면에 적셔 호일로 감싸 불린 후 오렌지 우드스틱으로 떼어낸다.
② 아세톤을 탈지면에 적셔 호일로 감싼 후 오렌지 우드스틱으로 떼어낸다.
③ 아세톤을 탈지면에 적셔 호일로 감싸 불린 후 오렌지 우드스틱으로 떼어낸 후 잔여물을 거친 파일로 제거한다.
④ 네일 폴리시 리무버를 탈지면에 적셔 호일로 감싸 불린 후 오렌지 우드스틱으로 떼어낸다.

답 ②

아세톤으로 녹여 제거 한 후 오렌지 우드스틱이나 부드러운 파일을 이용해 잔여물을 제거한다.

study

네일 팁과 네일 랩

네일 팁	용도	손톱 길이를 연장하기 위해 사용된다.
	재료	나일론, 플라스틱, 아세테이트 등의 원료로 만들어진다.
	종류	풀 웰과 하프 웰로 구분된다. ✓ 웰(Well)은 팁 안쪽의 움푹 페인 글루 접착면을 가리킨다.
네일 랩	용도	찢어지거나 약한 손톱을 보강하기 위해 사용된다.
	분류	**강도 : 화이버 글래스 < 실크 < 린넨** - **화이버 글래스** : 인조유리섬유로 투명하고 반짝거리나 강도가 약하다. - **실크** : 조직이 얇고 섬세하여 가장 많이 사용된다. - **린넨** : 두껍고 투박하여 잘 사용되지 않지만, 네일 랩 중에 가장 강하고 두껍다.

1_ 팁 위드 랩(실크)

재료

7. **소독제(안티셉틱)** 8. **지혈제** 11. **클리퍼** _ 손·발톱 깎이 16. **샌딩(버퍼)** 17. **오렌지 우드스틱** 22. **라이트 글루** _ 인조 팁이나 실크를 접착시에 사용 23. **젤 글루** _ 점성이 높은 글루 24. **필러 파우더** _ 네일 보강시 두께를 형성하는 분말 25. **네일랩(실크)** _ 손톱을 보강하거나 연장시에 사용 26. **네일팁** 27. **글루드라이** _ 글루를 굳혀주는 경화제 28. **실크가위** 29. **팁 커터기** _ 인조네일 길이를 자를때 사용 30. **우드, 지브라화일** 31. **샤이너(2-way)** _ 사용하는 면적에 따라 2-way, 3-way, 4-way 등으로 나뉜다.

순서

손 소독하기 → 손톱 모양 다듬기 → 광택 제거하기 → 네일 팁 선택하기 → 네일 팁 접착하기 → 길이 자르기 → 팁 턱 제거하기 → 글루 및 필러 파우더 뿌리기 → 표면 정리하기 → 네일 랩 접착하기 → 코팅하기 → 표면 정리하기 → 광택 내기 → 오일 마무리

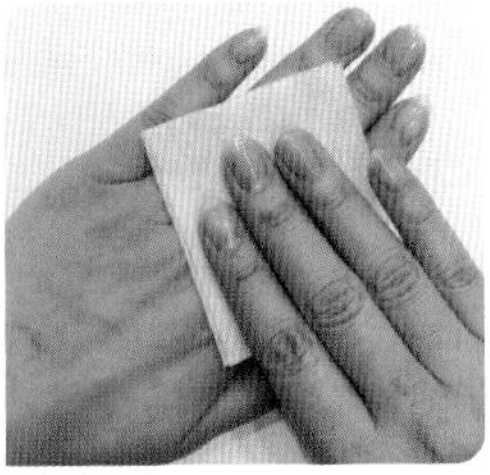

❶ 손 소독

소독제로 시술자→피시술자 순으로 소독해 준다.

❷ 손톱 모양 다듬기

네일화일을 이용해서 모양을 다듬어 준다(네일화일은 한 방향으로 사용할 것).

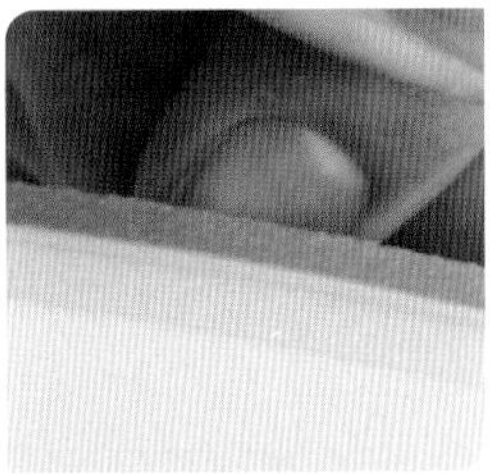

❸ 광택 제거하기

샌딩화일 등을 이용하여 손톱 표면의 유분기를 없애 광택을 제거해 준다.

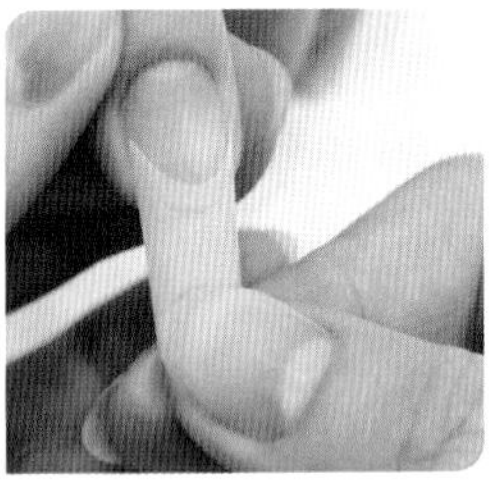

❹ 네일 팁 선택하기

네일 팁은 자연네일에 딱 맞는 사이즈를 고른다. 만약 자연네일보다 팁이 조금 클 경우엔 네일 파일로 팁 양쪽 사이드를 갈아서 준비한다.

- **각진 네일** : 하프 웰의 네일 팁 선택
- **넓적한 네일** : 끝이 좁아지는 네일 팁 선택
- **아래로 향한 네일(독수리형)** : 일자 네일 팁 선택
- **위로 솟아오른 네일(스푼형)** : 커브가 있는 네일 팁 선택

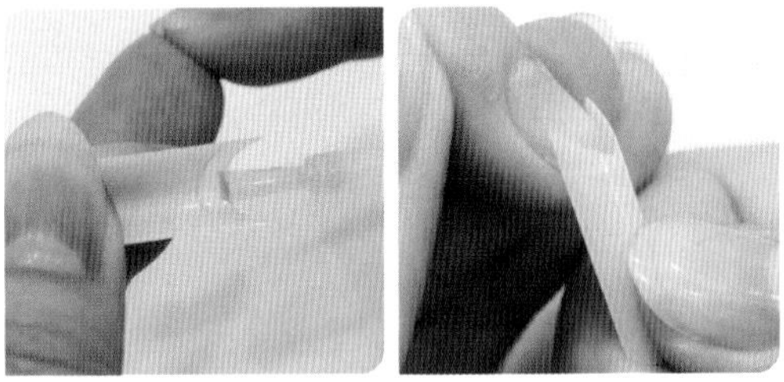

❺ 네일 팁 접착하기

45°각도로 아래에서 위로 들어올리 듯 접착하며 기포가 생기지 않도록 유의하여 접착한다.

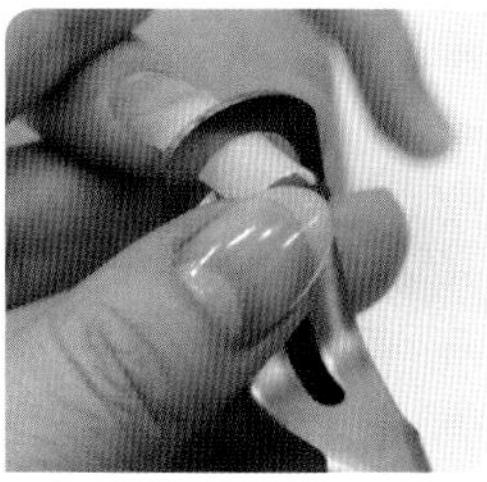

❻ 길이자르기

팁커터기를 이용하여 길이를 자른다.

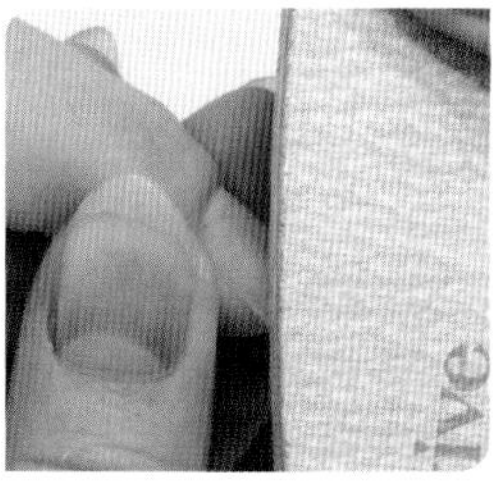

❼ 팁 턱 제거하기

자연네일이 상하지 않도록 주의한다.

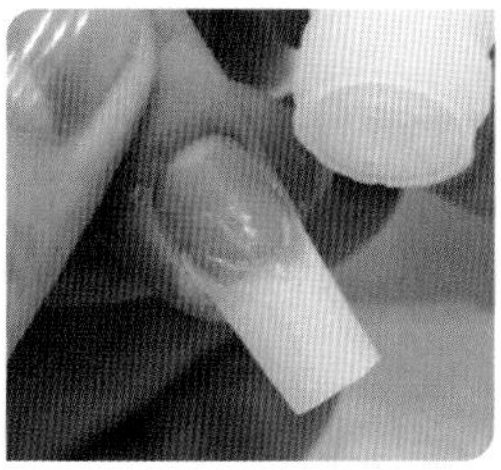

❽ 글루 및 필러 파우더 뿌리기

여러차례 반복하여 원하는 두께를 만든다.

✓ 필러 파우더보다 글루의 양을 많이 하면 투명도를 높힐 수 있다.

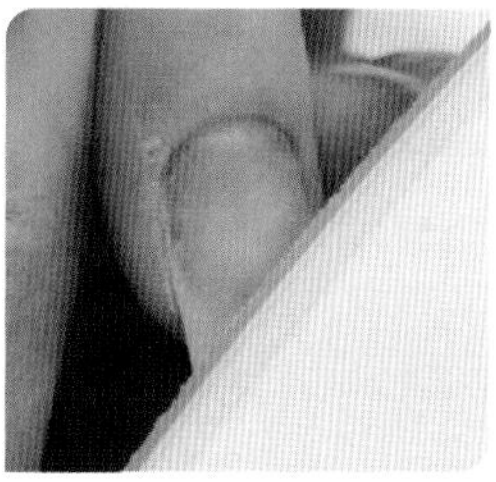

❾ 표면 정리하기

네일화일과 샌딩화일 등으로 표면을 매끄럽게 다듬는다.

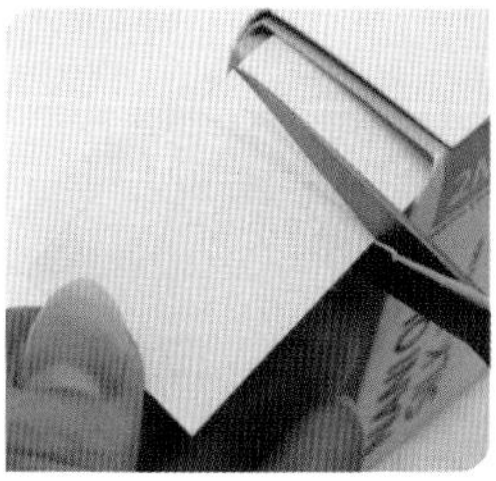
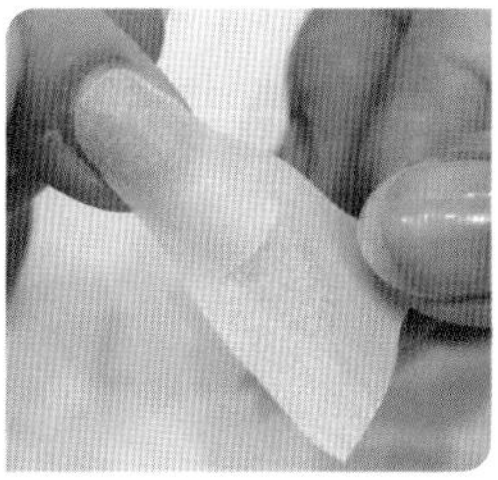

❿ 네일 랩 접착하기

큐티클 라인에서 약 1~1.5mm 정도 남기고 접착한 후 글루로 고정시켜 준다.

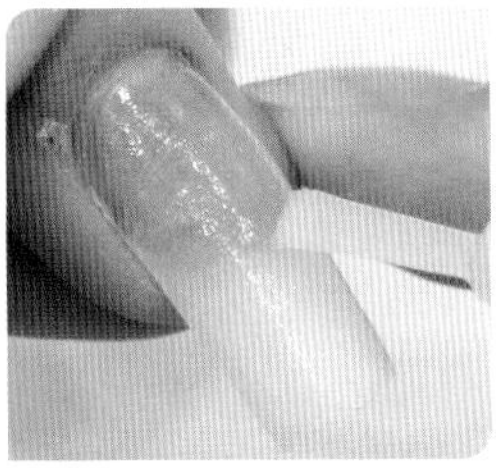

⑪ **코팅하기**

젤 글루를 도포함으로써 강도를 보강할 수 있다.

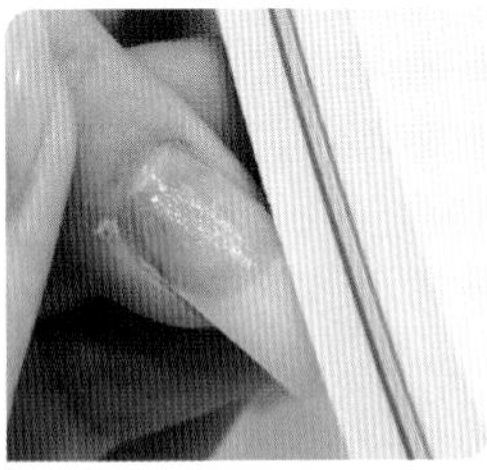

⑫ **광택내기**

샌딩화일 등으로 표면을 다듬은 후 2-way로 광택을 내준다.

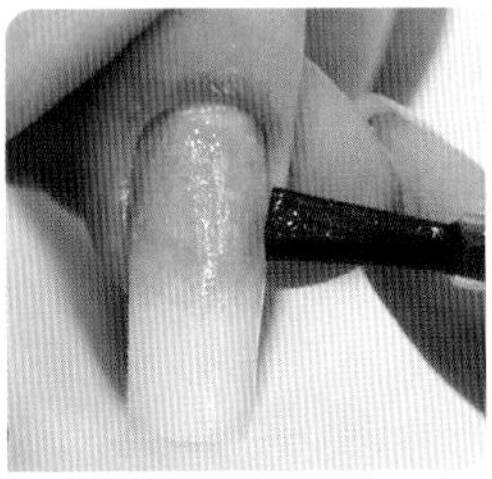

⑬ **오일 마무리**

2_ 네일 랩(실크) 익스텐션

재료

7. **소독제(안티셉틱)** 8. **지혈제** 11. **클리퍼** _ 손·발톱 깎이 16. **샌딩(버퍼)** 17. **오렌지 우드스틱** 22. **라이트 글루** _ 인조 팁이나 실크를 접착시에 사용 23. **젤 글루** _ 점성이 높은 글루 24. **필러 파우더** _ 네일 보강시 두께를 형성하는 분말 25. **네일랩(실크)** _ 손톱은 보강하거나 연장시에 사용 26. **네일팁** 27. **글루드라이** _ 글루를 굳혀주는 경화제 28. **실크가위** 29. **팁 커터기** 30. **우드, 지브라화일** 31. **샤이너(2-way)** _ 사용하는 면적에 따라 2-way, 3-way, 4-way 등으로 나뉜다.

순서

손 소독하기 → 손톱 모양 다듬기 → 광택 제거하기 → 네일 랩 재단 하기 → 네일 랩 접착하기 → 글루 및 필러 파우더 뿌리기 → 구조 조형하기 → 표면 정리하기 → 코팅하기 → 표면 정리하기 → 광택 내기 → 오일 마무리

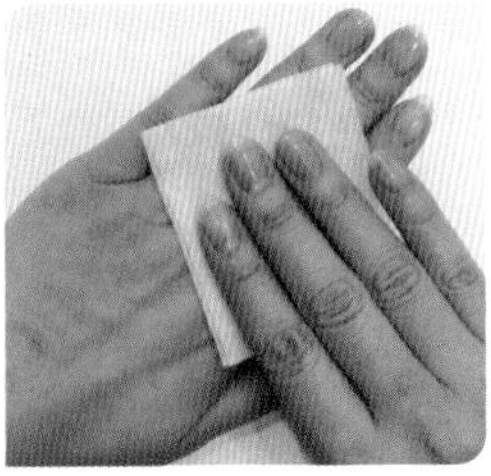

❶ 손 소독

소독제로 시술자→피시술자 순으로 소독해 준다.

❷ 손톱 모양 다듬기

네일화일을 이용해서 모양을 다듬어 준다(네일화일은 한 방향으로 사용할 것).

❸ 광택 제거하기

샌딩화일 등을 이용하여 손톱 표면의 유분기를 없애 광택을 제거해 준다.

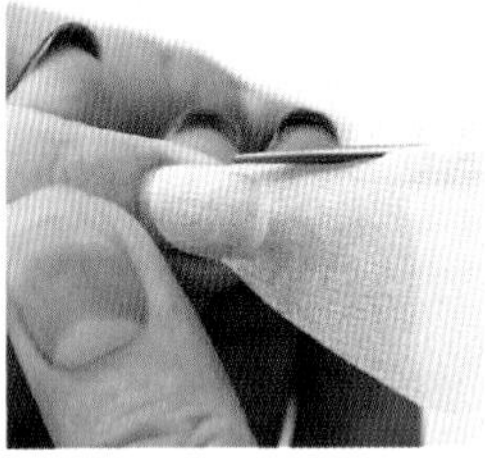

❹ 네일 랩 재단하기

스트레스 포인트 아랫부분은 연장하는 길이보다 넉넉하고 길게 재단한다.

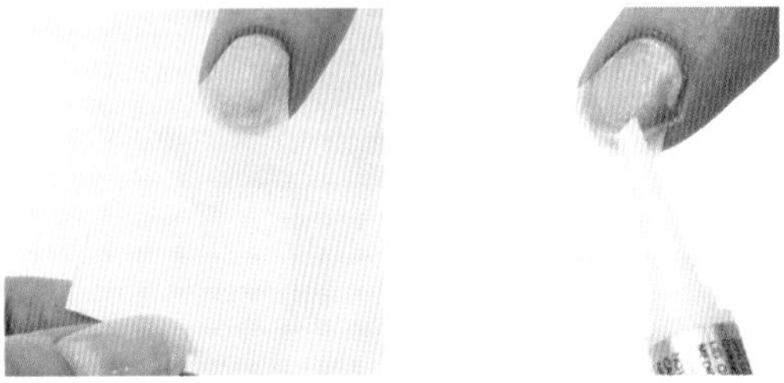

❺ 네일 랩 접착하기

큐티클 라인에서 1~1.5mm 정도 띄워서 접착한다.

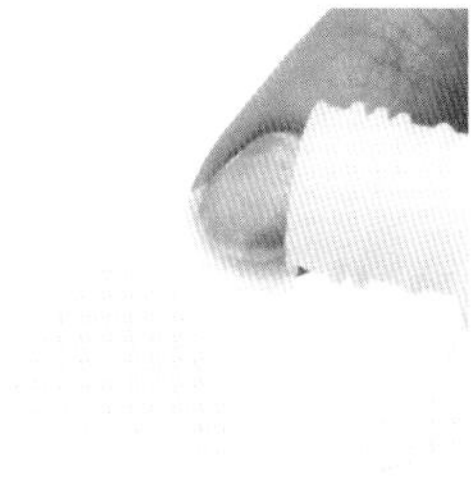

❻ 글루 및 필러 파우더 뿌리기

여러차례 반복하여 원하는 두께를 만들면서 손톱 모양을 잡아준다.

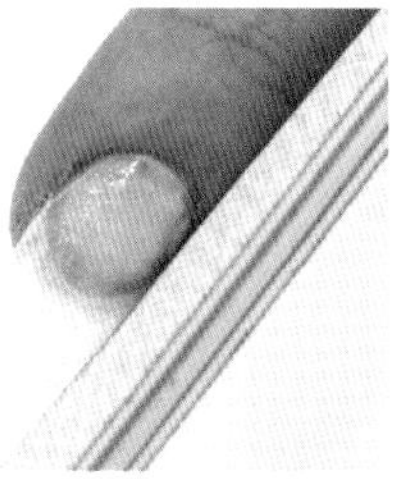

❼ 구조 조형하기

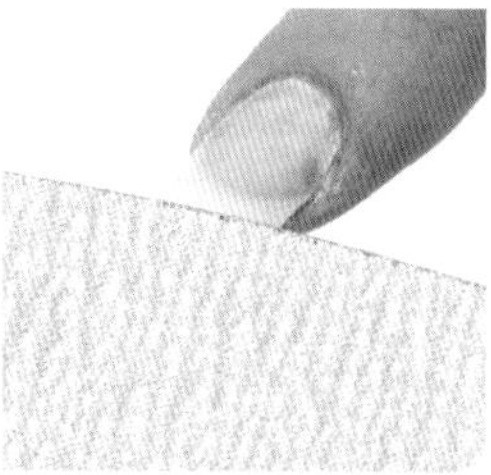

❽ 표면 정리하기

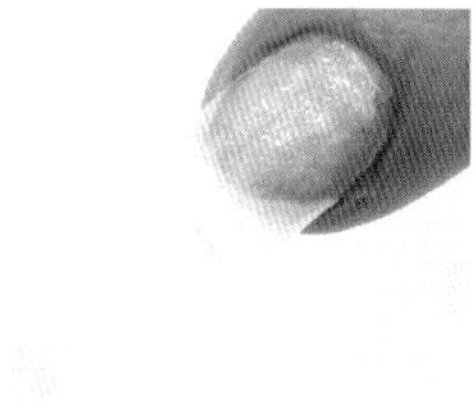

❾ 코팅하기

젤 글루를 도포함으로써 강도를 보강할 수 있다.

❿ 표면 정리하기

샌딩화일로 표면을 매끄럽게 정리한다.

⑪ 광택내기

2-way로 광택을 내준다.

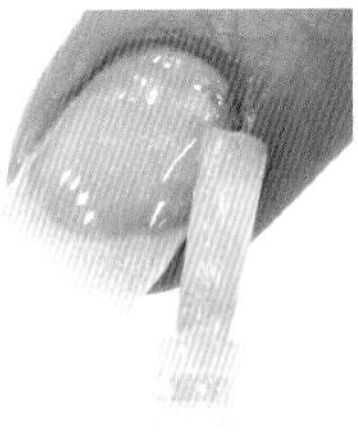

⑫ 오일 마무리

3_ 아크릴 스컬프쳐

재료

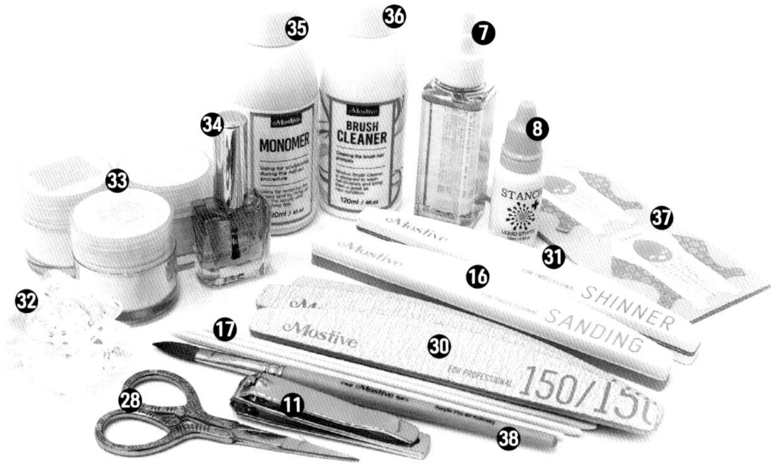

7. **소독제(안티셉틱)** 8. **지혈제** 11. **클리퍼** _ 손·발톱 깎이 16. **샌딩(버퍼)** 17. **오렌지 우드스틱** 28. **실크가위** 30. **우드, 지브라화일** 31. **샤이너(2-way)** _ 사용하는 면적에 따라 2-way, 3-way, 4-way 등으로 나뉜다. 32. **디펜디쉬** _ 리퀴드를 덜어쓰는 용기 33. **아크릴 파우더** _ 리퀴드와 믹스하여 사용하는 분말 타입의 제품으로서 여러가지 색상이 있다. 34. **프라이머** _ 산성제품으로 손톱 표면의 유분기를 제거하고 PH밸런스를 조절함 35. **모노머(리퀴드)** _ 아크릴 파우더와 믹스하여 사용하는 액상제품 36. **브러쉬 클리너** _ 아크릴 브러쉬를 세척시 사용 37. **폼지** _ 인조네일의 모양을 잡아주는 틀 38. **아크릴 브러쉬** _ 아크릴 파우더와 리퀴드를 혼합하고 손톱 모양을 조형할 때 사용

순서

손 소독하기 → 프리에지 형태 조형하기 → 광택 제거하기 → 네일 폼 재단 하기 → 네일 폼 접착하기 → 프라이머 바르기 → 아크릴 적용하기 → 핀칭 넣기 → 네일 폼 제거하기 → 구조 조형하기 → 표면 정리하기 → 광택 내기 → 오일 마무리

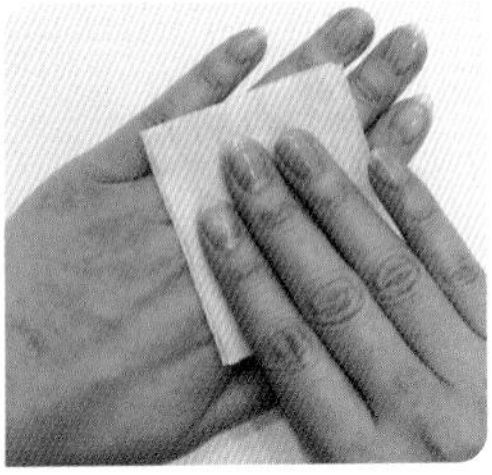

❶ 손 소독

소독제로 시술자→피시술자 순으로 소독해 준다.

❷ 손톱 모양 다듬기

네일화일을 이용해서 모양을 다듬어 준다(네일화일은 한 방향으로 사용할 것).

❸ 광택 제거하기

샌딩화일 등을 이용하여 손톱 표면의 유분기를 없애 광택을 제거해 준다.

❹ 네일폼 재단하기

옐로우 라인에 맞춰 재단한다.

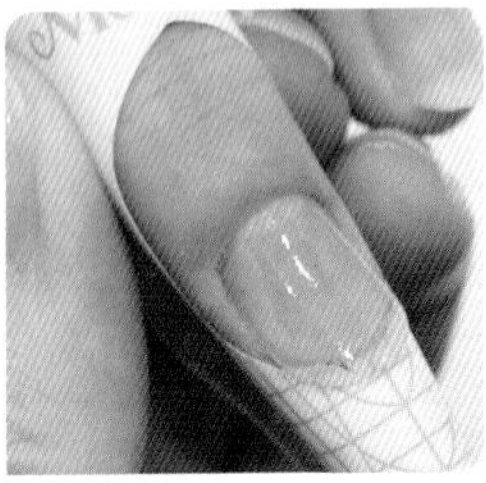

❺ 네일폼 접착하기

자연네일과 네일 폼 사이의 공간이 벌어지지 않게 주의하고 폼이 처지지 않도록 접착한다.

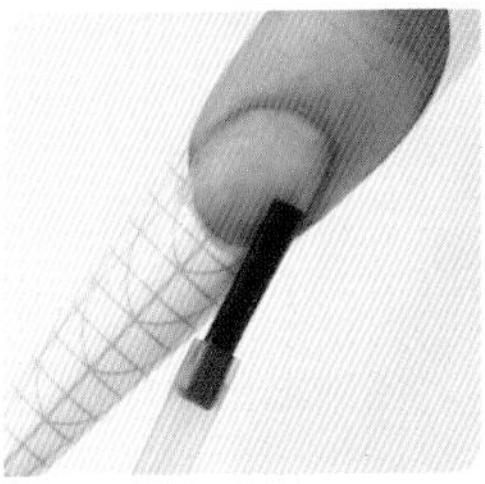

❻ 프라이머 바르기

자연네일에 소량 도포해 준다.

✓ **전처리제**: 네일 프라이머, 젤 본더 등을 총칭하는 말로 피부에 묻었을 때 흐르는 물에 씻어준다.

❼ 아크릴 적용하기

1. 아크릴 믹스춰볼 만들기
   ① 아크릴 브러쉬에 모노머를 묻혀 준다.
   ② 아크릴 파우더를 적용하여 믹스춰볼을 만들어 준다(원톤_클리어 or 프렌치로 적용하기).

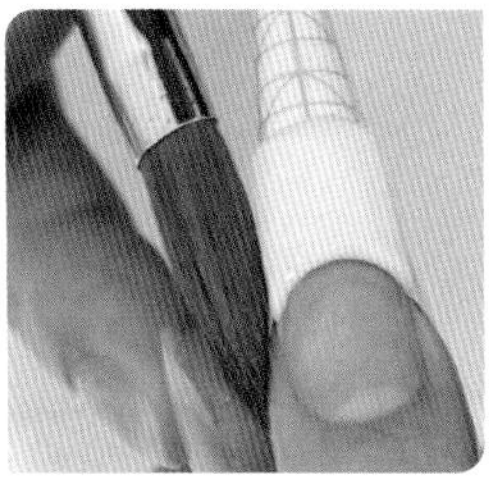
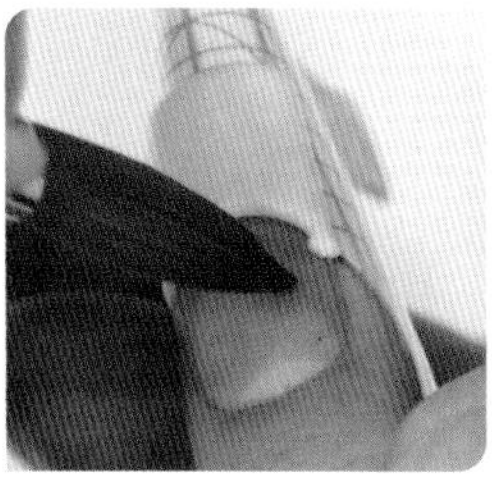
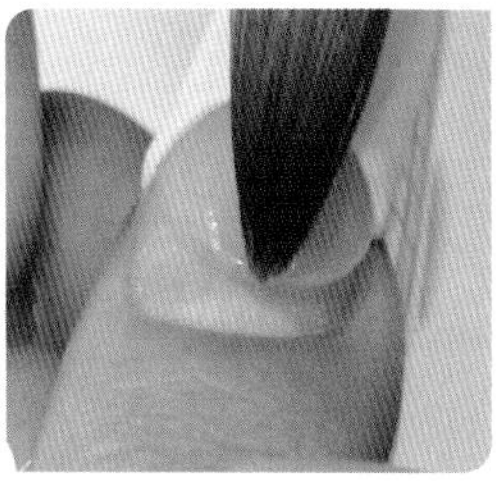

2. 아크릴 적용하기
   ① 프리에지 부분을 연장한다.
   ② 스마일 라인을 만들어 준다.
   ③ 클리어로 오버레이 한다.

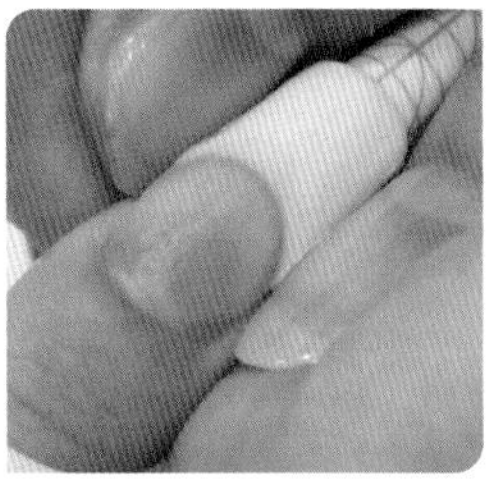

❽ 핀칭 넣기

- 아크릴 볼이 완벽히 굳지 않았을 때 옆면 라인이 일직선이 되도록 핀칭을 넣어준다.
- 널찍하게 퍼진 손톱의 모양을 교정하는 효과도 가지고 있다.

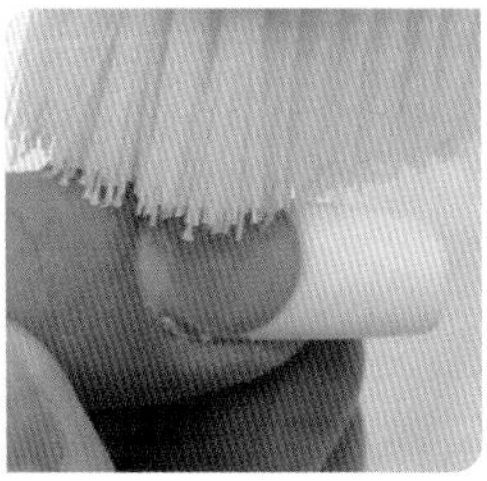

❾ 네일 폼 제거하기

폼지를 제거한 후 화일링 해준다.

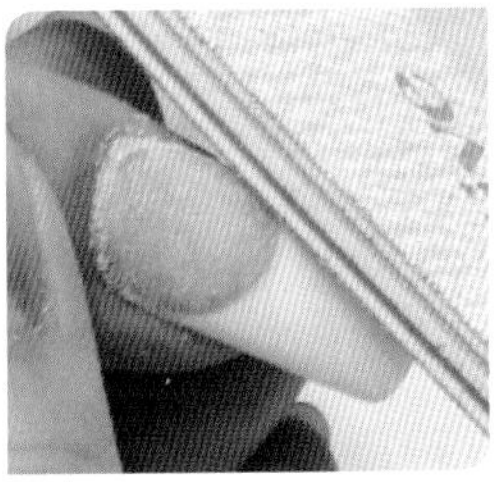

⑩ **구조 조형하기**

네일화일로 손톱모양을 잡아준다.

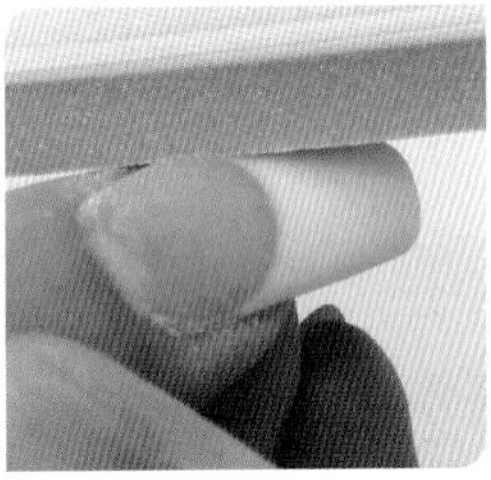

⑪ **표면 정리하기**

샌딩화일로 표면을 매끄럽게 정리한다.

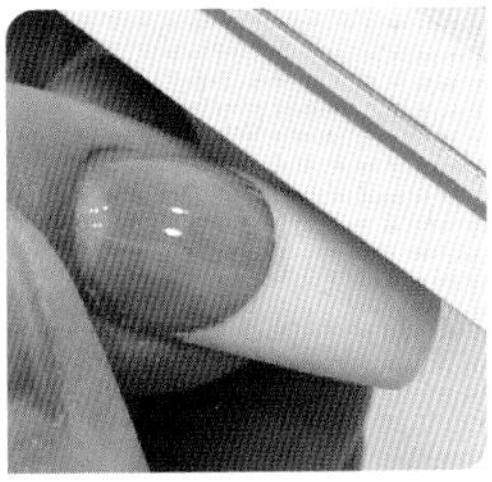

⑫ **광택내기**

2-way로 광택을 내준다.

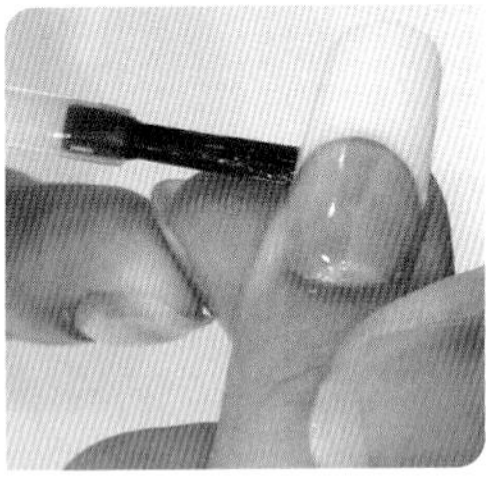

⑬ **오일 마무리**

4_ 젤 익스텐션

재료

7. **소독제(안티셉틱)** 8. **지혈제** 11. **클리퍼** _ 손·발톱 깎이 16. **샌딩(버퍼)** 17. **오렌지 우드스틱** 28. **실크가위** 30. **지브라화일** 37. **폼지** _ 인조네일의 모양을 잡아주는 틀 39. **베이스젤** 40. **탑젤** 41. **젤컬러(레드)** 42. **젤컬러(화이트)** 43. **클리어젤(스컬프쳐)** 44. **젤 클렌저** 45. **젤 리무버** 46. **젤 브러쉬** 47. **젤 라이트기** _ 젤을 경화시키는 램프로 UV, LED 램프가 있다.

순서

손 소독하기→손톱 모양 다듬기→광택 제거하기→네일 폼 재단 하기→네일 폼 접착하기→젤 본더 바르기→베이스 젤 바르기(경화)→클리어젤 바르기(경화)→미경화 젤 제거→구조 조형하기→톱 젤 바르기(경화)→오일 마무리

TIP : 경화(Curing) - 젤 라이트기나 젤의 종류에 따라 경화시간이 다르다.

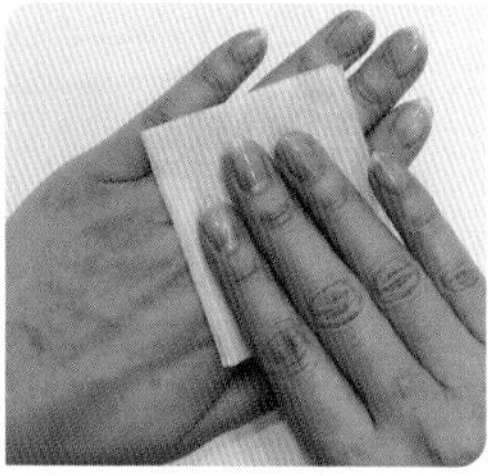

❶ 손 소독

소독제로 시술자→피시술자 순으로 소독해 준다.

❷ 손톱 모양 다듬기

네일화일을 이용해서 모양을 다듬어 준다(네일화일은 한 방향으로 사용할 것).

❸ 광택 제거하기

샌딩화일 등을 이용하여 손톱 표면의 유분기를 없애 광택을 제거해 준다.

❹ 네일 폼 재단하기

옐로우 라인에 맞춰 재단한다.

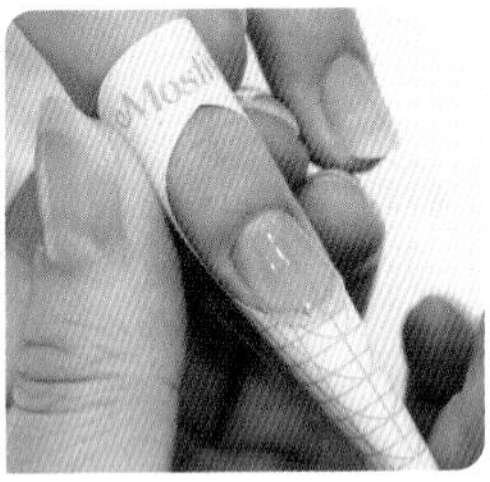

❺ 네일 폼 접착하기

자연네일과 네일 폼 사이의 공간이 벌어지지 않게 주의하고 폼이 처지지 않도록 접착한다.

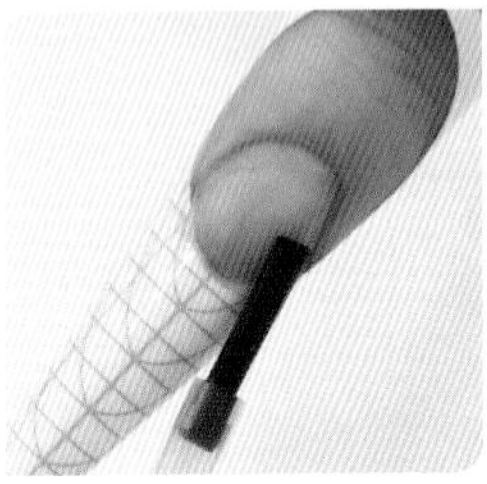

❻ 젤 본더 바르기(생략가능)

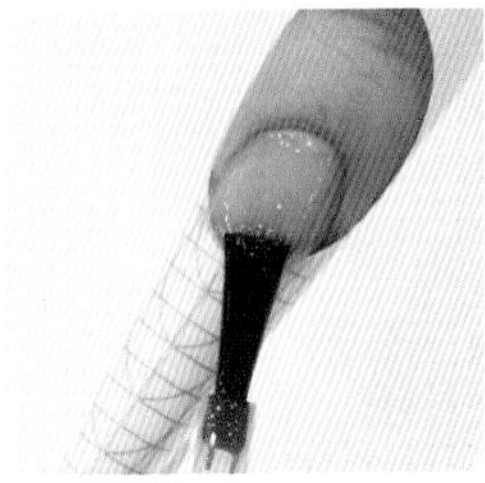

❼ 베이스 젤 바르기

베이스 젤은 30~60초 경화(Curing)시킨다.

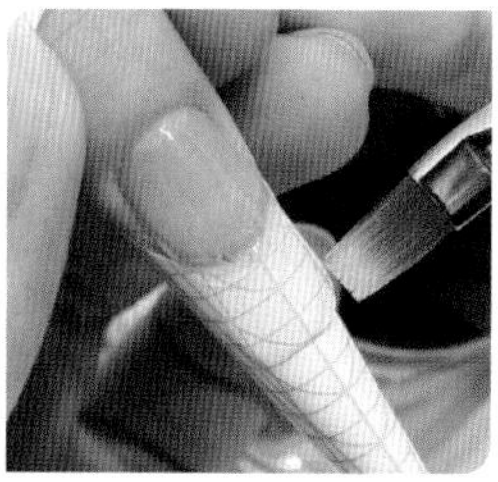

⑧ 클리어 젤 바르기

길이를 먼저 연장하고 30초 경화시킨 후 전체적으로 오버레이 한 후 60초간 경화(Curing) 시킨다.

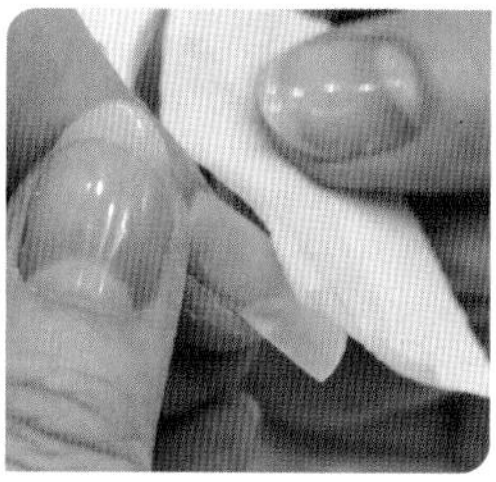

⑨ 미경화 젤 제거

젤 클렌저로 손톱 표면에 남아 있는 끈적이는 미경화젤을 닦아 제거해 준다.

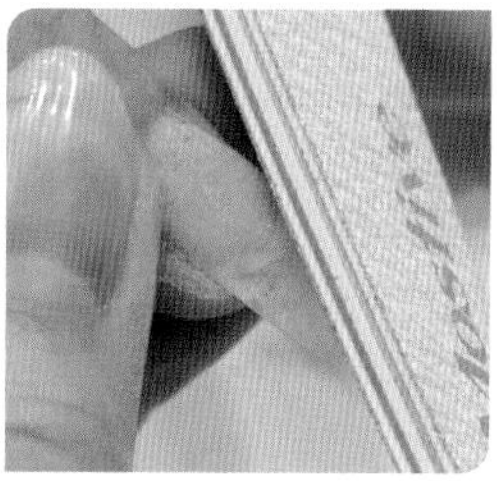

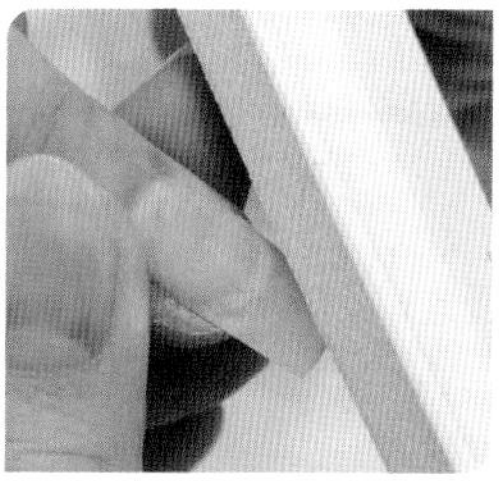

⑩ 구조 조형하기

네일화일 등으로 손톱 모양과 표면을 매끄럽게 만들어 준다.

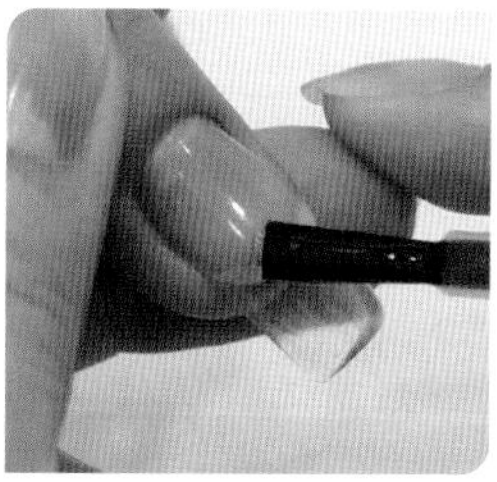

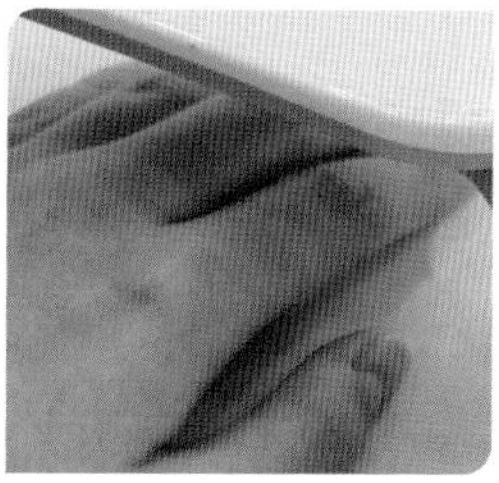

⑪ 톱젤 바르기

톱젤을 바르고 60초간 경화(Curing)한 후 미경화 젤이 남는 젤일 경우 젤 클렌저를 사용하여 손톱 표면을 닦아냅니다.

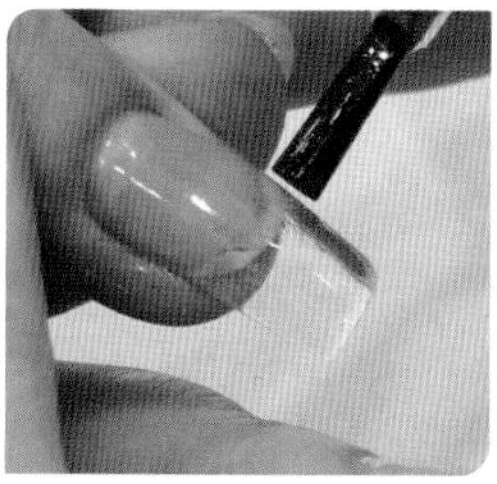

⑫ 오일바르기

Part.3

피부학

Chapter.1
피부와 피부 부속기관

1~2문제

출제비중은 높지 않지만, 피부학에서 가장 중요한 파트라고 볼 수 있습니다.
핵심문제를 충분히 이해하면서 정답풀이를 해가면 문제를 쉽게 맞힐 수 있을 것 입니다.

핵심문제

01. **피부 구조에 대한 설명으로 옳은 것은?**

① 피부의 구조는 표피, 진피, 피하조직의 3층으로 구분된다.
② 피부의 구조는 각질층, 투명층, 과립층의 3층으로 구분된다.
③ 피부의 구조는 한선, 피지선, 유선의 3층으로 구분된다.
④ 피부의 구조는 결합섬유, 탄력섬유, 평활근의 3층으로 구분된다.

답 ①

02. **각질층에 대한 설명으로 옳지 않은 것은?**

① 표피를 구성하는 세포층 중 가장 바깥층이다.
② 엘라이딘이라는 단백질을 함유하고 있어 피부를 윤기있게 해주는 기능이 있다.
③ 각화가 완전히 된 세포들로 구성되어 있다.
④ 비듬이나 때처럼 박리현상을 일으키는 층이다.

답 ②

엘라이딘이라는 단백질을 함유하고 있어 피부를 윤기있게 해주는 기능은 투명층이다.

03. **표피의 특징이다. 틀린 것은?**

① 얇은 피부는 0.1~0.2mm 두께이다.
② 두꺼운 피부는 0.8~1.4mm 두께이다.
③ 상피조직으로서 혈관, 신경이 분포한다.
④ 영양과 산소는 확산 과정을 통해 이루어진다.

답 ③

표피는 상피조직으로 신경과 혈관이 분포하지 않는다.

04. **투명층에 대한 설명으로 틀린 것은?**

① 유핵층의 각화세포는 피부를 보호한다.
② 엘라이딘을 함유하고 있어 피부를 윤기있게 해준다.
③ 손바닥과 발바닥 부위에 주로 분포되어 있다.
④ 자외선을 반사하는 성질이 있다.

답 ①

투명층은 무핵층이며 투명하게 보이는 층이다.

05. **표피세포층인 기저층의 내용이 아닌 것은?**

① 표피의 가장 기저에 존재한다.
② 세포핵이 한 줄로 이어져 있다.
③ 세포분열이 왕성하다.
④ 장원섬유로 구성된 세포이다.

답 ④

장원섬유로 구성된 세포는 유극층이다.

06. **표피의 가장 바깥층에서 아래층의 순서가 바른 것은?**

① 각질층→유극층→과립층→투명층→기저층
② 과립층→각질층→투명층→유극층→기저층
③ 유극층→각질층→과립층→투명층→기저층
④ 각질층→투명층→과립층→유극층→기저층

답 ④

피부의 표피는 바깥에서부터 각질층→투명층→과립층→유극층→기저층으로 이루어져 있다.

07. **다음 중 표피에 있는 것으로 면역과 가장 관계가 있는 세포는?**

① 멜라닌세포
② 랑게르한스 세포
③ 머켈세포
④ 콜라겐

답 ②

랑게르한스 세포는 피부의 면역기능을 담당하며, 외부로부터 침입한 이물질을 림프구로 전달하는 역할을 한다.

08. **진피의 4/5를 차지할 정도로 가장 두꺼운 부분으로 길고 섬세한 섬유가 그물 모양으로 구성되어 있는 층은?**

① 과립층
② 유두하층
③ 망상층
④ 유두층

답 ③

망상층은 그물 모양으로 진피의 대부분을 차지하는 결합조직으로 탄력성을 가지고 있다.

09. **진피의 부속기관이 아닌 것은?**

① 모낭
② 한선
③ 피지선
④ 피하지방

답 ④

피부의 3층 피부조직은 표피, 진피, 피하지방이다.

10. **피부의 기능과 그 설명이 틀린 것은?**

① **보호기능** : 피부 표면의 산성막은 박테리아의 감염과 미생물이 침입으로부터 피부를 보호한다.
② **흡수기능** : 피부는 외부의 온도를 흡수, 감지한다.
③ **저장기능** : 진피조직은 신체 중 가장 큰 저장기관으로 각종 영양분과 수분을 보유하고 있다.
④ **영양분 교환기능** : 프로비타민 D가 자외선을 받으면 비타민 D로 전환된다.

답 ③

피하조직 내 지방은 우리 몸의 저장 기관으로 각종 영양분과 수분을 보유하고 있다.

11. **한선에 대한 설명으로 틀린 것은?**

① 체온 조절기능이 있다.
② 진피와 피하지방 조직의 경계부위에 위치한다.
③ 입술을 포함한 전신에 존재한다.
④ 에크린선과 아포크린선이 있다.

답 ③

한선은 입술, 음경의 귀두나 포피를 제외한 전신에 존재한다.

12. **피부의 한선(땀샘) 중 대한선은 어느 부위에서 볼 수 있는가?**

① 얼굴과 손발
② 배와 등
③ 겨드랑이와 유두 주변
④ 팔과 다리

답 ③

한선은 대한선, 소한선으로 구분되는데, 겨드랑이, 배꼽, 유두, 항문 주변에 대한선이 분포되어 있다.

13. **피지의 작용으로 맞지 않는 것은?**

① 유화작용
② 체온조절작용
③ 보호작용
④ 살균작용

답 ②

한선은 땀의 배출을 통해 체온을 조절하는 작용을 한다.

14. **모발의 가장 바깥부분으로 비닐모양을 하고 있으며, 마찰이나 자극에 쉽게 손상될 수 있는 모발의 구조는?**

① 모피질
② 모수질
③ 모표피
④ 모구

답 ③

- **모수질** : 모발의 가장 안쪽 중심부
- **모피질** : 모수질의 바깥층
- **모구** : 모근 아래쪽의 둥근 부분

15. **모발의 성분은 주로 무엇으로 이루어졌는가?**

① 탄수화물
② 지방
③ 단백질
④ 칼슘

답 ③

모발의 주성분은 케라틴이라는 단백질이다.

16. **두발의 70% 이상을 차지하며, 멜라닌 색소와 섬유질 및 간충 물질로 구성되어 있는 곳은?**

① 모표피
② 모수질
③ 모피질
④ 모낭

답 ③

17. **다음 중 모발의 성장단계를 옳게 나타낸 것은?**

① 성장기→휴지기→퇴화기
② 휴지기→발생기→퇴화기
③ 퇴화기→성장기→발생기
④ 성장기→퇴화기→휴지기

답 ④

모발은 88%의 성장기, 1%의 퇴화기, 14~15%의 휴지기의 주기를 가진다.

study

피부의 특징

피부의 구조는 외측부터 표피, 진피, 피하조직 순으로 이루어져 있으며 부속기관으로는 피지선, 한선, 모발, 입모근, 조갑 등이 존재한다. 외부환경으로부터 신체를 보호하는 동시에 체온조절기능, 감각기능, 비타민 D 합성 기능 등의 다양한 생리적 작용을 담당한다.

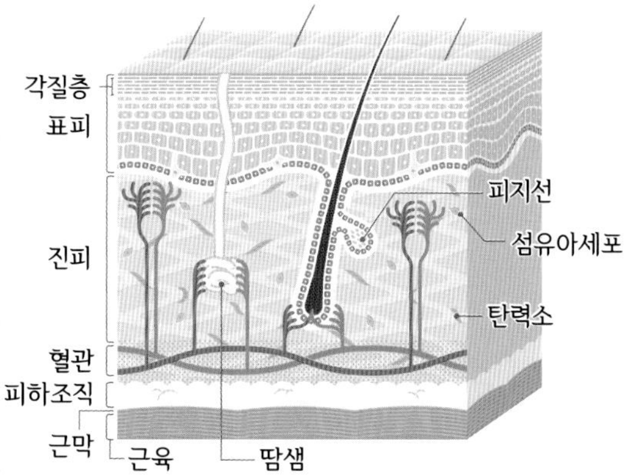

피부의 구조

1. 표피

① 피부의 가장 외부에 있는 5개의 층으로 이루어진 조직이다.
② 세균과 외부 유해물질, 자외선 침투를 막아주는 보호막 역할을 한다.

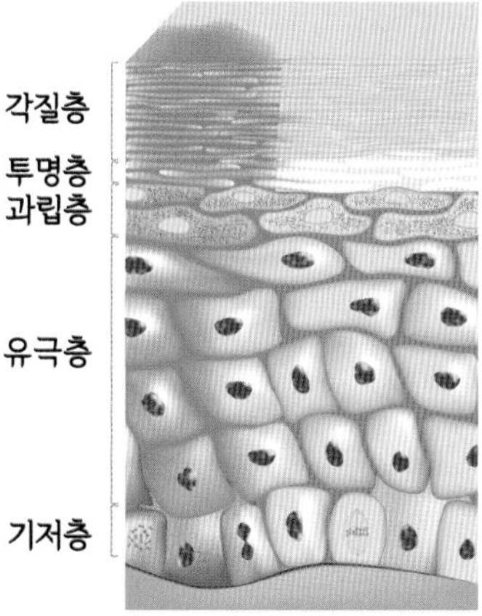

표피의 구조

각질층	무핵층으로 표피를 구성하는 세포층 중 가장 바깥층으로 얇은 비늘 모양으로 떨어져 나가는 박리현상을 일으키는 층이다.
투명층	손바닥와 발바닥 등에 주로 분포되어 있고 피부 윤기를 담당하는 반유동성 물질인 엘라이딘을 함유하고 있는 무핵층이다.
과립층	3~5개의 평평한 케라티노사이트층으로 구성하고 지방세포를 생성하고 피부의 수분 증발 및 과잉수분침투를 방지하는 층이다.
유극층	• 표피 중 가장 두꺼운 층으로 70% 수분을 함유하고 있으며 노화될수록 얇아진다. • 세포 표면에 가시 모양의 돌기가 세포 사이를 연결하고 케라틴의 성장과 분열에 관여한다.
기저층	• 표피의 가장 아래층으로 진피의 유두층으로부터 영양분을 공급받는 층이다. • 각질형성세포와 머켈세포, 멜라닌세포가 분포되어 있다.

(1) 표피의 구성세포

케라티노사이트 (각질형성세포)	기저층에서 세포분열에 의해 생성되고 피부의 각질을 형성하는 세포이다.
멜라노사이트 (멜라닌 세포)	색소를 형성하는 세포로 대부분 기저층에 위치해 있으며 멜라닌의 크기와 양에 따라 피부색을 결정한다.
랑게르한스세포	유극층에 존재하는 세포로, 면역에 관여하며 외부에서 침투한 이물질인 항원을 면역 담당 세포인 림프구로 전달 한다.
머켈세포	기저층에 분포해 있고 신경세포와 연결되어 촉각을 감지한다.

2. 진피

① 표피의 아래층, 피부 전체의 90%를 차지하며 혈관, 신경관, 한선, 피지선, 모발, 입모근 등이 존재한다.

② 섬유아세포(콜라겐, 엘라스틴), 대식세포, 비만세포 등이 있다.

③ 기저층과 연결되어 표피에 영양분을 공급하고 신진대사를 조절한다.

유두층	• 유두층은 미세한 교원질(콜라겐)과 섬유 사이의 빈 공간으로 이루어져 있다. • 세포성분과 기질성분이 많고 모세혈관, 신경종말이 풍부하게 분포되어 있다. • 혈관이 집중되어 상처를 회복시키고 피부결을 만드는 기능을 한다. • 진피의 10~20%를 차지한다.
망상층	• 그물 모양으로 진피의 대부분을 차지하는 결합조직으로 탄력성을 가지고 있다. • 망상층의 섬유질은 일정한 방향으로 배열되며 신체 부위에 따라 달라지므로 외과 수술시 랑거선을 따라 절개면 상처의 흔적이 최소화 된다. • 진피의 80~90%를 차지한다.

3. 피하조직

① 피부의 가장 아래층의 진피와 근육사이에 존재한다.

② 체온유지, 수분조절, 탄력유지와 외부충격으로부터 몸을 보호하며, 신체 부위, 성별, 나이,영양상태에 따라 두께와 분포가 다르다.

③ 일반적으로 남성보다 여성의 지방조직이 두껍다.

4. 피부의 기능

피부 부속 기관

1. 한선(땀샘)

① **위치**: 한선은 진피와 피하지방의 경계부에 위치한다.

② **모양**: 실뭉치 형태로 엉켜있다.

③ **분비량**: 1일 700~900cc의 땀을 배출한다.

④ **기능**: 체온조절, 피부습도 유지, 노폐물 배출, 산성 보호막을 형성한다.

구분	에크린선(소한선)	아포크린선(대한선), 체취선
특징	• 실뭉치 같은 모양으로 피부 표면으로 직접 연결되며 한공을 통해 분비된다. • pH 3.8~5.6의 약산성인 무색, 무취의 맑은 액체를 분비한다. • 노폐물 배출과 체온조절에 중요한 역할을 하고 자율신경의 지배를 받는다.	• 모낭에 연결되어 모공을 통해서 피지와 결합된 땀이 분비된다. • pH 5.5~6.5의 단백질 함유량이 많은 땀을 생성하며 특유의 냄새가 있다. • 사춘기 이후 주로 발달한다.
위치	입술과 생식기를 제외한 전신에 분포하고 있으며 특히 손바닥과 발바닥에 집중해 있다.	귀 주변, 겨드랑이, 유두, 배꼽, 성기 주변 등 특정 부위에만 존재한다.
성분	99%의 수분과 1%의 Na, K, Ca, Cl, 단백질, 철, 아미노산 등이다.	분비물의 성분은 정확하지 않으나 지질, 단백질 등이다.

2. 피지선

① 진피의 망상층에 위치하며, 모낭과 연결되어 피지선을 통해 피지를 배출한다.

② 손바닥과 발바닥을 제외한 신체의 대부분에 분포하며 주로 T-Zone 부위, 목, 가슴 등에 퍼져있다.

③ pH 4.5~6.5의 약산성으로 하루에 약 1~2g 분비되며 수분증발 방지작용, 살균작용, 유화작용의 역할을 한다.

3. 모발

케라틴, 수분, 소량의 지질, 미네랄과 미량의 원소, 멜라닌 색소로 구성되어 있으며, 1일 평균 약 0.34~0.35mm정도, 1달에 약 1~1.5mm정도 자란다.

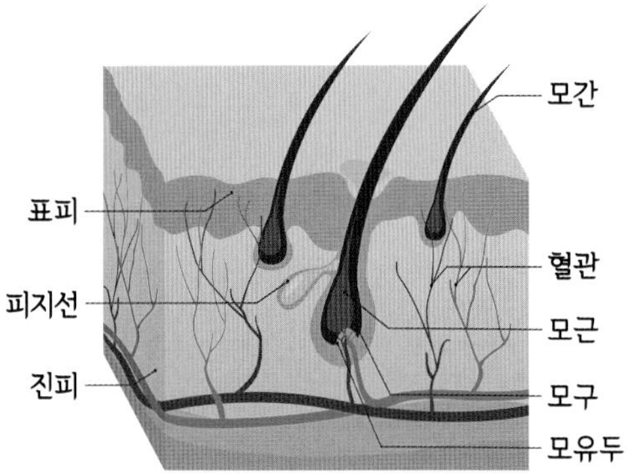

모발의 구조

모간 (피부 밖으로 나와 있는 모의 부분)	모표피 (모소피)	모발의 가장 바깥부분에 있으며, 비늘모양으로 겹겹이 배열되어 있는 각질세포로 구성되어 있다. 큐티클 층이라고도 한다.
	모피질	모표피 안쪽에 있으며, 모발의 대부분(85~90%)을 차지하고 모발색상을 결정한다. 멜라닌 색소를 함유하고 있다.
	모수질	모발의 중심부에 있으며, 멜라닌 색소를 함유하고 있다. 두꺼운 모발에 많이 있다.
모근 (피부 안에 있는 모의 부분)	모낭	모근을 싸고 있는 부분이다.
	모구	모낭의 아랫부분에 위치하며 모발이 성장되는 부분이다.
	모유두	모구 바닥의 오목하게 들어간 부분으로, 혈관과 신경이 있으며 모발에 영양을 공급하고 모발을 만드는 모모세포가 모여있다.
	모모세포	모세혈관과 연결되어 영양을 공급받아 모발을 성장시킨다.

(1) 모발의 주기

① **성장기** : 전체 모발의 80~90%, 3~5년

② **퇴행기** : 전체 모발의 1~2%, 약 1개월

③ **휴지기** : 전체 모발의 14~15%, 2~3개월

memo

Chapter.2
피부 장애와 질환

1~2문제 출제

속발진과 원발진으로 나눠서 피부상태와 명칭을 외우고 피부질환 부분에서는 바이러스성인지 세균성인지 진균성인지를 구분해서 공부하시면 됩니다.
혹, 시험까지 시간이 여유롭지 않아 증상에 따른 상태를 모두 외우기 힘들다면 속발진과 원발진에 속해 있는 피부 상태명 위주로 공부하시길 권해드립니다.

핵심문제

01. 다음은 속발진에 대한 내용이다. 내용과 관련 없는 것은?

① **비듬** : 생성 초기 심한 통증을 수반한다.
② **가피** : 혈청이나 농이 섞인 삼출액이 말라있는 상태이다.
③ **미란** : 표피 표면은 습윤한 선홍색을 띤다.
④ **반흔** : 진피의 손상으로 새로운 결체조직이 생긴 상태이다.

답 ①

비듬은 피부 표피의 생리적 각화에 의해 형성된다.

02. 다음 중 원발진에 해당하는 것이 아닌 것은?

① 낭종
② 미란
③ 팽진
④ 종양

답 ②

- 원발진은 1차적 피부장애로 반점, 홍반, 수소포, 대소포, 팽진, 면포, 구진, 농포, 결절, 낭포, 종양이 있다.
- 미란은 속발진에 해당한다.

03. 피부질환의 상태를 나타낸 용어 중 원발진에 해당하는 것은?

① 면포
② 반흔
③ 미란
④ 가피

답 ①

- **면포** : 얼굴, 이마, 콧등에 나타나는 나사모양의 굳어진 피지 덩어리이다.
- 반흔, 미란, 가피는 속발진에 해당한다.

04. 속발진에 관련된 내용으로 맞는 것은?

① 1차적 피부장애이다.
② 직접적인 초기 증상이다.
③ 부차적 손상으로 피부장애를 갖는다.
④ 면포, 비립종, 헤르페스 등의 증상이 이에 속한다.

답 ③

①, ②, ④은 원발진의 내용이고 원발진은 반점, 홍반, 구진, 농포, 팽진, 수포, 결정 등이 있다.

05. **피부발진 중 일시적인 증상으로 가려움증을 동반하여 불규칙적인 모양을 한 피부 현상은?**

① 농포
② 팽진
③ 구진
④ 결절

답 ②

①, ③, ④ 염증성 여드름에 관한 내용이다.

06. **피부에 여드름이 생기는 것은 다음 중 어느 것과 직접 관계되는가?**

① 한선구가 막혀서
② 피지에 의해 모공이 막혀서
③ 땀의 발산이 순조롭지 않아서
④ 혈액순환이 나빠서

답 ②

여드름은 유전적 영향, 모낭 내 이상 각화, 피지의 과잉 분비로 모공이 막힘 등의 원인을 들 수 있다.

07. **여드름 발생의 주요 원인과 가장 거리가 먼 것은?**

① 아포크린선의 분비 증가
② 모낭 내 이상 각화
③ 여드름균의 형성
④ 염증 반응

답 ①

아포크린선은 땀샘의 일종으로 분비 증가 시 액취증을 유발한다.

08. **여드름 피부의 4단계에 생성되며, 진피에 자리하며 통증이 동반되고 치료 후 흉터가 남는 것은?**

① 가피
② 농포
③ 면포
④ 낭종

답 ④

- 여드름은 구진→농포→결절→낭종의 순으로 진행된다.
- 낭종은 염증이 심하며 피부 깊숙이 자리하고 흉터가 남는다.

09. **다음 중 바이러스 감염증에 속하는 것은?**

① 대상포진, 수두
② 편평사마귀, 농가진
③ 단순포진, 농가진, 절종
④ 단순포진, 봉소염, 절종

답 ①

- 바이러스 감염증에는 단순포진, 수두, 대상포진, 홍역 등이 있다.
- 농가진, 봉소염, 절종은 세균성 질환이다.

10. **다음 중 바이러스성 피부질환이 아닌 것은?**

① 수두
② 대상포진
③ 사마귀
④ 켈로이드

답 ④

켈로이드는 상처가 치유되면서 결합조직이 과다 증식되어 흉터가 표면 위로 굵게 융기된 상태로 속발진의 한 종류이다.

11. **다음 중 진균에 의한 피부질환이 아닌 것은?**

① 두부백선
② 족부백선
③ 무좀
④ 대상포진

답 ④

- 대상포진은 바이러스성 피부질환이다.
- 진균은 사상균에(곰팡이)에 의해 발생하는 질환(두부백선 - 머리 / 족부백선 - 발)

12. **기미에 대한 설명으로 틀린 것은?**

① 피부 내에 멜라닌이 합성되지 않아 야기되는 것이다.
② 중년 여성에게 잘 나타나고 재발이 잘 된다.
③ 선탠기에 의해서도 기미가 생길 수 있다.
④ 경계가 명확한 갈색의 점으로 나타난다.

답 ①

기미는 멜라닌 색소가 피부에 과다하게 침착되어 나타나는 증상이다.

13. **다음 중 세포 재생이 더 이상 되지 않으며 기름샘과 땀샘이 없는 것은?**

① 흉터
② 티눈
③ 두드러기
④ 습진

답 ①

흉터는 손상된 피부가 치유된 흔적을 말하며 세포재생이 더 이상 되지 않아 기름샘과 땀샘이 없다.

14. **티눈에 대한 설명으로 적절하지 않은 것은?**

① 피부에 계속적인 압박으로 생기는 각질층의 이상 증식현상이다.
② 경성과 연성으로 나눌 수 있다.
③ 중심핵을 가지고 있다.
④ 통증을 동반하지 않는다.

답 ④

티눈은 통증을 동반하는 경우가 대부분이다.

15. **무좀의 증상 또는 현상과 관계 없는 것은?**

① 곰팡이균에 의해 발생된다.
② 주로 손과 발에서 발생된다.
③ 피부 껍질이 두터워 굳은 살이 생긴다.
④ 가려움증이 동반된다.

답 ③

피부 껍질이 두터워 굳은 살이 생기는 것은 각질에 대한 설명이다.

study

1. 원발진

건강한 피부에 처음으로 나타나는 피부질환의 초기병변을 말한다.

반점	피부 표면이 융기나 함몰하지 않고 피부색조에 변화만 있다(예 : 주근깨, 기미, 자반, 노화반점, 오타씨 모반, 백반, 몽고반점 등).
홍반	모세혈관의 충혈과 확장으로 피부가 붉게 변하는 상태를 말한다.
구진	• 직경 1cm미만의 단단한 융기몰이며 주위 피부보다 붉다. • 여드름의 초기 증상으로도 나타난다.

농포	여드름 2단계. 표피내에 있는 고름의 작은 주머니를 말한다.
결절	여드름 3단계. 구진보다 크고 단단하게 만져지는 원형 또는 타원형의 단단한 융기물이다.
낭종	여드름 4단계. 피부가 융기된 상태로 심한 통증과 흉터가 남는다.
면포	얼굴, 이마, 콧등에 나타나는 나사 모양의 굳어진 피지 덩어리를 말한다.
팽진	일시적으로 일어났다가 사라지는 부종성 발진(두드러기)이다.
소수포	• 직경 1cm 미만의 액체(혈청, 림프액)를 포함한 물집이다. • 화상, 포진, 접촉성 피부염 등에서 볼 수 있다.
대수포	• 직경 1cm 이상의 소수포 보다 큰 병변이다. • 혈액성 내용물을 가지고 있다.
종양	직경 2cm 이상 피부의 증식물을 말한다.

✓ **여드름 발전단계** : 구진→농포→결절→낭종

2. 속발진

원발진이 진행되거나 외적 요인에 의해 변화된 상태의 병변을 말한다.

미란	표피가 떨어져 나간 피부손실 상태로 완치 후에는 반흔없이 치유 된다.
찰상	마찰에 의하여 피부표면에 입은 외상이다.
궤양	표피와 함께 진피까지 소실된 상태로 완치 후에는 반흔이 생긴다.
인설(비듬)	피부표면으로부터 탈락되는 각질로 정상적 각화과정의 이상으로 각질 탈락의 증가가 원인이다.
가피	혈청, 농, 혈액 등이 피부표면에서 건조된 덩어리다.
균열	장기간의 염증과 심한 건조로 인해 피부 탄력성이 없어져 표피에 생기는 선상의 틈이다.
반흔(상흔)	진피의 깊은 층까지 생긴 피부결손 부위에 결체조직의 증식에 의한 흉터이다.

3. 감염성 피부질환

(1) 세균성

농가진	• **수포성농가진** : 접촉에 의해 전염되는 전염성이 강한 수포성 표재성 피부감염증이다. • **전염성농가진** : 피부 감염증으로 두피, 안면, 팔, 다리 등에 수포가 생기거나 진물이 나며 농포 형성 뒤 터지면서 가피가 형성한다(손, 수건 세면도구를 통해 감염).
절종(종기)	• 황색 포도상구균이 모낭에 침입해 발생하는 질환이다. • 모낭과 주변 조직에 괴사를 일으키는 급성 화농성 질환이다.
모낭염	• 모낭에 세균이 침투해 급성 화농성 염증을 일으킨 상태를 말한다. • 원인균은 대체로 독성이 약한 표피 포도상구균일 때가 많고 털이 있는 부위에 발생한다.

(2) 바이러스성

수두	• 주로 소아에게서 발생하며, 감염력이 매우 높다. • 피부 및 점막의 수포성 질환으로 발진 발생 1일 전부터 6일 후까지 호흡기 계통을 통해 감염된다. • 2차 감염으로 흉터가 생길 수 있으므로 유의한다.
대상포진	• 바이러스성 피부질환의 일종으로 수두바이러스에 의해 신경에 염증이 생기는 질환이다. • 심한 통증이 동반되며 휴식과 안정을 취해야 한다.
사마귀	• 파필로마 바이러스에 의해 생긴다. • 감염성이 강하여 자신의 신체 부위나 타인에게 옮길 수 있다.

(3) 진균성

족부백선	• 발가락과 발바닥에 발생하는 무좀이다. • 피부사상균이라는 곰팡이균에 의해 발생한다.
조갑백선	손톱과 발톱의 무좀으로 피부사상균에 의해 발생한다.
두부백선	두피의 모낭과 주변 피부에 피부사상균이 감염되어 발생하는 백선증을 말한다.
칸디다증(모닐리아증)	피부, 점막, 조갑, 소화관 등에 나타나는 내인성 감염질환이다.

4. 열 및 한랭에 의한 피부질환

화상	• **1도(홍반성)** : 표피에만 발생하며 홍반, 부종, 통증을 동반하나 흉터 없이 치유된다. • **2도(수포성)** : 표피와 상부진피에 발생하며 홍반, 부종, 통증, 수포가 형성, 세균감염과 흉터 없이 치유된다. • **3도(괴사성)** : 표피 및 진피의 파괴로 피부는 무감각해져 통증이 없으며 분비액과 출혈이 있다. 점차 표피가 재생되어 반흔을 남기고 치유된다.
한진(땀띠)	• 한선의 입구가 폐쇄되어 배출되지 못한 땀이 쌓여 발생한다. • 땀샘이 많이 분포되어 있는 곳(이마, 머리 주변, 가슴, 목, 어깨)에 나타난다.
동상	• 추위에 노출되어 혈관의 기능이 침해되고, 세포가 질식 상태에 빠진 상태이다. • 노출 부위(귀, 코, 뺨, 손가락, 발가락 등)에 잘 발생한다.

5. 기계적 손상에 의한 피부질환

굳은살	압력에 의해서 발생되는 국소적인 과각화증이다.
티눈	압력에 의해 발생되는 국소적인 과각화증으로 중심부에 핵심이 있다.
욕창	• 세균, 진균의 2차적 감염이 되지 않도록 유의한다. • 지속적인 압력을 받는 부위가 허혈 상태가 되어 발생하는 궤양이다.

6. 색소성 질환

기미	멜라닌의 과도한 합성으로 인해 발생되며 유전적 요인과 스트레스, 임신, 갱년기 등의 중년 여성에게 잘 나타난다.
주근깨	갈색점 모양의 색소반으로 자외선 노출 부위에 의해 주로 발생한다.
노인성 반점	만성적으로 오랫동안 햇볕에 쬐인 노인의 손등이나 팔에 주로 생기는 과다색소 침착 반점이다.

Chapter.3
피부와 영양

1문제 출제

탄수화물, 단백질, 지방, 비타민, 무기질에 대한 기본 개념을 익히고, 지용성 비타민과 수용성 비타민을 구분하고 각 비타민의 특징을 위주로 공부하세요.
핵심문제에서 거의 벗어나지 않게 출제되오니 문제풀이를 충분히 하시길 바랍니다.

핵심문제

01. **영양소의 기능이 아닌 것은?**

① 몸에 에너지를 공급한다.
② 몸의 생리적 기능을 조절한다.
③ 몸을 구성하는 물질을 공급한다.
④ 활동 에너지와 체온 유지를 위한 유기물질로 사용된다.

답 ④

활동 에너지와 체온 유지를 위한 열에너지로 사용된다.

02. **다음 중 탄수화물, 지방, 단백질 3가지를 지칭하는 명칭은?**

① 구성영양소
② 열량영양소
③ 조절영양소
④ 구조영양소

답 ②

탄수화물, 지방, 단백질은 우리 몸의 열량에너지를 공급하는 3대 영양소이다.

03. **75%가 에너지원으로 쓰이고 과잉 섭취하면 혈액의 산도를 높이고 피부의 저항력을 약화시켜 세균 감염을 초래하며 산성 체질을 만드는 영양소는?**

① 탄수화물
② 단백질
③ 비타민
④ 무기질

답 ①

04. **탄수화물에 대한 설명으로 옳지 않은 것은?**

① 당질이라도고 하며 신체의 중요한 에너지원이다.
② 장에서 포도당, 과당 및 갈락토오스로 흡수된다.
③ 지나친 탄수화물의 섭취는 신체를 알칼리성 체질로 만든다.
④ 탄수화물의 소화흡수율은 99%에 가깝다.

답 ③

지나친 탄수화물의 섭취는 신체를 산성 체질로 만든다.

05. 다음 중 비타민에 대한 설명으로 바르지 않은 것은?

① 체내에서 합성되지 않아 음식물로 섭취해야 한다.
② 열량공급 영양소 중 하나이다.
③ 비타민 A가 결핍되면 피부가 건조해지고 거칠어진다.
④ 지용성 비타민의 종류로는 비타민 A, D, E, K, F가 있다.

답 ②

비타민은 조절영양소로 신체기능 조절원 중 하나이다.

06. 비타민이 결핍되었을 때 발생하는 질병의 연결이 틀린 것은?

① 비타민 B_1 : 각기증
② 비타민 D : 괴혈병
③ 비타민 A : 야맹증
④ 비타민 E : 불임증

답 ②

- 비타민 D 결핍시 구루병, 골연화증을 유발한다.
- 괴혈병은 비타민 C가 결핍되었을 때 발생하는 질병이다.

07. 비타민 C 결핍시 어떤 증상이 주로 일어나는가?

① 피부가 촉촉해짐
② 기미가 생김
③ 여드름이 생김
④ 피지분비가 많아져 지방이 낌

답 ②

비타민 C 결핍시는 기미, 잇몸출혈, 빈혈 등이 나타나고 괴혈병이 생긴다.

08. 혈액 속의 헤모글로빈의 주성분으로 산소와 결합하는 것은?

① 인(P)
② 칼슘(Ca)
③ 철분(Fe)
④ 무기질

답 ③

철은 인체에서 가장 많이 함유하고 있는 무기질로서 혈액 속의 헤모글로빈의 주성분이며, 산소 운반 작용 및 면역 기능을 한다.

09. **손톱이 약해지고 얇아지는 것은 어떤 영양소의 결핍으로 인한 것인가?**

① 비타민 A
② 지방
③ 탄수화물
④ 무기질

답 ④

무기질의 황은 케라틴의 합성을 돕는 물질로 머리카락, 피부, 손·발톱 등의 영양과 관련이 있다.

10. **칼슘(Ca)의 기능으로 맞지 않는 것은?**

① 뼈와 치아의 형성
② 근육의 수축·이완 작용
③ 항 알레르기 작용
④ 혈액 응고 작용

답 ③

칼슘은 뼈와 치아의 형성하고 혈액응고, 근육의 수축·이완 작용을 하며 결핍시 구루병, 골다공증, 충치 등이 생길 수 있다.

study

영양소

3대 영양소	5대 영양소	6대 영양소	7대 영양소
탄수화물 단백질 지방	탄수화물 단백질 지방 무기질 비타민	탄수화물 단백질 지방 무기질 비타민 물	탄수화물 단백질 지방 무기질 비타민 물 식이섬유

- 열량 영양소 : 에너지 공급(탄수화물, 단백질, 지방)
- 구성 영양소 : 신체조직 구성(단백질, 무기질, 물)
- 조절 영양소 : 생리기능과 대사조절(비타민, 무기질, 물)

1. 탄수화물

① 에너지 공급원(1g당 4kcal)으로 소화흡수율은 99%에 가깝다.

② **과잉섭취시** : 피부의 산도를 높이고 저항력을 감소시켜 피부염이나 부종을 유발한다.

③ **결핍시** : 발육부진, 체중감소, 신진대사기능 저하를 유발한다.

2. 단백질

① 에너지 공급원(1g당 4kcal)으로 피부, 모발, 혈관, 근육 등의 신체조직의 구성성분이다.

② pH 평형유지, 효소와 호르몬 합성, 면역세포와 항체를 형성한다.

③ **과잉 섭취시** : 비만, 골다공증, 불면증, 신경증, 신경증을 유발한다.

④ **결핍시** : 소화기 질환, 빈혈, 노화촉진 등을 유발한다.

tip

아미노산 : 단백질의 기본 구성단위

- **필수아미노산** : 체내에서 합성할 수 없어 반드시 음식으로 공급해야 하는 아미노산
- **비필수 아미노산** : 체내에서 합성되는 아미노산

3. 지방

① 에너지 공급원(g당 9kal)으로 장기 보호, 항체 형성, 체온 유지, 지용성 비타민의 흡수를 돕는다.

② 지용성 비타민의 운반과 흡수를 돕는다.

③ **과잉 섭취시** : 비만을 초래하고 콜레스테롤 체내 축적으로 피부 탄력성이 저하되고 동맥경화증, 심장병을 일으키기 쉽다.

④ **결핍시** : 어린이 성장방해, 피부윤기 저하, 피부노화 촉진 등을 유발한다.

4. 비타민

① 생리작용 조절, 체내 대사에 필수적인 영양소이다.

② 체내에서 합성되지 않아 음식으로 섭취해야 하며 빛, 열, 공기에 노출시 쉽게 파괴된다.

(1) 지용성 비타민 : 지방에 녹으며 과잉섭취시 체내에 축적되므로 중독 증상이 나타날 수 있다.

비타민 A (레티놀)	**피부세포를 형성하여 건강한 피부를 유지하고 주름과 각질을 예방한다.** ✓ **결핍증** : 야맹증, 피부각화증, 건조증, 색소침착, 탈모 현상
비타민 D (칼시페놀)	**자외선으로 피부에 합성이 가능하다.** ✓ **결핍증** : 구루병, 골연화증, 골다공증, 습진, 건선
비타민 E (토코페롤)	• 인체에 매우 중요한 항산화제, 호르몬 생성, 임신 등 생식기 등에 관여한다. • 노년기 갈색 반점 억제, 혈액순환을 촉진한다. ✓ **결핍증** : 조로 피부, 지루성, 혈색 약화, 빈혈, 호르몬 불균형
비타민 K	• 혈액 응고에 관여하며 모세혈관 벽을 튼튼하게 한다. • 세포신진대사의 산화, 환원반응에 관여한다. ✓ **결핍증** : 출혈, 습진, 피부염

(2) 수용성 비타민 : 물에 녹으며 체내 대사에 관여하지만 축적되지는 않는다.

① 비타민 B_1, B_2, B_5, B_6, B_7, B_8, B_9, B_{12}, C, H, P

✓ **비타민C** : 멜라닌 색소 형성을 억제한다.

② 결핍시 콜라겐 형성 저하, 색소 침착, 각화증, 면역력이 감소하고 괴혈병이 생길 수 있다.

③ **비타민P** : 모세혈관을 강화하여 출혈을 방지한다.

5. 무기질

① 효소 · 호르몬의 구성성분이며, 체액의 산 · 알칼리의 평형조절에 관여한다.

② 신경 자극 전달, 신체의 골격과 치아 형성에 관여한다.

칼슘(Ca)	신경전달에 관여, 근육의 수축과 이완 조절 ✓ 결핍시 골격, 치아, 손톱, 머리털이 약해짐
인(P)	세포의 핵산과 세포막 구성, 체액의 pH 조절
마그네슘(Mg)	삼투압, 근육 활성을 조절
칼륨(K)	혈압 조절, 항알레르기 작용, 노폐물 배설 촉진
황(S)	케라틴 합성에 관여(모발, 손·발톱 구성) ✓ 결핍시 모발, 손·발톱에 윤기가 없고 거칠음
아연(Zn)	성장, 면역, 생식, 식욕촉진, 상처회복 ✓ 결핍시 손톱 성장 장애, 면역기능 저하, 탈모
요오드(I)	갑상선 호르몬의 구성성분, 과잉지방 연소를 촉진

Chapter.4
피부 유형 분석

1문제 출제

상식적인 내용이 많아 어렵지 않게 공부하실 수 있습니다.
피부의 유형별 특징을 파악하고 문제를 풀면서 자연스럽게 습득하세요!

핵심문제

01. **피부 유형을 결정하는 요인이 아닌 것은?**

① 얼굴형
② 피부조직
③ 모공
④ 피지 분비

답 ①

피부 유형은 피부의 유·수분량으로 결정되며, 이것은 피지선과 한선의 기능에 따라 좌우된다.

02. **피부유형에 대한 설명으로 틀린 것은?**

① **정상피부** : 유·수분 균형이 잘 잡혀 있다.
② **민감성 피부** : 각질이 드문드문 보인다.
③ **노화피부** : 미세하거나 선명한 주름이 보인다.
④ **지성피부** : 모공이 크고 표면이 귤껍질 같이 보이기 쉽다.

답 ②

각질이 드문드문 보이는 피부는 건성피부이다.

03. **지성피부에 대한 설명으로 틀린 것은?**

① 지성피부는 정상피부보다 피지분비량이 많다.
② 피부결이 섬세하지만 피부가 얇고 붉은 색이 많다.
③ 코 부위에 블렉헤드가 생긴다.
④ 화장이 쉽게 지워진다.

답 ②

지성피부는 모공이 크고 피부결이 거칠며 피부 두께가 두껍다.

04. **민감성 피부의 특징인 것은?**

① 거의 모든 사람의 피부 유형이다.
② 외부 환경적 요인에 민감하다.
③ 기초 화장품 선택이 중요하다.
④ 색조 화장품이 잘 받지 않는다.

답 ②

①, ③, ④는 복합성 피부의 특징이다.

05. **피부의 노화 원인과 가장 관련이 없는 것은?**

① 노화 유전자와 세포 노화
② 항산화제
③ 아미노산 라세미화
④ 텔로미어 단축

답 ②

항산화제는 피부 노화를 억제하는 기능이 있다.

06. **노화피부의 특징이 아닌 것은?**

① 노화피부는 탄력이 떨어진다.
② 피지 분비가 왕성해 번들거린다.
③ 주름이 형성되어 있다.
④ 색소 침착 불균형이 나타난다.

답 ②

노화피부는 피지 분비가 원활하지 못하다.

study

정상 피부	• 유·수분의 균형이 잘 잡혀있다. • 피부결이 부드럽고 탄력이 좋다. • 모공이 작고 주름이 형성되지 않는다.
건성 피부	• 피지와 땀의 분비 저하로 유·수분의 균형이 정상적이지 못하다. • 탄력이 좋지 않다. • 피부가 얇고 외관으로 피부결이 섬세해 보이며 주름 발생이 쉽다.
지성 피부	• 피부 결이 거칠며, 피지분비량이 많아 모공이 크다. • 정상피부보다 두꺼우며 여드름이 잘 생긴다.
민감성 피부	여드름, 알레르기 등의 피부 트러블이 자주 발생되며, 바람을 맞으면 얼굴이 붉어진다.
복합성 피부	• 유분은 많은데 피부 트러블이 종종 생긴다. • T존은 대체로 지성, U존은 대체로 건성이 많다.
노화 피부	미세하거나 선명한 주름이 보이며 피부가 건조하고 탄력이 떨어진다.

memo

Chapter.5

피부와 광선 및 피부 면역

1문제 출제

자외선 파장의 구분과 특징을 파악하고 자외선이 피부에 미치는 영향과 내인성, 외인성 노화의 차이점을 공부하도록 합니다.

노화의 원인은 상식적인 부분이니 가볍게 풀고 넘어가도 됩니다.

핵심문제

01. 자외선이 피부에 미치는 영향에서 장점에 해당하는 것은?

① 살균작용을 한다.
② 피부노화를 촉진한다.
③ 멜라닌 색소를 증가시킨다.
④ 피부 탄력성을 저하시킨다.

답 ①

자외선은 살균, 비타민 D를 형성하는 장점과 피부 색소 침착, 홍반, 피부 건조 등의 단점을 가지고 있다.

02. 자외선에 대한 설명으로 틀린 것은?

① 자외선 C는 오존층에 의해 차단될 수 있다.
② 자외선 A의 파장은 320~400nm이다.
③ 자외선 B는 유리에 의하여 차단할 수 있다.
④ 피부에 제일 깊게 침투하는 것은 자외선 B이다.

답 ④

피부의 제일 깊은 진피까지 침투하여 주름을 생성하는 것은 자외선 A이다.

03. 장파장(UV-A)의 내용으로 맞는 것은?

① 자외선 총량의 90%이상을 차지한다.
② 비타민 D의 합성을 촉진한다.
③ 피부암의 원인이 된다.
④ 피부에 가장 유해한 광선이다.

답 ①

- ②, ④ 중파장(UV-B)은 290~320nm 파장으로 비타민 D의 합성을 촉진하지만, 과다 노출될 경우 일광화상을 일으킬 수 있다.
- ③ 단파장(UV-C)은 가장 강한 자외선으로 도달하게 되면 피부암의 원인이 된다.

04. 적외선을 피부에 조사시킬 때 영향으로 틀린 것은?

① 신진대사에 영향을 미친다.
② 혈관을 확장시켜 순환에 영향을 미친다.
③ 전신의 체온 저하에 영향을 미친다.
④ 식균 작용에 영향을 미친다.

답 ③

적외선의 효과는 피부 이완, 흡수 촉진, 통증 완화 등을 들 수 있다.

05. **태양에 의한 홍반반응에 대한 설명 중 틀린 것은?**

① 진피 내 혈관확장으로 피부가 빨갛게 되는 현상이다.
② 광선에 의한 노출이 지속될 경우 색소침착으로 진행된다.
③ 주로 적외선에 노출된 부위에 흔히 생긴다.
④ 홍반은 즉시홍반, 지연홍반으로 나뉜다.

답 ③

홍반은 자외선에 의한 반응이다.

06. **피부의 면역에 대한 설명으로 맞는 것은?**

① 세포성 면역에는 보체, 항체 등이 있다.
② T림프구는 항원전달세포에 해당한다.
③ B림프구는 면역글로불린이라고 불리는 항체를 생성한다.
④ 표피에 존재하는 각질형성세포는 면역조절에 작용하지 않는다.

답 ③

- 세포성 면역은 T림프구에 의한 면역을 말하며 체액성 면역이 항체를 생성한다.
- 항원전달은 랑게르한스가 담당한다.
- 각질형성세포도 면역조절에 작용한다.

07. **체내로 침입하는 미생물이나 화학물질을 공격하고 저항할 수 있는 인체의 방어기전을 무엇이라고 하는가?**

① 항원
② 항체
③ 면역
④ 방어

답 ③

- **항원** : 생체에 침입한 세균이나 바이러스로, 체내에서 면역반응을 일으키는 물질이다.
- **항체** : 항원에 대응하여 만들어지는 항균물질이다.

08. **작은 림프구 모양의 세포로 종양 세포나 바이러스에 감염된 세포를 자발적으로 죽이는 세포를 무엇이라 하는가?**

① 멜라닌 세포
② 랑게르한스세포
③ 각질형성세포
④ 자연살해세포

답 ④

자연살해세포는 바이러스에 감염된 세포나 암세포를 직접 파괴하는 면역세포로 인체에 약 1억 개의 자연살해세포가 있으며, 간이나 골수에서 성숙한다.

09. **다음 중 표피에 있는 것으로 면역과 가장 관계가 있는 세포는?**

① 멜라닌 세포
② 랑게르한스 세포
③ 머켈 세포
④ 콜라겐

답 ②

낯선 침입자(항원)가 인체에 들어오면 표피 내 랑게르한스 세포는 항원의 특성을 인식하여 면역계에 중요한 정보를 전달한다.

10. **림프구에 대한 설명이 아닌 것은?**

① 인체는 약1조개의 림프구를 유지하고 있다.
② 림프구는 크기가 작지만 면역계의 중심축을 이룬다.
③ 림프구는 항원을 공격할 수 있도록 골수에서 훈련을 받는다.
④ 혈액을 순환하면서 외부 침입자를 색출하여 파괴된다.

답 ③

림프구는 가슴샘과 림프조직에서 훈련 받은 후 혈액을 순환하면서 외부침입자를 색출하여 파괴한다.

11. **광노화 현상이 아닌 것은?**

① 표피 두께 증가
② 멜라닌세포 이상 항진
③ 체내 수분 증가
④ 진피 내의 모세혈관 확장

답 ③

광노화 현상은 체내 수분이 감소하고 피부가 거칠어지는 것이 특징이다.

12. **피부노화 현상으로 옳은 것은?**

① 피부노화가 진행되어도 진피의 두께는 그대로 유지된다.
② 광노화에서는 내인성 노화와 달리 표피가 얇아지는 것이 특징이다.
③ 피부 노화에는 나이에 따른 과정으로 일어나는 광노화와 누적된 햇빛 노출에 의해 야기되기도 한다.
④ 내인성 노화보다는 광노화에서 표피 두께가 두꺼워진다.

답 ④

내인성 노화(자연노화)의 경우 표피와 진피가 모두 얇아지며, 외인성 노화(광노화)의 경우 노폐물이 축적됨으로써 표피가 두꺼워진다. 또한, 랑게르한스세포 수는 감소되며 면역기능이 퇴화된다.

13. **내인성 노화가 진행될 때 감소현상을 나타내는 것은?**

① 표피층 두께
② 주름
③ 피부처짐 현상
④ 랑게르한스 세포

답 ④

내인성 노화는 나이가 들어감에 따라 인체 기관의 기능저하로 나타나며, 멜라닌, 랑게르한스 세포 등의 수가 감소한다.

study

1. 자외선

(1) 효과

긍정적 효과	신진대사 촉진, 살균 및 소독기능, 노폐물 제거, 비타민 D합성
부정적 효과	홍반 반응, 일광 화상, 색소 침착, 피부 건조, 피부암

(2) 자외선의 구분

UV-A (장파장 320~400nm)	• 진피의 상부까지 침투하여 주름을 생성한다. • 색소침착을 유발하며 피부 탄력을 감소시키고 주름을 형성한다.
UV-B (중파장 290~320nm)	• 유리에 의해 차단이 가능하나 진피의 상부까지 침투한다. • 과다 노출될 경우 일광화상, 피부홍반, 수포 등을 일으킬 수있다.
UV-C (단파장 200~290nm)	• 살균작용을 하며 오존층에 거의 흡수되어 피부에는 도달하지 않지만 오존층 파괴로 인해 영향을 미친다. • 가장 강한 자외선으로 도달하게 되면 피부암을 일으킨다.

2. 적외선

① 피부의 온열작용으로 열을 가하여 혈류 증가를 촉진하고 피부를 이완시켜 화장품의 흡수를 돕는다.

② 피부 깊숙이 침투하여 혈액순환을 촉진시킨다.

3. 면역

① 면역은 질병으로부터 스스로 방어하는 신체기능으로, 어떤 질병을 앓고 난 후에 특정 병원체 또는 독소에 대한 저항성이 생기는 현상이다.

② **항원** : 외부의 이물질로 면역계를 자극하여 항체 형성을 유도한다.

③ **항체** : 항원을 인식하여 몸을 방어하기 위해 혈액에서 만들어진 당단백질 물질이다.

(1) 피부의 면역작용

① **한선과 피지선** : 피부표면의 산성막이 세균침투를 방어

② **랑게르한스세포** : 면역기능

③ **각질형성세포** : 각질 박리현상, 면역학 반응 조절, 염증 및 면역반응 매개역할

④ **비만세포** : 진피층, 히스타민을 분비해 모세혈관 확장증 유발

(2) 면역세포의 종류

T림프구	• 혈액 내 림프구의 70~80%를 차지한다. • 흉부(가슴샘)에서 생성되며 세포 대 세포의 접촉을 통해 직접 항원을 공격한다.
B림프구	• 면역글로불린이라는 항체를 생산한다. • 골수에서 생성되며 체액성 면역을 주도한다.

4. 피부노화

(1) 원인

① 노화유전자와 신경세포의 노화

② 활성산소증가와 자외선, 흡연 등의 외부적 요인

③ 피부 구조의 기능저하와 수분 부족 및 각질화 과정의 비정상화

(2) 원인에 따른 노화현상

내인성 노화 (자연 노화)	• 생리적 노화현상으로 표피와 진피의 두께 및 망상층이 얇아진다. • 피부의 윤기가 떨어지고 랑게르한스 세포의 감소로 면역력이 저하된다. • 콜라겐 섬유의 구조 변화로 탄력이 저하되고 피부가 늘어지며 깊은 주름이 발생한다.
외인성 노화 (광노화)	• 환경적인 노화현상으로 자외선 등 외부 환경으로 일어나는 노화과정이다. • 표피 두께가 두꺼워지고 피부가 건조하며 거칠어진다. • 진피 내에 모세혈관이 확장되며 멜라닌 세포의 수가 증가하여 과색소 침착증이 발생한다.

(3) 노화 억제

자외선을 차단하고 보습제 등을 사용하여 건조함을 방지한다.

✓ **노화방지성분** : 항산화제, AHA, 레티노이드

Part.4

화장품학

Chapter.1
화장품학개론

1문제 출제

화장품에 대한 특성과 의약품과의 차이점을 파악하세요.

핵심문제

01. **화장품의 사용 목적과 가장 거리가 먼 것은?**

① 인체를 청결, 미화하기 위하여 사용한다.
② 용모를 변화시키기 위하여 사용한다.
③ 피부, 모발의 건강을 유지하기 위하여 사용한다.
④ 인체에 대한 약리적인 효과를 주기 위해 사용한다.

답 ④

인체에 약리적인 효과를 주는 것은 의약품의 사용 목적이다.

02. **화장품을 만들 때 필요한 4대 조건은?**

① 안전성, 안정성, 사용성, 유효성
② 안전성, 방부성, 방향성, 유효성
③ 발림성, 안정성, 방부성, 사용성
④ 방향성, 안정성, 발림성, 사용성

답 ①

- **안전성** : 피부에 자극이 없을 것
- **안정성** : 제품의 변색, 변질이 없을 것
- **사용성** : 잘 펴 발라지고 흡수가 잘 될 것
- **유효성** : 목적에 맞는 효과가 있을 것

03. **의약외품에 관한 설명인 것은?**

① 의사 처방이 요구되는 질병을 가진 환자에게 사용하는 물품이다.
② 식약처의 허가 및 인증에 의한 화장품이다.
③ 사람이나 동물의 질병을 진단, 치료, 경감, 처치 또는 예방할 목적으로 사용하는 물품이다.
④ 사람이나 동물의 구조와 기능에 약리학적 영향을 줄 목적으로 사용하는 물품이다.

답 ②

①, ③, ④는 의약품의 법적 정의이다.

04. **화장품과 의약품의 차이를 바르게 설명한 것은?**

① 화장품의 사용 목적은 질병의 치료 및 진단이다.
② 화장품은 특정부위만 사용 가능하다.
③ 의약품의 부작용은 어느 정도까지는 인정된다.
④ 인체에 대한 약리적인 효과를 주기 위해 사용한다.

답 ③

의약품은 부작용을 어느 정도 인정하지만 화장품은 부작용을 인정하지 않는다.

05. **기초 화장품의 기능이 아닌 것은?**

① 피부보호
② 피부정돈
③ 청결, 보습
④ 윤곽보정

답 ④

기초 화장품은 얼굴의 유·수분 밸런스를 유지하며 사용 목적에 따라 세정, 정돈, 보호로 분류한다.

06. **기초 화장품의 제품 또는 기능이 아닌 것은?**

① 피부를 보호하거나 정돈한다.
② 미백 개선, 주름 개선, 자외선 차단 등이다.
③ 세안, 세정, 청결을 목적으로 한다.
④ 화장수, 크림, 에센스, 클렌징 등이다.

답 ②

미백 개선, 주름 개선, 자외선 차단 등은 기능성 화장품의 내용이다.

07. **다음 화장품 중 그 분류가 다른 것은?**

① 화장수
② 클렌징 크림
③ 샴푸
④ 팩

답 ③

샴푸는 모발용 화장품이다.

study

1. 화장품의 정의

인체를 청결·미화하여 매력을 더하고 용모를 변화시키거나 피부와 모발의 건강을 유지하기 위해 사용되는 물품으로서 인체에 대한 작용이 경미한 것이다.

2. 의약품의 정의

① 사람이나 동물의 질병을 진단·치료·경감·처지 또는 예방할 목적으로 사용하는 물품이다.

② 사람이나 동물의 구조와 기능에 약리학적 영향을 줄 목적으로 사용하는 물품이다.

3. 화장품 품질의 4대 요건

① **안전성**: 자극 및 부작용이 없어야 한다.

② **안정성**: 변질, 변색이 없어야 한다.

③ **사용성**: 사용감(발림, 흡수), 편리성(용기 크기, 중량), 기호성(향, 색, 용기 디자인) 등이 좋아야 한다.

④ **유효성**: 사용 목적에 적합한 효능을 부여하여야 한다(세정, 보습, 미백, 주름개선 등).

Chapter.2

화장품 제조

2~3문제 출제

화장품의 각 원료별 특성을 파악하고 장점, 단점, 종류별로 공부하세요!

핵심문제

01. **화장품에 배합되는 에탄올의 역할이 아닌 것은?**

① 청량감
② 수렴효과
③ 소독작용
④ 보습작용

답 ④

에탄올은 휘발성이므로 화장수, 헤어토닉, 향수 등에 많이 사용된다.

02. **알코올에 대한 설명으로 틀린 것은?**

① 항바이러스제로 사용한다.
② 화장품에서 용매, 운반체, 수렴제로 쓰인다.
③ 알코올이 함유된 화장수는 오랫동안 사용하면 피부를 건성화시킬 수 있다.
④ 인체 소독용으로 메탄올을 주로 사용한다.

답 ④

인체 소독용은 에탄올을 주로 사용한다.

03. **글리세린에 대한 내용이 아닌 것은?**

① 3가 알코올이다.
② 보습제로 사용된다.
③ 살균, 소독작용을 한다.
④ 용매, 유화제, 감미료 등에 사용된다.

답 ③

살균, 소독작용은 에탄올에 관련된 내용이다.

04. **오일의 설명으로 옳은 것은?**

① **식물성 오일** : 향은 좋으나 부패하기 쉽다.
② **동물성 오일** : 무색투명하고 냄새가 없다.
③ **광물성 오일** : 색이 진하며 피부 흡수가 늦다.
④ **합성 오일** : 냄새가 나빠 정제한 것을 사용한다.

답 ①

05. **다음 중 식물성 오일이 아닌 것은?**

① 아보카도 오일
② 피마자 오일
③ 올리브 오일
④ 실리콘 오일

답 ④

실리콘 오일은 합성오일이며, 사용성 및 화학적 안정성이 우수하다.

06. **계면활성제에 대한 설명 중 틀린 것은?**

① 계면활성제는 계면을 활성화시키는 물질이다.
② 계면활성제는 친수성기와 친유성기를 모두 소유하고 있다.
③ 계면활성제는 표면장력을 높이고 기름을 유화시키는 등의 특징을 가지고 있다.
④ 계면활성제는 표면활성제라고도 한다.

답 ③

계면활성제는 표면장력을 감소시키는 역할을 한다.

07. **양이온성 계면활성제에 대한 설명으로 틀린 것은?**

① 살균 작용이 우수하다.
② 소독 작용이 있다.
③ 정전기 발생을 억제한다.
④ 피부 자극이 적어 저자극 샴푸에 사용된다.

답 ④

저자극 샴푸는 양쪽성 계면활성제의 대표적 예이다.

08. **세정작용과 기포형성 작용이 우수하여 비누, 샴푸, 클렌징폼 등에 주로 사용되는 계면활성제는?**

① 양이온성 계면활성제
② 음이온성 계면활성제
③ 비이온성 계면활성제
④ 양쪽성 계면활성제

답 ②

음이온성 계면활성제는 세정작용, 기포 형성 작용이 우수하고 샴푸, 비누, 클렌징폼, 치약 등에 주로 쓰인다.

09. 다음 중 보습제가 갖추어야 할 조건이 아닌 것은?

① 다른 제품과의 혼용성
② 휘발성
③ 보습능력
④ 응고점이 낮을 것

답 ②

보습제는 휘발성이 없어야 한다.

10. 다음 중 화장품에 사용되는 주요 방부제는?

① 에탄올
② 벤조산
③ 파라옥시안식향산메틸
④ BHT

답 ③

방부제는 화장품의 변질 방지 및 살균 작용을 하는데, 파라옥시안식향산메틸, 파라옥시안식향산프로필 등이 있다.

11. 여드름 피부용 화장품에 사용되는 성분과 거리가 먼 것은?

① 살리실산
② 글리시리진산
③ 아줄렌
④ 알부틴

답 ④

알부틴은 피부의 멜라닌 색소의 생성을 억제해 피부를 하얗고 깨끗하게 유지해 주는 기능이 있어 미백용 화장품에 많이 쓰인다.

12. 각질제거용 화장품으로 주로 쓰이는 것으로 죽은 각질을 빨리 떨어져 나가게 하고 건강한 세포가 피부를 자극 할 수 있도록 도와 주는 성분은?

① 알파 : 하이드록시산
② 알파 : 토코페롤
③ 리포좀
④ 프로폴리스

답 ①

알파 하이드록시산의 줄임말 AHA는 묵은 각질 제거에 효과적이다.

13. **아하(AHA)의 설명이 아닌 것은?**

① 각질제거 및 보습 기능이 있다.
② 글리콜릭산, 젖산, 주석산, 구연산이 있다.
③ 알파 하이드록시카프로익 엑시드의 약자이다.
④ 피부와 점막에 약간의 자극이 있다.

답 ③

알파 하이드록시엑시드(Alpha Hydroxy Acid)의 약자이다.

study

1. 수성원료

물(정제수)	기초 화장품에 가장 많이 함유되어 피부를 촉촉하게 하는 기초물질이다.
에탄올	휘발성이 있으며 피부에 시원한 청량감과 수렴 효과를 부여하고 살균, 소독 효과까지 있어 지성피부나 여드름 피부에 적합하다.

2. 유성원료

오일	천연오일	식물성	• 자극이 적고 향기가 좋다. • 흡수력이 떨어지고 부패하기 쉽다. ✓ 호호바 오일, 맥아 오일, 올리브 오일, 피마자 오일 등
		동물성	• 피부에 친화성, 윤택성이 좋다. • 쉽게 변질되며 냄새가 강해 탈취·탈색의 정제 과정을 거쳐야 한다. ✓ 라놀린, 밍크 오일, 스쿠알렌 등
		광물성	무색·무취이며 쉽게 변질되지 않지만 피부 호흡을 방해할 수 있다. ✓ 바셀린, 유동 파라핀 등
	합성오일	실리콘 오일	사용성 및 화학적 안정성이 우수하나 자연분해가 되지 않아 환경에 좋지 않다.
왁스	식물성	호호바 왁스, 카르나우바 왁스, 칸데릴라 왁스 등	
	동물성	라놀린, 밀납, 경납, 망치고래유, 향유고래유 등	

3. 계면활성제

계면활성제	양이온	살균 및 소독작용이 우수하다. ✓ 헤어린스, 헤어트리트먼트 등
	음이온	세정 작용 및 기포 형성 작용이 우수하다. ✓ 비누, 샴푸, 클렌징 폼 등
	비이온	피부에 대한 자극이 적다. ✓ 화장수의 가용화제, 크림의 유화제, 클렌징 크림 등
	양쪽성	세정 작용이 우수하고 피부 자극이 적다. ✓ 베이비 샴푸 등
	※**피부자극** : 비이온 < 양쪽성 < 음이온 < 양이온	

4. 보습제

수용성 물질로 수분을 공급하여 피부를 촉촉하게 하는 성분이다.

(1) 종류

천연보습인자	아미노산, 젖산, 요소, 지방산 등
고분자 보습제	가수분해 콜라겐, 히알루론산, 콘드리친황산 등
디폴리올	글리세린, 프로필렌글리콜, 부틸렌글리콜, 폴리에틸렌글리콜, 솔비톨 등

(2) 보습제가 갖추어야 할 조건

① 적절한 보습능력이 있을 것

② 환경의 변화에 쉽게 영향을 받지 않고 피부 친화성이 좋을 것

③ 다른 성분과의 혼용성이 좋고 휘발성이 없을 것

5. 방부제

화장품의 변질을 방지하고 살균 작용을 돕는다.

(1) 종류

파라옥시안식향산메틸, 파라옥시안식향산프로필 등

(2) 방부제가 갖추어야 할 조건

① 인체의 해가 없어야 한다.

② pH의 변화에 대해 항균력의 변화가 없어야 한다.

③ 다른 성분과 작용하여 변화되지 않고 무색 · 무취이며, 피부에 안정적이어야 한다.

6. 색소

염료	물이나 오일에 잘 녹고 화장품에 시각적인 색상효과를 부여하기 위해 사용된다.
안료	물이나 오일에 녹지 않고 빛의 반사 및 차단 능력이 우수하다.

memo

Chapter.3

화장품의 종류와 기능

3~4문제 출제

기초 화장품과 기능성 화장품의 종류와 특징에 대해 파악하고 에센셜 오일의 추출법, 그리고 향수의 부향률에 따른 구별법은 꼭 암기하셔야 합니다.

핵심문제

01. 기초 화장품의 사용목적이 아닌 것은?

① 피부를 청결하게 한다.
② 유·수분 균형을 통해 신진대사를 촉진시킨다.
③ 피부 항성성을 유지시킨다.
④ 피부의 입체감을 나타낸다.

답 ④

피부의 입체감을 주는 것은 색조 화장품이다.

02. 기초 화장품의 사용 목적 및 효과와 가장 거리가 먼 것은?

① 피부의 청결 유지
② 잔주름, 여드름 방지
③ 피부 보습
④ 여드름의 치료

답 ④

치료는 화장품의 사용 목적이 아니다.

03. 화장수의 작용이 아닌 것은?

① 피부에 남은 클렌징 잔여물 제거 작용
② 피부에 집중적인 영양공급 작용
③ 피부 진정 작용
④ 피부의 pH밸런스 조절 작용

답 ②

집중적인 영양공급을 하는 것은 에센스나 크림의 사용 목적이다.

04. 세안용 화장품의 구비조건으로 알맞지 않은 것은?

① **안정성** : 물이 묻거나 건조해지면 형과 질이 잘 변해야 한다.
② **용행성** : 냉수나 온탕에 잘 풀려야 한다.
③ **기포성** : 거품이 잘나고 세정력이 있어야 한다.
④ **자극성** : 피부를 자극시키지 않고 쾌적한 방향이 있어야 한다.

답 ①

안정성 : 변색, 변질과 같은 미생물의 오염이 없어야 한다.

05. **기초 화장품의 기능으로 관련된 것은?**

① **세안제** : 각질층 내 수분을 공급한다.
② **세안제** : 생리적 노폐물과 환경의 오염 또는 미생물들을 제거한다.
③ **피부보호제** : 세안 후에도 남아 있는 잔여물이나 피부의 알칼리도를 약산성으로 회복시킨다.
④ **피부보호제** : 강한 수렴작용을 통해 발한을 억제한다.

답 ②

- 각질 층 내 수분을 공급하고 세안 후에도 남아 있는 잔여물이나 피부의 알칼리도를 약산성으로 회복시키는 것은 피부정돈제이다.
- 강한 수렴작용을 통해 발한을 억제하는 것은 세안제와 관련된 내용이다.

06. **일반적인 클렌징에 대한 설명이 아닌 것은?**

① 피부의 피지, 메이크업 잔여물을 없애기 위한 작업이다.
② 모공 깊숙이 있는 불순물과 피부 표면의 각질 제거를 주 목적으로 한다.
③ 제품 흡수를 효율적으로 도와준다.
④ 피부의 생리적인 기능을 정상적으로 도와준다.

답 ②

모공 깊숙한 불순물과 각질 제거의 목적은 딥 클렌징의 목적이다.

07. **클렌징 크림의 설명으로 맞지 않는 것은?**

① 메이크업 화장을 지우는데 사용한다.
② 클렌징 로션보다 유성성분 함량이 적다.
③ 피지나 기름때와 같은 물에 잘 닦이지 않는 오염 물질을 닦아 내는데 효과적이다.
④ 깨끗하고 촉촉한 피부를 위해 비누로 세정하는 것보다 효과적이다.

답 ②

클렌징 크림은 유성성분 함량이 높아 진한 화장을 지우는데 효과적이다.

08. **피부에 좋은 영양성분을 농축해 만든 것으로 소량의 사용만으로도 큰 효과를 볼 수 있는 것은?**

① 로션
② 크림
③ 팩
④ 에센스

답 ④

에센스는 피부에 좋은 성분들을 고농축해 만든 것이다.

09. **팩의 목적 및 효과와 가장 거리가 먼 것은?**

① 피부의 혈행 촉진 및 청정 작용
② 진정 및 수렴 작용
③ 피부 보습
④ 피하지방의 흡수 및 분해

답 ④

팩은 노폐물을 제거하지만 피하지방을 분해하지는 않는다.

10. **다음 중 기능성 화장품의 영역이 아닌 것은?**

① 피부의 미백에 도움을 주는 제품
② 피부의 주름 개선에 도움을 주는 제품
③ 피부의 여드름 개선에 도움을 주는 제품
④ 자외선으로부터 피부를 보호하는데 도움을 주는 제품

답 ③

11. **다음 설명 중 파운데이션의 일반적 기능과 가장 거리가 먼 것은?**

① 피지 억제와 화장을 지속 시켜준다.
② 피부의 기미, 주근깨 등 결점을 커버한다.
③ 자외선으로부터 피부를 보호한다.
④ 피부색을 기호에 맞게 바꾼다.

답 ①

피지를 억제시키는 것은 파우더의 기능이다.

12. **파우더의 일반적인 기능에 대한 설명으로 옳지 않은 것은?**

① 피부색 정돈
② 피부의 번들거림 방지
③ 주근깨, 기미 등 피부의 결점 커버
④ 화사한 피부 표현

답 ③

주근깨, 기미 등 피부의 결점 커버의 기능을 하는 제품은 파운데이션이다.

13. **다음 중 냉각기에 의해 제조된 제품은?**

① 립스틱
② 화장수
③ 아이섀도
④ 에센스

답 ①

14. 다음 중 트리트먼트용 모발 화장품에 속하는 것은?

① 헤어 크림
② 헤어 로션
③ 헤어 오일
④ 헤어 팩

답 ④

헤어 크림, 헤어 로션, 헤어 오일은 정발용 모발화장품에 속한다(정발용 : 모발을 고정시키거나 원하는 스타일링을 하게 도와 주는 제품).

15. 모발 화장품 중 반응성 화장품인 것은?

① 샴푸제
② 린스제
③ 컨디셔너제
④ 웨이브 펌제

답 ④

①, ②, ③은 모발화장품 중 기초화장품에 속한다.

16. 에센셜 오일에 대한 설명 중 틀린 것은?

① 면역 기능을 높여 준다.
② 감기, 피부 미용에 효과적이다.
③ 피부 관리는 물론 화상, 여드름, 염증 치유에도 쓰인다.
④ 피지에 쉽게 용해되지 않으므로 다른 첨가물을 혼합하여 사용한다.

답 ④

에센셜 오일은 피지·지방 물질에 용해된다.

17. 에센셜 오일을 추출하는 방법이 아닌 것은?

① 수증기 증류법
② 용매 추출법
③ 압착법
④ 혼합법

답 ④

에센셜 추출방법으로는 수증기 증류법, 휘발성 용매 추출법, 비휘발성 용매 추출법 등이 있다.

18. **바디 화장품의 종류와 사용 목적의 연결이 적합하지 않은 것은?**

① **바디클렌저** : 세정, 용제
② **데오도란트 파우더** : 탈색, 제모
③ **선스크린** : 자외선 방어
④ **바스 솔트** : 세정, 용제

답 ②

데오도란트는 액취 방지용 화장품이다.

19. **바디샴푸에 요구되는 기능과 거리가 먼 것은?**

① 피부 각질층의 세포 간 지질 보호
② 부드럽고 치밀한 기포 부여
③ 높은 기포 지속성 유지
④ 강력한 세정성 부여

답 ④

20. **다음 중 향수가 갖추어야 할 조건으로 틀린 것은?**

① 향에 특징이 있어야 한다.
② 향이 강하므로 지속성이 약해야 한다.
③ 향의 조화가 잘 이루어져야 한다.
④ 시대성에 부합되는 향이어야 한다.

답 ②

향수는 향이 적당히 강하면서 지속성이 좋아야 한다.

21. **샤워코롱이 속하는 분류는?**

① 세정용 화장품
② 메이크업용 화장품
③ 모발용 화장품
④ 방향용 화장품

답 ④

샤워코롱은 향수의 한 종류로 방향용 화장품에 속한다.

22. **향수를 뿌린 즉시 느껴지는 향수의 첫 느낌으로 주로 휘발성이 강한 향료들로 이루어져 있는 노트는?**

① 탑 노트
② 미들 노트
③ 하트 노트
④ 베이스 노트

답 ①

- **미들 노트** : 부드럽고 따뜻한 느낌의 향
- **베이스 노트** : 휘발성이 낮아 시간이 지난 뒤 향이 남

23. **자외선 차단제에 대한 설명으로 틀린 것은?**

① 자외선 차단제의 구성 성분은 크게 자외선 산란제와 자외선 흡수제로 구분된다.
② 자외선 차단제 중 자외선 산란제는 투명하고, 자외선 흡수제는 불투명한 것이 특징이다.
③ 자외선 산란제는 물리적인 산란 작용을 이용한 제품이다.
④ 자외선 흡수제는 화학적인 흡수 작용을 이용한 제품이다.

답 ②

자외선 산란제는 불투명하고, 자외선 흡수제는 투명하다.

24. **자외선 차단제에 대한 설명으로 옳은 것은?**

① 일광의 노출 전에 바르는 것이 효과적이다.
② 피부 병변에 있는 부위에 사용하여도 무관하다.
③ 사용 후 시간이 경과하여도 다시 덧바르지 않는다.
④ SPF지수가 높을수록 민감한 피부에 적합하다.

답 ①

- 자외선 차단제는 피부의 병변 부위에 바르면 안 된다.
- 사용 후 시간이 경과되면 덧발라서 차단 시간을 연장시키는 것이 좋고, 민감한 피부는 SPF지수가 낮은 것을 수시로 발라주는 것이 좋다.

25. **캐리어 오일에 대한 설명으로 틀린 것은?**

① 캐리어 오일은 마사지 오일을 만들 때 필요한 오일이다.
② 베이스 오일이라고도 한다.
③ 에센셜 오일을 추출할 때 오일과 분류되어 나오는 증류액을 말한다.
④ 에센셜 오일의 향을 방해하지 않도록 향이 없어야 하고 피부 흡수력이 좋아야 한다.

답 ③

캐리어 오일은 식물의 씨를 압착하여 추출한 베이스 오일이다.

26. **캐리어 오일로 부적합한 것은?**

① 미네랄 오일
② 살구씨 오일
③ 아보카도 오일
④ 포도씨 오일

답 ①

캐리어 오일은 식물성 오일로 호호바 오일, 아보카도 오일, 아몬드 오일, 포도씨 오일, 살구씨 오일, 코코넛 오일 등이 사용된다.

27. **아로마 오일의 사용법 중 확산법으로 맞는 것은?**

① 아로마 램프나 스프레이를 이용한다.
② 따뜻한 물에 몸을 넣고 담근다.
③ 수건에 적신 후 피부에 붙인다.
④ 손수건, 티슈 등에 1~2방울을 떨어뜨리고 심호흡을 한다.

답 ①

② 목욕법, ③ 수포법, ④ 흡입법

28. **아로마테라피에 사용되는 아로마 오일에 대한 설명 중 가장 거리가 먼 것은?**

① 아로마테라피에 사용되는 아로마 오일은 주로 수증기 증류법에 의해 추출된 것이다.
② 아로마 오일은 공기 중의 산소, 빛 등에 의해 변질될 수 있으므로 갈색병에 보관하여 사용하는 것이 좋다.
③ 아로마 오일은 원액을 그대로 피부에 사용해야 한다.
④ 아로마 오일을 사용할 때에는 안전성 확보를 위하여 사전에 패치 테스트를 실시하여야 한다.

답 ③

아로마 오일은 원액 그대로 사용하지 말고 소량이라도 희석해서 사용하는 것이 좋다.

study

1. 기초화장품

세안, 피부정돈, 피부보호의 기능을 갖는다.

세안제		• 피부의 노폐물 및 화장품의 잔여물 제거 • **조건** - **안정성** : 변색, 변취, 미생물의 오염이 없어야 한다. - **용해성** : 냉수나 온수에 잘 풀려야 한다. - **기포성** : 거품이 잘나고 세정력이 있어야 한다. - 피부를 자극시키지 않고 쾌적한 방향이 있을 것	클렌징 폼, 클렌징 크림, 클렌징 젤, 클렌징 워터, 페이셜 스크럽
피부 정돈제	화장수	• 피부의 수분을 공급하고 청량감을 준다. • pH 밸런스 조절, 진정 및 쿨링 작용을 한다.	
	팩	• 피부에 피막을 형성하여 수분 증발을 억제한다. • 혈액순환을 촉진시키고 노폐물 제거 및 청결 작용을 한다.	**제거 방법에 따른 분류** - 필오프, 워시오프, 티슈오프, 시트 타입, 패치 타입
피부 보호제	로션	피부에 수분과 영양분을 공급하고 60~80%의 수분과 30%이하의 유분으로 구성되어 있다.	
	크림	세안 시 소실된 천연 보호막을 보충하여 피부를 촉촉하게 하고 피부를 보호한다.	
	에센스	• 활성성분이 고농축되어 있는 화장품으로, 수분과 영양을 공급한다. • 유사 용어로는 세럼, 부스터, 컨센트레이트, 앰플 등이 있다.	

2. 메이크업 화장품

얼굴을 아름답게 하고 피부를 보호함으로써 얼굴의 단점을 보완하고 장점을 부각시키는 것이다.

베이스 메이크업	메이크업 베이스	• 피부색을 균일하게 정돈하고, 피부결점을 보정해준다. • 밀착력을 증가시켜 화장의 지속력을 높여준다.
	파운데이션	• 기미, 주근깨 등의 피부결점을 커버하고 피부톤을 보정해준다. • 자외선을 차단하고 피부에 광택감을 준다.
	파우더	피부의 번들거리는 유분기를 잡아주고 화사한 피부표현을 도와준다.

포인트 메이크업	립스틱	입술의 건조함을 방지하고 색채감을 주어 생기있고 아름다운 입술로 표현해 준다.
	아이라이너	속눈썹을 뚜렷하게 보이게 하여 눈의 윤곽을 강조해 준다.
	아이섀도우	눈꺼풀의 입체감과 눈매 표정을 연출하여 단점을 보완한다.
	마스카라	속눈썹을 길고 진하게 보여주는 효과가 있다.
	블러셔	• 얼굴의 윤곽 수정의 효과가 있고 입체감을 부여해 준다. • 볼터치, 치크라고도 부른다.

3. 모발 화장품

두피 또는 모발에 부착된 오염물을 제거하여 청결한 상태로 유지시키는 목적으로 사용된다.

세발용	두피 또는 모발에 부착된 오염물을 제거하여 청결한 상태로 유지시키는 기능을 가진다.	샴푸, 헤어린스
정발용	모발을 원하는 형태로 만드는 스타일링과 모발의 형태를 고정시켜 주는 기능을 한다.	헤어오일, 헤어크림, 헤어로션, 헤어 스프레이, 헤어젤, 포마드, 헤어무스
헤어트리트먼트	모발의 손상을 방지하고, 손상된 모발을 회복시키는 기능을 가진다.	헤어트리트먼트, 헤어 팩
염모제	모발의 염색 또는 탈색의 기능을 가진다.	

4. 바디 관리 화장품

건강하고 탄력있는 피부를 유지하기 위하여 청결유지, 신진대사를 원활하게 하기 위함이다.

세정제	피부 표면의 더러움을 제거한다.	비누, 입욕제, 바디 클렌저
각질 제거제	노화된 각질을 부드럽게 제거한다.	바디스크럽, 바디솔트
트리트먼트	바디 세정 후 건조한 피부에 보습을 더해준다.	바디로션, 바디오일, 바디크림
액취 방지용	체취 방지 및 향균 효과가 있다.	데오도란트
자외선 태닝	피부를 아름답게 태워주고 피부가 거칠어지는 것을 방지한다.	선탠오일, 선탠크림

5. 네일 화장품

손톱에 광택과 색채를 부여하고 아름답게 할 목적을 갖는다.

네일 에나멜	• 손톱에 색채를 주어 아름답게 한다. • **성분**: 피막형성제, 가소제, 용제, 수지류, 침전방지제, 색소
베이스코트	에나멜을 바르기 전에 도포하는 제품으로 손톱이 변색되는 것을 방지한다.
탑 코트	네일 에나멜의 피막 위에 도포하여 광택을 좋게한다.
큐티클 오일	큐티클을 정리하기 전이나 후에 큐티클을 부드럽게 해주는 유연제이다.
네일 보강제	자연 네일을 튼튼하게 만들어 주는 보강제이다.

6. 향수

(1) 좋은 향수의 조건

① 향에 특징이 있어야 한다.

② 확산성이 좋고, 향기의 조화가 적절해야 한다.

③ 향기가 적절히 강하고 지속성이 있어야 한다.

(2) 지속시간에 따른 분류(오래 지속되는 순대로 나열)

퍼퓸 > 오데퍼퓸 > 오드트왈렛 > 코롱 > 샤워코롱

(3) 발향 단계에 따른 분류

① **탑노트**: 처음 느껴지는 향으로 휘발성이 높아 지속력이 떨어진다.

② **미들 노트**: 향의 중간느낌을 의미한다.

③ **베이스 노트**: 잔향이라고도 하며 향의 마지막 느낌으로 향이 오래 지속된다.

7. 에센셜(아로마) 오일 및 캐리어 오일

(1) 에센셜 오일의 기능

① 소염, 염증 작용

② 피부미용 및 피부 진정 작용

③ 혈액순환 촉진 및 항균 작용

(2) 에센셜 오일의 사용법

① **목욕법** : 물을 담그는 방법

② **흡입법** : 손수건 등에 1~2방울 떨어뜨려 호흡하는 방법

③ **확산법** : 램프나 스프레이 등을 이용하는 방법

④ **습포법** : 따뜻한 물이나 차가운 물에 6~8방울 정도 떨어뜨린 후 수건으로 적셔 피부에 붙이는 방법

(3) 에센셜 오일의 보관법

① 공기 중의 산소, 빛 등에 의해 변질 될 수 있으므로 갈색병에 넣어 서늘하고 어두운 곳에 보관한다.

② 사용 후 반드시 뚜껑을 닫아 보관한다.

(4) 캐리어 오일(베이스 오일)

① 아로마 오일을 피부에 효과적으로 침투시키기 위해 사용하는 식물성 오일이다.

② 식물의 씨를 압착하여 추출한 베이스 오일이다.

호호바 오일	• 피지와 지방산의 조성이 비슷하여 피부 친화성과 흡수가 좋고 쉽게 산화되지 않아 안정성이 높다. • 지성피부, 여드름 피부에 효과적이다.
달맞이유	• 항알레르기 효과가 있어 아토피성 피부염에 좋다. • 여드름, 습진 치료에도 효과적이다.
아몬드 오일	• 유연 작용이 좋아 마사지 오일이나 크림 등에 사용된다. • 습진, 가려움증, 건성증에 효과적이다.
살구씨 오일	• 끈적임이 적고 유연 작용이 좋다. • 노화피부, 민감성 피부에 적합하다.
아보카도 오일	• 비타민 E가 풍부하고 모든 피부에 적합하다. • 민감성 피부의 진정 및 노화피부에도 효과적이다.
피마자 오일	아주까리라고도 불리며 왁스의 대체품이나 계면활성제의 원료로 쓰인다.
맥아 오일	• 토코페롤이 풍부하여 강력한 항산화 작용을 한다. • 건성피부에 효과적이며 민감피부는 주의해야 한다.

8. 기능성 화장품

피부의 문제를 개선해 주는 제품으로 미백, 자외선 차단, 주름개선 등의 특정 부위를 관리하는 화장품이다.

미백 제품	**피부의 멜라닌 색소 침착을 방지하고 기미·주근깨 등의 생성을 억제한다.** -**성분** : 알부틴, 코직산, 감초, 닥나무 추출물, 비타민 C, 레몬, 하이드로퀴논 -**원리** : 자외선 차단, 티로시나아제 효소의 활성 억제, 멜라닌 합성 저해	
주름 개선	**피부에 탄력을 주어 피부의 주름을 완화 및 개선시킨다.** -**성분** : 레티놀, 아하(AHA), 항산화제	
자외선 차단	화장품에 사용되는 자외선 흡수제는 독성과 피부장애가 없고 안정성이 높아야 한다.	
	자외선 산란제	물리적인 산란작용을 이용한 불투명한 제품으로 차단효과가 우수하다.
	자외선 흡수제	화학적인 흡수작용을 이용한 투명한 제품으로서 접촉성 피부염을 유발할 가능성이 있다.

memo

Part.5
공중위생 관리학

Chapter.1

공중보건학

7~8문제 출제

공중보건학은 미용분야(일반, 피부, 네일)의 시험 범위와도 같아서 핵심문제에서 크게 벗어나지 않을 것으로 생각됩니다.

공중보건, 질병관리, 보건행정, 보건수준, 환경보건, 인구구성 형태 등으로 다양하게 문제가 출제되오니 빼놓지 말고 공부하세요!

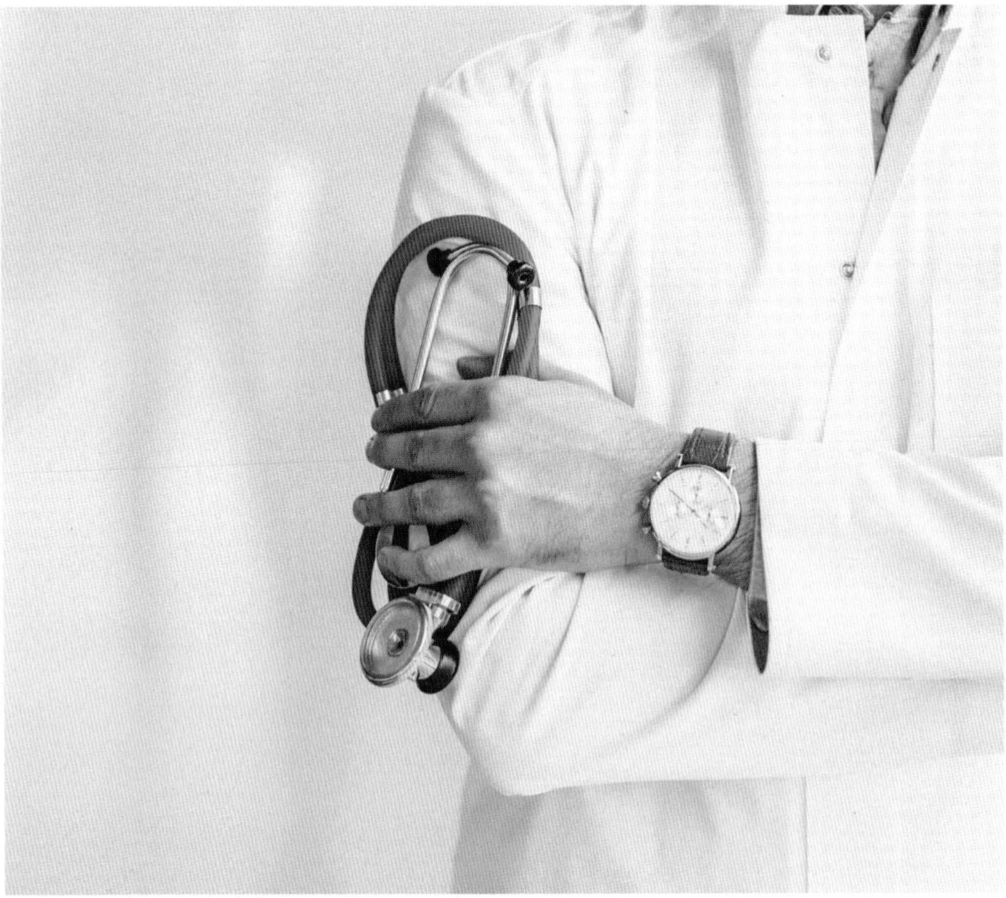

핵심문제

01. 공중보건학의 정의로 가장 적합한 것은?

① 질병예방, 생명연장, 질병치료에 주력하는 기술이며 과학이다.
② 질병예방, 생명유지, 조기치료에 주력하는 기술이며 과학이다.
③ 질병예방, 생명연장, 건강증진에 주력하는 기술이며 과학이다.
④ 질병의 조기발전, 조기예방, 생명연장에 주력하는 기술이며 과학이다.

답 ③

공중보건학은 질병예방, 생명연장, 신체적·정신적 효율을 증진시키는 기술이며 과학이다.

02. 공중보건학의 개념과 가장 관계가 적은 것은?

① 지역주민의 수명 연장에 관한 연구
② 감염병 예방에 관한 연구
③ 성인병 치료기술에 관한 연구
④ 육체적 정신적 효율 증진에 관한 연구

답 ③

공중보건학이란 지역사회의 노력으로 질병을 예방하고 수명을 연장하며 신체적·정신적 효율을 증진시키는 기술이며 과학이다.

03. 공중보건의 3대 요소에 속하지 않는 것은?

① 감염병 치료
② 수명연장
③ 건강과 능률의 향상
④ 감염병 예방

답 ①

질병의 치료는 공중보건의 목적이 아니다.

04. 세계보건기구에서 규정한 보건행정의 범위에 속하지 않는 것은?

① 보건관계 기록의 보존
② 환경위생과 감염병 관리
③ 보건통계와 만성병 관리
④ 모자보건과 보건간호

답 ②

환경위생과 감염병 관리는 보건행정 범위에 속하지 않는다.

05. **공중보건의 3대 사업에 속하지 않는 것은?**

① 보건영양
② 보건행정
③ 보건교육
④ 보건관계법

답 ①

보건영양은 보건관리 분야이다.

06. **다음 중 보건 지표 중 한 지역이나 국가의 공중보건의 수준을 평가하는데 대표적인 평가기준으로 사용되는 것은?**

① 성인사망률
② 영아사망률
③ 노인사망률
④ 사인별 사망률

답 ②

지역사회보건 수준을 나타내주는 대표적인 지표는 영아사망률이다.

07. **다음중 영아사망률 계산식에서 (A)에 알맞은 것은?**

<보기>

$$\text{영아사망률} = \frac{A}{\text{연간출생아수}} \times 1{,}000$$

① 연간 생후 28일까지의 사망자 수
② 연간 생후 1년 미만 사망자 수
③ 연간 1~4세 사망자 수
④ 연간 임신 28주 이후 사산아 수+출생 1주 이내 사망자 수

답 ②

study

1. 공중보건학의 정의

조직된 지역사회의 공동노력을 통해 질병을 예방하고, 수명을 연장시키며, 신체적 정신적 효율을 증진시키는 기술이며 과학이다.

(1) 범위

환경보건	식품위생, 환경위생, 환경오염, 산업보건
질병관리	역학, 전염병 관리, 기생충관리, 비전염성 질환관리
보건관리	보건행정, 보건영양, 모자보건, 가족계획, 인구보건, 정신보건, 학교보건, 가족보건, 보건교육, 보건통계

✓ **공중보건의 3대사업** : 보건교육, 보건행정(의료서비스), 보건관계법(의료 법규)

2. 세계보건기구(WHO)

① 1948년 국제연합의 보건 전문기관으로 창설되었다.

② 보건사업의 지휘조성, 기술지원 및 자문활동, 회원국에 대한 보건 관계 자료 등을 공급한다.

✓ **범위** : 보건 관계 기록의 보존, 환경위생과 감염병 관리, 모자 보건과 보건간호

3. 공중보건의 수준평가지표

한 나라의 건강수준을 측정해 제시하면서 다른 나라와 비교가 가능한 종합적인 건강지표로서 평균수명, 보통사망률, 비례사망지수를 제시하고 있다.

영아사망률	영아사망률 = $\frac{\text{연간 1세 미만 사망아 수}}{\text{연간출생아수}} \times 1{,}000$
평균수명	0세의 기대평균여명
비례사망자수	연간 전체 사망자 수에 대한 50세 이상의 사망자 수의 구성 비율
조사망률	인구 1,000명당 1년간의 전체 사망자 수

✓ 영아사망률은 한 국가의 건강과 보건수준을 나타내는 대표 지표이다.

핵심문제

08. 질병 발생의 요인 중 병인적 요인에 해당되지 않는 것은?

① 세균
② 유전
③ 기생충
④ 스트레스

답 ②

질병의 병인적 요인에는 생물학적 병인(세균, 곰팡이, 바이러스 등), 물리적 병인(열, 햇빛, 온도 등), 화확적 병인(농약, 화학제품 등), 정신적 병인(스트레스 등)이 있다.

09. 바이러스에 대한 설명으로 옳은 것은?

① 항생제에 감수성이 있다.
② 광학 현미경으로 관찰이 가능하다.
③ 핵산 DNA와 RNA 둘 다 가지고 있다.
④ 바이러스는 살아있는 세포 내에서만 증식 가능하다.

답 ④

- 바이러스는 병원체 중 크기가 가장 작으며 전자 현미경을 통해서만 관찰이 가능하다.
- 핵산은 DNA 또는 RNA 중 어느 하나만 가지며 그 핵산으로만 복제되어 증식된다.
- 세균과 다르게 항생물질에 대한 감수성이 없다.

10. 다음 질병 중 병원체가 바이러스인 것은?

① 장티푸스
② 쯔쯔가무시병
③ 폴리오
④ 발진열

답 ③

- 세균에 의한 감염 : 장티푸스, 콜레라, 임질, 매독, 결핵 등
- 리케차에 의한 감염 : 발진열, 발진티푸스, 쯔쯔가무시병, 로키산홍반열 등(리케차 : 세포 내에서 기생충으로 존재하는 세균의 일종. 이, 벼룩, 진드기 등과 같은 매개체를 통하여 인체에 감염된다)

11. 감염병 중 수혈이나 오염된 주사기를 통해 감염이 잘 되는 만성 감염병은 무엇인가?

① 트라코마
② 랩토스피라증
③ 간염
④ 장티푸스

답 ③

12. **다음 중 쥐와 관련된 감염병은?**

① 결핵
② 발진열
③ 일본뇌염
④ 공수병

답 ②

- **결핵** : 소
- **일본 뇌염** : 돼지
- **공수병** : 개

13. **공수병(광견병)의 병원체는 어디에 속하는가?**

① 세균
② 바이러스
③ 리케차
④ 진균

답 ②

14. **다음중 동물과 감염병의 병원소 연결이 잘못된 것은?**

① 소 - 결핵
② 쥐 - 말라리아
③ 돼지 - 일본뇌염
④ 개 - 공수병

답 ②

말라리아는 모기의 감염병이다.

15. **수인성 감염병의 경로에 해당하는 것은?**

① 벼룩
② 이질
③ 이
④ 진드기

답 ②

- ①, ③, ④ 절족동물로서 매개감염을 한다.
- **수인성 감염병** : 세균, 바이러스 등으로 오염된 물을 통해 감염되는 질환이다.

16. **호흡기계 감염병에 해당하지 않는 것은?**

① 인플루엔자
② 유행성 이하선염
③ 파라티푸스
④ 홍역

답 ③

파라티푸스는 수인성 감염병으로 오염된 물에 의한 소화기계 질환이다.

17. **이·미용업소에서 소독하지 않은 면도기로 주로 감염이 될 수 있는 질병에 해당되는 것은?**

① 파상풍
② B형 간염
③ 결핵
④ 트라코마

답 ②

- **파상풍** : 상처 부위에서 자란 파상풍균이 만들어내는 신경 독소에 의해 몸이 쑤시고 아프며 근육수축이 나타나는 감염성 질환이다.
- **결핵** : 결핵균에 의한 만성 감염 질환이다.
- **트라코마** : 각막 및 결막에 영구적인 흉터를 남겨 시력장애를 초래하기도 하는 심각한 감염 질환이다.

18. **바퀴벌레가 주로 전파하는 병원균의 질병이 아닌 것은?**

① 재귀열
② 이질
③ 콜레라
④ 장티푸스

답 ①

재귀열은 이가 전파하는 병원균의 질병으로 증세로는 격심한 오한과 계류열이 나타난다.

19. **다음 중 파리가 옮기지 않는 병은?**

① 이질
② 장티푸스
③ 콜레라
④ 유행성 출혈열

답 ④

유행성 출혈열은 쥐나 진드기가 옮긴다.

20. 감염병을 옮기는 매개 곤충과 질병의 관계가 바르게 연결된 것은?

① 말라리아 - 진드기
② 발진티푸스 - 모기
③ 재귀열 - 이
④ 일본뇌염 - 파리

답 ③

• 말라리아 - 모기
• 발진티푸스 - 이
• 일본뇌염 - 모기

21. 음식물로 매개될 수 있는 감염병이 아닌 것은?

① 유행성간염
② 폴리오
③ 일본뇌염
④ 콜레라

답 ③

일본뇌염은 모기를 매개로 감염된다.

22. 감염경로와 질병과의 연결이 틀린 것은?

① 공기감염 - 공수병
② 비말감염 - 인플루엔자
③ 우유감염 - 결핵
④ 음식물 감염 - 폴리오

답 ①

공수병은 개에게 물리면 감염되는 병을 말한다.

study

1. 질병 발생의 3대 요인

병인적 요인 (질병을 일으키는 직접적인 요인)	생물학적 인자	세균, 바이러스, 기생충, 곰팡이 등
	물리적 인자	열, 햇빛, 온도, 수질오염 등
	화학적 인자	농약, 화학약품, 전리방사선, 유독물질 등
	사회적 인자	스트레스, 노이로제 등
숙주적 요인 (사람이나 동물)	• 병원체가 옮겨 다니는 대상 • 생물학적 요인(성별, 연령, 유전 등)과 사회적 요인(거주환경, 흡연, 음주 등) 등에 대해 영향을 받는다.	
환경적 요인	기상, 계절, 사회환경 등에 영향을 받는다.	

2. 감염병의 발생 단계

병원체→병원소→병원소로부터의 병원체의 탈출→전파→신숙주로 침입→감수성 있는 숙주의 감염

(1) 병원체

숙주에 기생하면서 병을 일으키는 미생물이다.

세균 (박테리아)	하나의 세포로 된 미생물로서 최하등 단세포이다.	결핵, 폐렴, 임질, 파상풍, 장티푸스, 콜레라, 매독, 디프테리아 등
바이러스	병원체 중 가장 작으며 세균과 다르게 항생물질에 대한 감수성은 없다.	폴리오, 공수병(광견병), 후천성 면역결핍증후군, 간염, 홍역, 일본뇌염, 천연두, 인플루엔자, 풍진 등
리케차	세균과 바이러스의 중간 크기로 살아있는 세포에서만 증식한다.	발진티푸스, 록키산홍반염, 양충병, 발진열, 쯔쯔가무시병 등
수인성(물) 감염병	오염된 물에 의해 매개되는 전염병	콜레라, 장티푸스, 이질, A형 간염 등
기생충	주로 입, 피부를 통해 침입하며 인체에 기생하는 경우가 많다.	간디스토마, 페디스토마 등
진균	곰팡이 효모로서 아포를 형성하며 자연계에 널리 분포되어 있다.	백선, 칸디다증, 버섯, 효모, 곰팡이 등
클라미디아	편성 기생충인 미생물이다.	트라코마, 요도염, 자궁경부암 등

(2) 병원소

병원체가 본래 생활하고 있는 장소를 말한다.

인간 병원소	환자, 보균자 등	
동물 병원소	쥐	페스트, 살모넬라증, 유행성 출혈열, 발진열 등
	개	공수병(광견병), 톡소플라즈마증 등
	소	탄저, 결핵, 파상열, 살모넬라증 등
	말	탄저, 유행성 뇌염, 살모넬라증 등
	돼지	탄저, 파상열, 일본뇌염, 살모넬라증 등
토양 병원소	각종 진균류의 병원소로서 파상풍, 오염된 토양 등	

(3) 전파

숙주에서 다른 숙주로 병원체의 직접적 전달을 통한 감염이 발생하는 것을 말한다.

직접전파		호흡이나 혈액(에이즈, B형 감염, 매독, 임질)을 통한 전파	
간접전파	비활성 전파	오염된 식품, 물, 토양, 의복, 침구류를 통한 전파	
	절지동물 전파	모기	일본뇌염, 말라리아, 뎅기열
		파리	장티푸스, 이질, 콜레라, 파라티푸스
		이	재귀열, 발진티푸스
		바퀴	폴리오, 콜레라, 장티푸스, 이질
		진드기	쯔쯔가무시병, 유행성 출혈열, 재귀열

(4) 숙주의 감수성(감염)

① 병원체에 대항하여 감염 · 발병을 저지할 수 없는 상태를 말한다.

② 감수성 지수가 높으면 면역성이 떨어진다.

핵심문제

23. 예방접종으로 획득되는 면역의 종류는?

① 인공수동면역
② 인공능동면역
③ 자연수동면역
④ 자연수동면역

답 ②

- 자연능동면역 - 감염병 이후 형성되는 면역
- 인공능동면역 - 예방 접종으로 형성되는 면역

24. 자연 능동면역 중 감염면역으로 형성되는 감염병이 아닌 것은?

① 홍역
② 임질
③ 매독
④ 말라리아

답 ①

- **감염면역** : 병원체가 체내에 머무는 동안 동일 병원체가 침입하여도 감염되지 않는 면역을 말한다(매독, 임질, 말라리아 등).
- **영구면역** : 병 이환 후 영구적으로 면역이 되는 종생면역을 말한다.

25. 자연 능동면역 중 질병 이환 후 영구면역이 되는 질병이 아닌 것은?

① 매독
② 홍역
③ 유행성 이하선염
④ 수두

답 ①

매독은 감염면역이다.

26. 인공 능동면역의 특성을 가장 잘 설명한 것은?

① 항독소 등 인공제제를 접종하여 형성되는 면역
② 생균백신, 사균백신 및 순화독소의 예방접종으로 형성되는 면역
③ 태반이나 수유를 통해 형성되는 면역
④ 각종 감염병 감염 후 형성되는 면역

답 ②

27. **장티푸스, 결핵, 파상풍 등의 예방접종은 어떤 면역 방법인가?**

① 인공 수동면역
② 인공 능동면역
③ 자연 수동면역
④ 자연 능동면역

답 ②

28. **생후 4주 이내에 하는 예방접종은?**

① 폴리오
② 홍역
③ 결핵
④ 파상풍

답 ③

29. **생후 12시간 이내 접종 후 1개월, 6개월 순으로 접종하는 예방 접종은 무엇인가?**

① B형 간염
② 파상풍
③ 백일해
④ 뇌수막염

답 ①

study

1. 면역

생체의 내부환경이 외부인자인 항원에 대하여 방어하는 현상으로 태어날 때부터 지니는 선천면역과 예방접종 등을 통해 획득하게 되는 후천적 면역으로 구분된다.

<table>
<tr><td rowspan="4">후천적 면역</td><td rowspan="2">능동면역</td><td>자연능동면역</td><td>각종 질환 후 형성되는 면역</td></tr>
<tr><td>인공능동면역</td><td>예방접종에 의해 형성되는 면역
-생균백신 : 결핵, 탄저, 두창, 황열, 폴리오
-사균백신 : 콜레라, 장티푸스, 백일해, 발진티푸스, 일본뇌염, 폴리오
-순환독소 : 디프테리아, 파상풍</td></tr>
<tr><td rowspan="2">수동면역</td><td>자연수동면역</td><td>모체의 태반이나 수유를 통한 면역</td></tr>
<tr><td>인공수동면역</td><td>면역 활성물질 투입</td></tr>
</table>

(1) 예방 접종시기

생후 1개월 이내	결핵
생후 12시간 이내, 1개월, 6개월	B형 간염
2, 4, 6개월	파상풍, 백일해, 폴리오, 디프테리아
12~15개월	홍역, 풍진, 수두, 이하선염

핵심문제

30. **제1급 감염병에 대해 잘못 설명된 것은?**

① 발생 또는 유행 시 24시간 이내에 신고해야 한다.
② 높은 수준의 격리가 필요하다.
③ 치명률이 높은 감염병이다.
④ 페스트, 탄저가 여기에 속한다.

답 ①

제1급 감염병은 즉시 신고하여야 하며, 2, 3급일 경우 24시간 이내에 신고한다.

31. **감염병 예방법 중 제1급 감염병인 것은?**

① 세균성이질
② B형 간염
③ 말라리아
④ 신종인플루엔자

답 ④

- **제2급** : 세균성이질
- **제3급** : 말라리아, B형 간염

32. **제2급 감염병이 아닌 것은?**

① 파라티푸스
② 세균성이질
③ B형 간염
④ 풍진

답 ③

B형 간염은 제3급 감염병이다.

33. **제3급 감염병에 속하는 것은?**

① 인플루엔자
② 유행성 이하선염
③ 발진열
④ 세균성이질

답 ③

- **제1급** : 인플루엔자
- **제2급** : 유행성 이하선염, 세균성이질

34. **제3급 감염에 해당하는 것은?**

① 장티푸스
② 황열
③ 풍진
④ 수족구병

답 ②

- **제2급** : 장티푸스, 풍진
- **제4급** : 수족구병

35. **법정감염병 중 제4급 감염병에 속하는 것은?**

① 매독
② 세균성이질
③ 디프테리아
④ 말라리아

답 ①

- **제1급** : 디프테리아
- **제2급** : 세균성이질
- **제3급** : 말라리아

study

법정감염병

구분	제1급	제2급	제3급	제4급
질환	• 에볼라바이러스병 • 마버그열 • 라싸열 • 크리미안 콩고출혈열 • 남아메리카출혈열 • 리프트밸리열 • 두창 • 페스트 • 탄저 • 보툴리눔독소증 • 야토병 • 신종감염병증후군 • 중증급성 호흡기 증후군(SARS) • 중동호흡기 증후군(MERS) • 동물인플루엔자 인체감염증 • 신종인플루엔자 • 디프테리아	• 결핵 • 수두 • 콜레라 • 장티푸스 • 파라티푸스 • 세균성이질 • 장출혈성 대장균 감염증 • A형 간염 • 백일해 • 유행성이하선염 • 풍진 • 폴리오 • 수막구균 감염증 • b형헤모필루스 인플루엔자 • 폐렴구균 감염증 • 한센병 • 성홍열 • 반코마이신 내성황색포도알균(VRSA) 감염증 • 카바페넴내성장내세균속균종(CRE) 감염증	• 파상풍 • B형간염 • 일본뇌염 • C형간염 • 말라리아 • 레지오넬라증 • 비브리오패혈증 • 발진티푸스 • 발진열 • 쯔쯔가무시병 • 렙토스피라증 • 브루셀라증 • 공수병 • 신증후군출혈열 • 후천성면역결핍(AIDS) • 야콥병(CJD) 및 변종 그로이츠펠트-야콥병 • 황열 • 뎅기열 • 큐열 • 웨스트나일열 • 라임병 • 진드기매개뇌염 • 유비저 • 치쿤구니야열 • 중증열성 혈소판감소 증후군(SFTS) • 지카바이러스 감염증	• 인플루엔자 • 매독(海) • 회충증 • 편충증 • 요충증 • 간흡충증 • 폐흡충증 • 장흡충증 • 수족구병 • 임질 • 클라미디아감염증 • 연성하감 • 성기단순포진 • 첨규콘딜롬 • 반코마이신 내성장알균(VRE) 감염증 • 메티실린내성 황색포도알균(MRSA) 감염증 • 다제내성녹농균 • (MRPA) 감염증 • 다제내성아시네토박터바우마니균(MRAB) 감염증 • 장관감염증 • 급성호흡기 감염증 • 해외유입 기생충 감염증 • 엔테로바이러스감염증 • 사람유두종 바이러스 감염증
신고	즉시	24시간 이내	24시간 이내	7일 이내

✓ **검역** : 외국 질병의 국내 유입을 막기 위한 예방 대책을 말한다.

핵심문제

36. **돼지고기를 날 것으로 먹거나 불완전하게 가열하여 섭취할 때 감염될 수 있는 기생충은?**

① 유구조충
② 무구조충
③ 간디스토마
④ 광절열두조충

답 ①

유구조충은 오염된 사료를 먹은 돼지의 생식으로 전파되므로 돼지고기를 완전히 익혀서 섭취해야 한다.

37. **다음 중 기생충 중 집단감염이 가장 잘되는 것은?**

① 요충
② 십이지장충
③ 회충
④ 간흡충

답 ①

요충은 집단감염이 잘 되는 기생충이며 화장실 사용 후 손을 잘 씻고 같은 시기에 가족이 구충을 실시함으로 예방할 수 있다.

38. **중간숙주와 관계없이 감염이 가능한 기생충은?**

① 회충
② 폐흡충
③ 간흡충
④ 아니사키스충

답 ①

폐흡충은 가재, 간흡충은 붕어·잉어, 아니사키스충은 오징어·대구를 매개로 감염된다.

39. **폐흡충증의 제2중간숙주에 해당하는 것은?**

① 잉어
② 가재
③ 다슬기
④ 모래무지

답 ②

폐흡충의 제1중간숙주는 다슬기, 제2중간숙주는 가재·게이다.

40. **간흡충중(간디스토마)의 제1중간숙주는?**

① 다슬기
② 우렁이
③ 피라미
④ 게

답 ②

간흡충의 제1중간숙주는 왜우렁이, 제2중간숙주는 참붕어·잉어·황어 등이다.

41. **다음 중 기생충과 중간 숙주의 연결이 옳은 것은?**

① 폐흡충증 : 잉어, 쇠우렁
② 유구조충 : 돼지고기
③ 간흡충 : 가재, 민물고기
④ 아나사키스충 : 소고기

답 ②

- **간흡충증** : 잉어, 쇠우렁
- **폐흡충증** : 가재, 게
- **아나사키스충증** : 갑각류, 바다생선

42. **다음 기생충 중 중간숙주와의 연결이 틀린 것은?**

① 회충 : 채소
② 흡충류 : 돼지
③ 무구조충 : 소
④ 사상충 : 모기

답 ②

돼지를 중간숙주로 하는 기생충은 유구조충이다.

43. **간흡충에 관한 설명으로 틀린 것은?**

① 인체 감염형은 피낭유충이다.
② 제1중간숙주는 왜우렁이이다.
③ 인체 주요 기생부위는 간의 담도이다.
④ 경피감염한다.

답 ④

- 간흡충(간디스토마)은 민물고기를 섭취하거나 오염된 물을 섭취할 때 입을 통하여 감염된다.
- 경피 감염은 병원체가 기주의 피부를 통하여 침입, 감염을 일으키는 것을 말한다.

study

1. 선충류

소화기와 근육, 혈액 등에 기생하는 기생충이다.

회충	• 경구감염으로 분변의 위생처리, 불결한 채소 생식으로 감염된다. • **기생부위** : 소장	소화장애, 발열, 구토, 복통
구충	• 경구, 경피 감염으로 인분을 사용한 토양에 노출되어 감염된다. • **기생부위** : 공장(소장의 상부)	구토, 기침, 빈혈
요충	• 경구감염으로 어린아이들의 집단감염 위험이 높다. • **기생부위** : 맹장, 항문 주위에 산란	항문 주위의 가려움, 설사, 복통, 구토
편충	• 경구 감염으로 토양과 음식물 등의 오염으로 발생한다. • **기생부위** : 대장	불면증, 설사, 복통, 빈혈

✓ **경구감염** : 입을 통해 소화기로 침입하여 감염되는 형태를 말한다.
✓ **경피감염** : 피부를 통해 병원체가 침입하여 감염되는 형태를 말한다.

2. 흡충류

숙주의 간, 폐 등의 기관에 흡착하여 기생하는 기생충이다.

간흡충 (간디스토마)	• **1숙주** : 우렁이 • **2숙주** : 민물고기, 잉어, 참붕어	민물고기의 생식, 오염된 물, 조리기구 등에 의해 감염된다.
폐흡충 (폐디스토마)	• **1숙주** : 다슬기 • **2숙주** : 가재, 게	가재, 게의 생식, 유행지의 음수를 통해 감염된다.
요꼬가와 흡충	• **1숙주** : 다슬기 • **2숙주** : 은어, 숭어, 황어	은어나 황어를 생식함으로 감염된다.

3. 조충류

주로 숙주의 소화기관에 기생하는 기생충이다.

유구조충(갈고리촌충)	오염된 사료를 먹은 돼지고기를 생식하여 감염된다.
무구조충(민촌충)	오염된 사료를 먹은 소고기를 생식하여 감염된다.
광절열두조충(긴촌충)	연어나 송어를 생식하여 감염된다.

핵심문제

44. 다음중 가족계획에 포함되는 것은?

<보기>

㉠ 결혼연령 제한　　㉡ 초산연령 조절
㉢ 출산횟수 조절　　㉣ 인공임신 중절

① ㉠, ㉡, ㉢
② ㉡, ㉢
③ ㉠, ㉡, ㉢, ㉣
④ ㉠, ㉢

답 ②

45. 보건행정의 정의에 포함되지 않는 것은?

① 국민의 수명 연장
② 질병 예방
③ 수질 및 대기 보전
④ 공적인 행정 활동

답 ③

보건 행정이란 국민 보건 향상과 증진에 관한 모든 사항을 통괄하는 행정적 수단을 말한다.

46. 임신 7개월(28주) 이전의 분만을 뜻하는 것은?

① 조산
② 사산
③ 유산
④ 정기산

답 ③

- **사산**: 죽은 태아를 분만하는 것이다.
- **조산**: 임신 28~38주 사이에 분만을 말한다.
- **정기산**: 임신 37~41주 사이의 분만으로 정기산 시기가 되면 아기의 몸은 밖에서도 살아갈 수 있는 상태가 된다.

47. **인구 구성시 노령 인구의 연령에 해당되는 것은?**

① 56~64세
② 40~50세
③ 51~60세
④ 65세 이후

답 ④

48. **세계보건기구에서 정의하는 보건행정의 범위에 속하지 않는 것은?**

① 산업 발전
② 모자 보건
③ 환경 위생
④ 감염병 관리

답 ①

세계보건기구(WHO)에서 정의하는 보건 행정의 범위는 보건관계 기록의 보존, 환경위생과 감염병 관리, 모자보건과 보건간호이다.

49. **인구 구성형태가 올바르게 짝지어지지 않는 것은?**

① 피라미드 - 인구 증가형
② 종형 - 인구 정지형
③ 항아리형 - 인구 감소형
④ 별형 - 농촌지역 인구형

답 ④

별형은 도시 지역의 인구 구성형이며, 농촌지역 인구형은 기타(호로형)이다.

50. **출생률이 높고 사망률이 낮으며, 14세 이하의 인구가 65세 인구의 2배 이상인 인구 구성형은?**

① 항아리형
② 종형
③ 별형
④ 피라미드형

답 ④

피라미드형은 출생률이 높고 사망률이 낮은 후진국 형이다.

study

1. 가족보건

가족보건 (계획)	출산계획 조출생률 = $\frac{\text{연간출생아수}}{\text{그 해의 인구}} \times 1{,}000$명
모자보건	모성 및 영·유아의 생명과 건강을 보호하고 건전한 자녀의 출산과 양육을 도모함으로써 국민보건 향상에 이바지한다. - **지표** : 영아사망률, 주산기 사망률, 모성사망률
모성보건	• 산전보호, 산욕보호, 분만보호를 관리한다. • 질병 - **유산** : 임신 28주(7개월) 이전의 분만 - **조산** : 임신 28주~38주 사이의 분만 - **사산** : 죽은 태아를 분만(조산아 : 2.5kg) - **임신중독증** : 부종, 단백뇨, 고혈압의 3대 증세 발생 - **자궁 외 임신** : 임균성 및 결핵성 난관염의 인공유산 후의 염증이 원인
노인보건	• 65세 이상의 노년의 보건을 다루는 것 • **노령화의 4대 문제** : 빈곤, 건강, 무의(역할상실), 고독 및 소외

2. 인구보건

양적 조정정책	사망률과 출생률의 저하에 관심을 두고 직접적인 조정을 출생률로 가족계획 사업을 실행하는 것을 말한다.
질적 조정정책	인구의 성별이나 연령별 구조의 불균형을 결혼이나 출산을 통해 이루려는 것을 말한다.

(1) 인구의 구성형태

피라미드형 (후진국형)	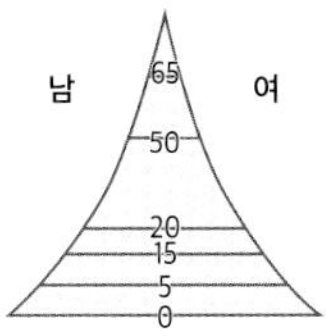 **피라미드형**	• 출생률은 높고, 사망률은 낮다. • 14세 이하의 인구가 65세 이상 인구의 2배 이상인 형태이다.
종형 (가장 이상적인 형)	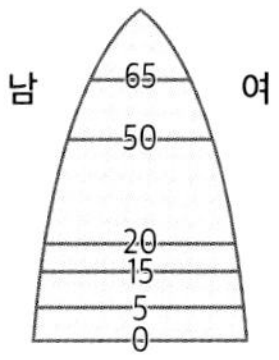 **종형**	• 출생률과 사망률이 낮다. • 14세 이하 인구가 65세 이상 인구의 2배 정도인 형태이다.
항아리형 (선진국형)	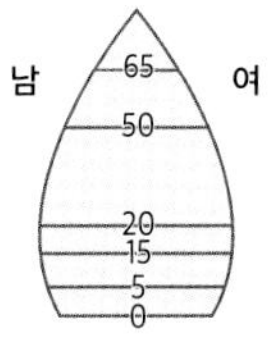 **방추형**	• 출생률이 사망률보다 높다. • 14세 이하 인구가 65세 이상 인구의 2배가 되지 않는 형태이다.
별형 (도시형)	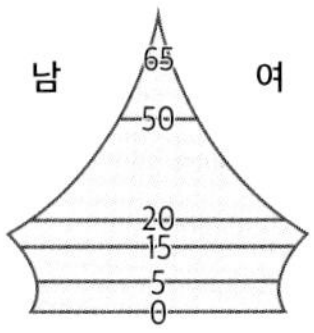 **별형**	• 생산연령 인구가 증가한다. • **생산연령** : 노동에 종사할 수 있는 연령(보통 15세~65세)
호로형 (농어촌형)	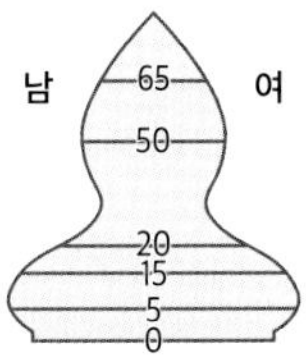 **표주박형**	생산연령 인구가 감소하는 형태이다.

핵심문제

51. **다음 중 기후의 3대 요소는?**

① 기온-복사량-기류
② 기온-기습-기류
③ 기온-기압-복사량
④ 기류-기압-일조량

답 ②

- 기온(쾌적온도)-18±2℃
- 기습(쾌적습도)-40~70%
- 기류(쾌적기류)-실내 0.2~0.3m/sec, 실외 1m/sec

52. **일반적으로 활동하기 가장 적합한 실내의 적정 온도는?**

① 15±2℃
② 18±2℃
③ 22±2℃
④ 24±2℃

답 ②

활동하기 적합한 실내 온도는 18±2℃, 습도는 40~70%이다.

53. **다음 중 이·미용업소의 실내 온도로 가장 적합한 것은?**

① 10~20%
② 20~40%
③ 40~70%
④ 70~90%

답 ③

54. **대기오염이 증가하는 원인으로 틀린 것은?**

① 연료 소모가 적고 인구의 증가가 크다.
② 기온이 낮고 연료 소모가 많다.
③ 주민의 관심이 낮고 풍력이 낮다.
④ 시설 확충과 인구의 증가가 크다.

답 ①

- 연료 소모가 많고 인구의 증가가 클수록 대기 오염이 증가한다.
- 교통량 증가, 기계문명의 발달, 중화학 공업의 난립, 도시 인구 증가가 대기오염을 일으키는 원인이다.

55. **대기오염에 영향을 미치는 기상조건으로 가장 관계가 큰 것은?**

① 강우, 강설
② 고온, 다습
③ 기온역전
④ 저기압

답 ③

기온역전은 고도가 높아짐에 따라 기온이 증가하는 현상으로 복사 안개와 오염된 대기가 결합해 스모그 현상이 발생하는데 이는 대기오염의 피해를 가중시킨다.

56. **대기오염의 주원인 물질 중 석탄이나 석유 속에 포함되어 있으며 연소할 때 발생되며, 만성 기관지염과 산성비 등을 유발시키는 것은?**

① 일산화탄소
② 질소화합물
③ 황산화물
④ 부유부진

답 ③

황산화물은 1차 오염물질로서 만성기관지염 등의 호흡기계 질환, 세균감염에 의한 저항력 약화를 일으킨다.

57. **실내 공기의 오염지표로 주로 측정되는 것은?**

① N_2
② SO_2
③ CO
④ CO_2

답 ④

이산화탄소(CO_2)는 공기 중의 약 0.3%를 차지하며 실내공기 오염의 지표로 사용되며, 지구 온난화 현상의 원인이 되는 대표적인 가스이다.

58. **대기오염의 지표로 주로 측정되는 것은?**

① N_2
② CO_2
③ SO_2
④ CO

답 ③

- **SO_2** : 아황산가스(대기오염의 지표)
- **N_2** : 질소
- **CO** : 일산화탄소
- **CO_2** : 이산화탄소

59. **다음 중 인체에 가장 심한 자극을 일으키고 식물을 고사시키는 공해 유독가스는?**

① 일산화탄소
② 이산화탄소
③ 아황산가스
④ 이산화질소

답 ③

아황산가스(SO_2)는 대기오염의 지표이기도 하다.

60. **다음중 질소에 대한 설명으로 틀린 것은?**

① 공기 중의 약 70%를 차지한다.
② 고기압 환경 또는 감압 시에 잠함병이 나타난다.
③ 불완전 연소 시 많이 발생한다.
④ 질소 부족 시 전신의 통증과 신경마비, 보행 등이 곤란할 수 있다.

답 ③

불완전 연소 시 많이 발생하는 것은 일산화탄소이다.
- **불완전 연소**: 물질이 연소할 때 산소의 공급이 불충분하거나 온도가 낮으면 그을음이나 일산화탄소가 생성되면서 연료가 완전히 연소되지 못하는 현상이다.

study

1. 환경위생

기후의 3대 요소	• **기온**: 쾌적온도 18±2℃ • **기습**: 기온이 18℃ 전후일 때 40~70% • **기류**: 실내 0.2~0.3m/sec, 실외 1m/sec
온열 인자	기온, 기습, 기류, 복사열
실·내외 온도 차	5~7℃
불쾌지수	기온과 기습(습도)에 의해 사람이 느끼는 불쾌감 정도를 나타내는 수치이다.

2. 공기

(1) 공기의 성분

질소(N_2)	산소(O_2)	아르곤(Ar)	이산화탄소(CO_2)
78.08%	20.94%	0.94%	0.3%
이 외 헬륨(He), 네온(Ne), 오존(O3), 크레톤(Xe) 등이 있다.			

✓ 공기 중에는 질소의 성분이 가장 많으며 이산화탄소는 실내공기 오염의 지표로서 온난화 현상의 원인이 되는 대표 가스이다.

(2) 공기의 자정작용

희석작용, 세정작용, 살균작용, 산화작용, 탄소동화 작용이 있다.

(3) 기온 역전

상공으로 갈수록 기온이 내려가는 것이 원칙이나 반대로 상공으로 올라 갈수록 기온이 올라가는 현상을 기온의 역전현상이라 한다. 기온 역전현상이 발생하면 대기오염물질의 확산이 이루어지지 못하게 되므로 대기 오염의 피해를 가중시키게 된다.

3. 대기오염 물질

아황산가스 (SO_2)	대기 오염의 지표이며 황산화물의 대표적인 대기오염 물질로 인체에 가장 심한 자극을 일으키며 식물을 고사시킨다.
일산화탄소 (CO)	불완전 연소 시 발생되는 유독가스로 무색·무취의 맹독성 기체이다.
이산화질소 (NO_2)	질소산화물 중 대기오염에 영향이 많은 물질이며 공장 굴뚝이나 자동차 배기에서 많이 발생한다.
미세먼지 (PM-10)	아황산가스와 결합하여 호흡기 질환 등을 유발한다.
황산화물 (SOx)	대기오염의 주원인으로 석탄이나 석유 속에 포함되어 있어 연료 속의 가연성 유황분이 연소함으로써 생기는 황의 산화물이다.
염화불화탄소 (CFC)	• 오존층 파괴의 대표가스이며 프레온 가스라고도 불리운다. • 스트레이 등의 분사제에서 발생한다.

핵심문제

61. **수질오염의 지표로 사용하는 '생물학적 산소요구량'을 나타내는 용어는?**

① BOD
② DO
③ COD
④ SS

답 ①

- 생물학적 산소요구량(Biochemical Oxygen Demand)은 하수 및 공공수역 수질오염의 지표로 사용된다.
- DO는 용존산소를 나타내고 COD는 화학적 산소요구량을 나타낸다.

62. **수질오염을 측정하는 지표로서 물에 녹아 있는 유리산소를 의미하는 것은?**

① 용존산소(DO)
② 생물학적 산소요구량(BOD)
③ 화학적 산소요구량(COD)
④ 수소이온농도(pH)

답 ①

용존산소는 물속에 용해된 유리산소량으로 용존산소도가 낮으면 오염도가 높다.

63. **다음 중 하수에서 '용존산소(DO)가 아주 낮다'는 의미로 적절한 것은?**

① 수생식물이 잘 자랄 수 있는 물의 환경이다.
② 물고기가 잘 살 수 있는 물의 환경이다.
③ 물의 오염도가 높다는 의미이다.
④ 하수의 BOD가 낮은 것과 같은 의미이다.

답 ③

- 용존산소가 낮다는 것은 물의 오염도가 높다는 것이다.
- BOD가 높으면 오염도가 높다.

64. **하수오염이 심할수록 BOD는 어떻게 되는가?**

① 수치가 낮아진다.
② 수치가 높아진다.
③ 아무런 영향이 없다.
④ 높아졌다 낮아졌다를 반복한다.

답 ②

유기성 오염이 심할수록 BOD 수치는 높아진다.

65. **상수의 수질오염 분석시 대표적인 생물학적 지표로 이용되는 것은?**

① 대장균
② 살모넬라균
③ 장티푸스균
④ 포도상구균

답 ①

100ml 기준으로 대장균이 검출되면 음용수로 이용할 수 없다.

66. **다음은 하수처리의 과정이다. 순서가 올바른 것은?**

① 예비처리→오니처리→본처리
② 예비처리→본처리→오니처리
③ 오니처리→예비처리→본처리
④ 오니처리→본처리→예비처리

답 ②

- **예비처리** : 하수 유입구에서 부유물이나 고형물을 제거하는 것이다.
- **본처리** : 무산소 상태에서 유기물을 분해하는 방법이다.
- **오니처리** : 최종 하수처리 후 남은 찌꺼기를 처리하는 방법이다.

67. **하수처리 중 호기성 처리 방법에 속하지 않는 것은?**

① 활성오니법
② 살수여상법
③ 접촉여상법
④ 사상건조법

답 ④

- 소각법 · 소화법 · 사상건조법은 오니 처리 방법이다.
- 본처리에 속하는 호기성 처리법에는 살수여과법, 산화지법, 활성오니법 등이 있다.

68. **하수처리에서 나오는 활성오니법은 어떤 작용을 이용한 것인가?**

① 부패 작용
② 산화 작용
③ 희석 작용
④ 침전 작용

답 ②

활성오니법은 산소를 공급하여 호기성균을 촉진하고 하수내 유기물의 산화작용을 하는 호기성 분해법으로 가장 많이 이용된다.

69. **상수를 정수하는 일반적인 순서는?**

① 침전→여과→소독
② 예비처리→본처리→오니처리
③ 예비처리→여과처리→소독
④ 예비처리→침전→여과→소독

답 ①

상수의 정수과정은 침사→침전(약품침전)→여과(급속여과)→소독(염소) 순이다.

70. **상수처리 과정에서 가장 마지막 단계인 것은?**

① 급수
② 취수
③ 정수
④ 도수

답 ①

상수 처리 과정은 취수→도수→정수→송수→배수→급수이다.

study

1. 수질 오염의 지표

용존산소(DO)	• 물속에 용해되어 있는 산소량을 말한다. • DO가 낮을수록 물의 오염도가 높다.
생물화학적 산소요구량 (BOD)	• 세균이 호기성 상태에서 유기물질을 분해, 안정화 하는데 소비되는 산소량으로 하천이나 도시하수의 오염도를 나타내는 지표로 활용된다. • 유기성 오염이 심할수록 BOD의 값이 높다.
화학적 산소요구량 (COD)	• 수중의 유기물질을 산화제가 화학적으로 산화시킬 때 소모되는 산소량으로 해양이나 호수의 수질오염을 판단하는 지표로 활용된다. • COD가 높을수록 오염도가 높다.

2. 하수처리 과정

예비처리(스크린, 침사, 침전)→본처리(혐기성처리, 호기성처리)→오니처리(투기법, 소각법, 사상 건조법)

(1) 예비처리

부유물질의 제거와 침전

(2) 본처리

① **혐기성 처리**: 무산소 상태에서 혐기성균이 유기물을 분해하는 방법(부패조법, 임호프조법 등)

② **호기성 처리**: 산소를 공급하여 호기성균이 유기물을 분해하는 방법(활성오니법, 산화지법, 살수여과법 등)

(3) 오니처리

투기법, 퇴비법, 소각법, 사상 건조법 등

3. 상수처리 과정

① 취수→도수→정수(침사→침전→여과→소독)→송수→배수→급수

② **취수**: 수원지에서 물을 끌어온다.

③ **도수**: 취수한 물을 정수장까지 끌어온다.

④ **침사**: 모래를 가라앉히는 것이다.

핵심문제

71. 다음 중 눈의 피로가 적은 조명은 무엇인가?

① 자연조명
② 직접조명
③ 간접조명
④ 반직접조명

답 ③

간접조명은 음영이나 눈부심이 생기지 않아 눈 보호에 가장 좋으나 천장의 색깔에 의해 가장 크게 좌우되므로 효율성은 좀 떨어진다.

72. **산업피로의 본질과 가장 관계가 먼 것은?**

① 생체의 생리적 변화
② 피로 감각
③ 산업체의 구조변화
④ 작업량 변화

답 ③

산업구조의 변화는 산업피로의 근본적인 원인이라 할 수 없다.

73. **산업재해 발생의 3대 요인이 아닌 것은?**

① 예산 부족
② 관리 결함
③ 생리적 결함
④ 작업상의 결함

답 ①

산업재해 발생 원인 중 인적요인은 관리상, 생리적, 심리적 원인이 있고 환경적 요인은 시설 및 공구 불량, 재료 부족, 작업환경 불량 등이 있다.

74. **산업재해의 지표로 주로 사용되는 것을 전부 고른 것은?**

<보기>

㉠ 도수율　㉡ 발생률
㉢ 강도율　㉣ 사망률

① ㉠, ㉡, ㉢
② ㉠, ㉢
③ ㉡, ㉣
④ ㉠, ㉡, ㉢, ㉣

답 ①

75. **다음 중 방사선에 관련된 직업에 의해 발생할 수 있는 것이 아닌 것은?**

① 조혈지능장애
② 백혈병
③ 생식기능장애
④ 잠함병

답 ④

잠함병은 깊은 수중에서 작업하고 있던 잠수부가 급히 해면으로 올라올 때 즉, 이상기압에 의해 발생할 수 있는 직업병이다.

76. **다음 중 산업 종사자와 직업병의 연결이 바르지 않은 것은?**

① 해녀, 잠수부 - 잠함병
② 석면 취급자 - 레이노드병
③ 채석작업자 - 규폐증
④ 납중독 - 인쇄공

답 ②

- 레이노드병은 진동 작업자에게 나타나는 질병 중 하나로 손가락과 발가락의 혈액순환에 영향을 미치는 순환계 질환이다.
- 석면 취급자는 석면폐증이 발생하기 쉽다.

77. **분진 흡입에 의하여 조직반응을 일으킨 상태는?**

① 진폐증
② 기관지염
③ 폐렴
④ 결핵

답 ①

분진에 의한 직업병으로 진폐증, 규폐증, 석면폐증이 있다.

78. **산업 종사자와 직업병의 연결이 틀린 것은?**

① 광부 - 진폐증
② 인쇄공 - 납 중독
③ 용접공 - 규폐증
④ 항공정비사 - 난청

답 ③

규폐증은 규산이 들어있는 먼지를 오랫동안 마셔서 생기는 폐병으로 석공에게 주로 발생한다.

study

1. 산업재해 지표

① **도수율** : 위험에 노출된 시간당 재해발생 상황

② **건수율(발생률)** : 산업체 근로자 1,000명당 재해 발생 건수

③ **강도율** : 연 근로시간당 손실 노동일수로서 재해에 의한 손상정도

2. 채광 및 조명

자연 조명	창의 면적은 방바닥 면적의 1/7~1/5 정도가 좋음
인공 조명	• 직접 조명 : 효율성이 크고 경제적이나 눈이 부시고 강한 음영으로 눈의 피로를 유발함 • 간접 조명 : 음영과 눈부심이 적고 온화하여 눈의 보호에 가장 좋으나 효율성이 떨어진다.

3. 직업병의 종류

잠함병	해녀, 잠수부
고산병, 항공병	비행기 조종사, 승무원, 산악인
레이노병	진동 작업자
VDT증후군	사무실 종사자
진폐증	광부
규폐증	석공
석면폐증	석면 취급자
납중독(아연열)	인쇄공
수은중독	건전지, 형광등, 체온계 제조 종사자

핵심문제

79. **식중독에 대한 설명으로 옳은 것은?**

① 음식섭취 후 장시간 뒤에 증상이 나타난다.
② 근육통 호소가 가장 빈번하다.
③ 병원성 미생물에 오염된 식품 섭취 후 발병한다.
④ 독성을 나타내는 화학물질과는 무관하다.

답 ③

식중독은 원인 물질에 따라 증상의 정도가 다르게 나타나는데, 일반적으로 섭취 후 72시간 이내에 구토, 설사, 복통 등을 일으킨다.

80. **다음 중 식중독 세균이 가장 잘 증식할 수 있는 온도는?**

① 0~10℃
② 10~20℃
③ 18~22℃
④ 25~37℃

답 ④

25~37℃에서 식중독 원인균인 장염, 살모넬라, 병원대장균, 황색포도구균 등이 가장 잘 증식한다.

81. **세균성 식중독의 특성이 아닌 것은?**

① 2차 감염률이 낮다.
② 잠복기가 길다.
③ 다량의 균이 발생한다.
④ 수인성 전파는 드물다.

답 ②

식중독은 72시간 내로 증상이 나타나므로 잠복기가 짧다.

82. **식중독 38~40℃의 발열증상이 나타나는 식중독은?**

① 웰치균 식중독
② 살모넬라균 식중독
③ 포도상구균 식중독
④ 장염 비브리오균 식중독

답 ②

식중독 중 발열이 가장 심한 것은 살모넬라 식중독이다.

83. **다음 중 식중독에서 치명률이 가장 높은 것은?**

① 살모넬라증
② 포도상구균 중독
③ 연쇄상구균 중독
④ 보툴리누스균 중독

답 ④

보툴리누스균 중독은 식품을 매개로 전파되는 신경독소 박테리아로, 뇌 신경마비 및 순환장애를 일으키며 치명률이 높다.

84. **보툴리누스균 식중독에 대한 설명으로 틀린 것은?**

① 통조림, 소시지 등 식품의 혐기성 상태에서 발육한다.
② 발열증상이 나타난다.
③ 신경독소를 분비하여 신경계 증상을 나타낸다.
④ 치명률이 높다.

답 ②

보툴리누스균은 구토, 설사, 호흡곤란 등의 증상이 나타나며 치명률이 아주 높지만 발열증상이 나타나진 않는다.

85. **자연독에 의한 식중독 원인 물질과 서로 관계가 없는 것으로 연결된 것은?**

① 테트로도톡신 : 복어
② 솔라닌 : 감자
③ 무스카린 : 복어
④ 에르고톡신 : 조개

답 ④

- **에르고톡신** : 맥각류(호밀)
- **삭시톡신** : 조개류

study

1. 식중독

음식물의 섭취로 인하여 급성 위장염을 일으키는 건강장애를 의미한다.

식물성	• **버섯** : 무스카린, 팔린, 아마니타톡신 • **감자** : 솔라닌, 셉신 • **매실** : 아미그달린 • **목화씨** : 고시풀 • **독미나리** : 시큐톡신 • **맥각** : 에르고톡신
동물성	• **복어** : 테트로도톡신 • **대합,섭조개** : 색시톡신 • **모시조개, 굴, 바지락** : 베네루핀
곰팡이	**쌀, 땅콩, 옥수수** : 아플라톡신

2. 세균성 식중독

잠복기가 짧고 면역이 형성되지 않는다.

(1) 감염형

살모넬라균	오염된 육류, 알, 우유의 섭취 -**잠복기간**:12~48시간	발열이 가장 심함. 두통, 설사, 복통, 구토
장염 비브리오균	오염된 어패류의 생식 -**잠복기간**:1~26시간	급성장염, 복통, 설사, 구토, 혈변
병원성 대장균	오염된 음식물 섭취 -**잠복기간**:10~30시간	복통, 설사, 구토, 두통

(2) 독소형

포도상구균	화농성 질환, 장관독소를 분비 -**잠복기간**:1~6시간	급성 위장염, 구토, 설사, 복통
보툴리누스균	• 식품의 혐기성 상태에서 신경독성을 분비 • 치명률이 가장 높음 -**잠복기간**:12~36시간	신경계 증상, 실성, 호흡곤란
웰치균	장관독소를 분비 -**잠복기간**:10~12시간	구토, 설사, 위장계 증상

Chapter.2
소독학

6~7문제

물리적 소독법과 화학적 소독법을 확실하게 구분해야 합니다.
출제비중은 화학적 소독법이 조금 더 높으니 종류와 약제별 대상물과 농도 계산법 등도 숙지하도록 합니다.
미생물 파트에서는 병원성 미생물의 특징과 구조에 대해서 공부하세요.

핵심문제

01. **소독의 정의로 옳은 것은?**

① 모든 미생물 일체를 사멸하는 것
② 모든 미생물을 열과 약품으로 완전히 죽이거나 또는 제거하는 것
③ 병원성 미생물의 생활력을 파괴하여 죽이거나 또는 제거하여 감염력을 없애는 것
④ 균을 적극적으로 죽이지 못하더라도 발육을 저지하고 목적하는 것을 변화시키지 않고 보존하는 것

답 ③

02. **소독과 멸균에 관련된 용어 해설 중 틀린 것은?**

① **살균** : 생활력을 가지고 있는 미생물을 여러 물리·화학적 처리로 급속히 죽이는 것을 말 한다.
② **방부** : 병원성 미생물의 발육과 그 작용을 제거하거나 정지시켜서 음식물의 부패나 발효를 방지하는 것을 말한다.
③ **소독** : 사람에게 유해한 미생물을 파괴시켜 감염의 위험성을 제거하는 비교적 강한 살균 작용으로 세균의 포자까지 사멸하는 것을 말한다.
④ **멸균** : 병원성 또는 비병원성 미생물 및 포자를 가진 모든 것을 전부 사멸 또는 제거하는 것을 말한다.

답 ③

소독은 비교적 약한 살균력을 적용시켜 병원 미생물을 가능한 제거하여 감염 위험을 낮추는 것을 말한다.

03. **멸균의 의미로 가장 적절히 설명한 것은?**

① 병원성 균의 증식억제
② 병원성 균의 사멸
③ 아포를 포함한 모든 균의 사멸
④ 모든 세균의 독성만을 파괴

답 ③

병원성 또는 비병원성 미생물 및 포자를 가진 모든 것을 전부 사멸 또는 제거하는 것을 말한다.

04. **소독, 방부, 살균, 멸균 중 소독력의 크기가 큰 순서대로 바르게 나열한 것은?**

① 멸균 > 살균 > 소독 > 방부
② 살균 > 멸균 > 소독 > 방부
③ 살균 > 멸균 > 방부 > 소독
④ 멸균 > 살균 > 방부 > 소독

답 ①

05. **미용 용품이나 기구 등을 일차적으로 청결하게 세척하는 것은 다음의 소독 방법 중 어디에 해당 하는가?**

① 여과
② 희석
③ 방부
④ 멸균

답 ②

희석 : 용품이나 기구 등을 일차적으로 청결하게 세척하는 것을 말한다.

study

1. 소독의 분류

멸균	병원성을 불문하고 모든 미생물을 사멸 또는 멸균시킨다.
살균	미생물을 사멸 혹은 제거하여 무균상태로 하는 것을 말한다.
소독	감염 위험성이 있는 병원성 미생물의 파괴 및 증식을 제거시키는 방법이다.
방부	병원성 미생물 성장을 억제해 음식물의 부패나 발효를 방지하는 방법이다.

핵심문제

06. **미생물의 종류에 해당하지 않는 것은?**

① 벼룩
② 효모
③ 곰팡이
④ 세균

답 ①

벼룩은 곤충이다.

07. **병원성 미생물이 아닌 것은?**

① 세균
② 효모
③ 포도상구균
④ 바이러스

답 ②

- 빵·맥주·포도주 등을 만드는 데 사용되는 미생물이다.
- 병원성 미생물은 인체에 침입하여 질병을 일으키는 미생물을 말한다.

08. **미생물의 크기가 가장 작은 것은?**

① 세균
② 곰팡이
③ 리케차
④ 바이러스

답 ④

미생물의 크기는 바이러스 〈 리케차 〈 세균 순이다.

09. **미생물의 번식에 중요한 요소로만 나열된 것은?**

① 온도 - 습도 - pH
② 온도 - 습도 - 자외선
③ 온도 - 습도 - 영양분
④ 온도 - 습도 - 호르몬

답 ③

10. **병원성 미생물이 일반적으로 증식이 가장 잘 되는 pH의 범위는?**

① 3.5~4.5
② 4.5~5.5
③ 5.5~6.5
④ 6.5~7.5

답 ④

6.5~7.5(중성) 정도이다.

11. **다음 중 호기성 세균이 아닌 것은?**

① 결핵균
② 백일해균
③ 보툴리누스균
④ 녹농균

답 ③

- 호기성 세균이란 미생물의 생장을 위해 반드시 산소가 필요한 균으로 백일해, 결핵균, 녹농균, 디프테리아 등이 있다.
- 보툴리누스균은 산소가 없어야 증식 할 수 있는 세균이다.

12. **다음 중 산소가 없는 곳에서만 증식을 하는 균은?**

① 파상풍균
② 결핵균
③ 디프테리아균
④ 백일해균

답 ①

혐기성 세균은 산소가 없어야만 증식할 수 있는데 보툴리누스균, 파상풍균 등이 있다.

study

1. 미생물

미생물은 매우 작아서 눈으로는 볼 수 없는 아주 작은 생물이라는 뜻이다.

(1) 분류

병원성 미생물	인체에 침입하여 질병을 일으키는 미생물을 말한다. **- 미생물의 크기** : 바이러스 < 리케차 < 세균
비병원성 미생물	미생물의 70%로 인체에 해를 주지 않는 유산균, 효모 등이 이에 포함된다.

(2) 증식환경

미생물 증식에 중요한 요소는 온도, 습도, 습도, 산소, 수소이온농도, 영양분 등이 필요하다(미생물 증식의 3대 조건 : 온도, 습도, 영양분).

온도	28~32℃가 최적의 온도이다.
습도	가능한 높은 습도가 필요하며 40% 미만에서는 증식이 억제된다.
산소	• **호기성균** : 산소가 있는 곳에 증식하는 균(디프테리아, 백일해균, 결핵균녹농균, 야토병균 등) • **혐기성균** : 산소가 없어야 증식하는 균(보툴리누스균, 파상풍균 등) • **통성혐기성균** : 산소의 유·무에 상관없이 증식하는 균(살모넬라균, 대장균 등)
수소이온농도 (pH)	pH 6.5~7.5(중성)
영양	무기물, 탄소원, 질소원, 발육인자, 물

핵심문제

13. **다음 중 소독방법과 소독대상이 바르게 연결된 것은?**

① 화염멸균법 : 의류나 타월
② 자비소독법 : 아마인유
③ 고압증기멸균법 : 예리한 칼날
④ 건열멸균법 : 바세린 및 파우더

답 ④

• **화염멸균법** : 금속, 유리, 도자기 등
• **자비소독법** : 수건, 소형기구, 용기 등
• **고압증기멸균법** : 의료, 무균실 기구, 고무, 의류, 미용 기구 등

14. **자비 소독에 관한 내용으로 적합한 것은?**

① 물에 2% 중조를 넣으면 살균력이 떨어지기 때문에 넣지 않는다.
② 물이 끓기 전에 소독할 물건이 1/2만 잠기도록 하여 소독한다.
③ 포자까지 완벽하게 사멸한다.
④ 스테인레스 볼, 수건 등의 재질류 소독에 적합하다.

답 ④

- 끓는 물건이 완전히 잠기도록 끓여주면 일반 세균은 사멸되나 포자까지 사멸되지는 않는다.
- 살균력을 증가시키고 녹슮을 방지하기 위해서는 중조(탄산나트륨)를 2%넣어주면 좋다.

15. **자비소독법에 대한 설명으로 틀린 것은?**

① 아포형성균에는 부적당하다.
② 물에 탄산나트륨 1~2%를 넣으면 살균력이 강해진다.
③ 금속기구 소독시 날이 무디어질 수 있다.
④ 물리적 소독법에서 가장 효과적이다.

답 ④

완전 멸균으로 가장 빠르고 효과적인 방법은 고압증기 멸균법이다.

16. **다음 중 물리적 소독법에 해당하지 않는 것은?**

① 건열멸균법
② 고압증기멸균법
③ 크레졸 소독법
④ 자비소독법

답 ③

페놀화합물 수용액을 주로 사용하는 크레졸 소독법은 화학적 소독법으로 손, 오물, 배설물 증의 소독 및 이·미용실의 실내소독용으로 사용된다.

17. **다음 중 물리적 소독법이 아닌 것은?**

① 알코올
② 초음파
③ 일광
④ 자외선

답 ①

알코올은 화학적 소독법의 재료이다.

18. **건열멸균법에 관련된 내용이 아닌 것은?**

① 160~170℃에서 1~2시간 처리한다.
② 건열멸균기를 사용한다.
③ 유리기구, 주사침, 유지 등이 소독대상이다.
④ 100℃ 끓는 물에 15~20분간 처리한다.

답 ④

자비소독법은 100℃ 끓는 물에 물건을 완전히 잠기게 하여 15~20분간 끓이는 방법으로 금속성 식기류, 고무, 유리, 주사기 등에 적합하다.

19. **이·미용업소에서 사용하는 수건의 소독방법으로 적합하지 않는 것은?**

① 건열소독
② 자비소독
③ 역성비누소독
④ 증기소독

답 ①

건열소독은 멸균기에 넣어 소독하는 방법으로 유리기구, 금속기구 등에 사용된다.

20. **전염병예방법 중 제1종 전염병 환자의 배설물 등을 처리하는 가장 적합한 방법은?**

① 건조법
② 소각법
③ 매몰법
④ 건열법

답 ②

직접 태워서 없애는 가장 확실한 방법이다.

21. **100~135℃ 고온의 수증기를 15파운드 압력하에서 미생물, 아포 등과 접촉시켜 가열·살균하는 방법은?**

① 건열 멸균법
② 자비 소독법
③ 고압증기 멸균법
④ 간헐 멸균법

답 ③

22. **고압증기 멸균법에 해당하는 것은?**

① 멸균 물품에 잔류독성이 많다.
② 포자를 사멸시키는데 멸균시간이 짧다.
③ 비경제적이다.
④ 많은 물품을 한꺼번에 처리할 수 없다.

답 ②

- 멸균 물품에는 잔류독성이 없고, 고압증기 멸균법은 경제적인 소독 방법이다.
- 많은 물건을 한꺼번에 처리할 수 있으며 멸균시간 또한 짧다.

23. **고압멸균기를 사용하여 소독하기에 가장 적합하지 않는 것은?**

① 유리기구
② 금속기구
③ 약액
④ 가죽제품

답 ④

24. **우유의 초고온 순간 멸균법으로 140℃에서 가장 적절한 처리 시간은?**

① 1~3초
② 30~60초
③ 1~3분
④ 30~60분

답 ①

study

1. 물리적 소독법

열이나 수분, 자외선, 여과 등의 물리적인 방법을 이용하는 소독법이다.

건열법	건열 멸균법	건열 멸균기에 넣어 160~170℃에서 1~2시간 가열해 멸균한다. - **대상**: 유리, 도자기, 주사바늘, 분말 제품
	화염 멸균법	화염불꽃 속에 20초 이상 가열한다. - **대상**: 금속류, 미용도구, 도자기류, 바늘 등
	소각법	불에 태워 없앰 - **대상**: 오염된 휴지, 가운, 수건 등

습열법	자비소독법	100℃ 끓는 물에 15~20분간 가열 - **대상** : 식기류, 도자기류, 의류 소독 등
	고압증기멸균법	120℃ 고온의 수증기로 20분간 가열하면 아포를 포함한 모든 미생물을 사멸시킨다. - **대상** : 의류, 기구, 고무제품, 거즈 등
	저온살균법	62~63℃에서 30분간 살균하여 아포를 형성하지 않은 결핵균, 송산균, 살모넬라균 등의 감염 방지를 위해 유제품 소독에 이용된다. - **대상** : 우유, 식품 등
	초고온 순간멸균법	135℃에서 2초간 가열 처리후 바로 냉각시킨다. - **대상** : 우유
	유통증기 멸균법	아놀드나 코흐의 증기솥을 이용하여 100℃에서 30~60분 가열한다. - **대상** : 사기제품, 금속물질, 여과지, 액상재료, 물 등
비열법	자외선 멸균법	자외선 등에 포함되어 있는 2400~2800A 파장을 지닌 자외선에 의한 소독법이다. - **대상** : 기구, 식기류 등
	초음파 멸균법	초음파 파장으로 미생물을 파괴하여 멸균한다. - **대상** : 나선균
	방사선 살균법	방사선을 투과하여 미생물을 멸균한다. - **대상** : 포장된 물품 등
여과 멸균법	화학약품이나 열을 이용 할 수 없을 때 미생물을 통과시킬 수 없는 세공을 가진 필터를 이용해 미생물을 제거하는 방법이다.	

핵심문제

25. 다음 중 화학적 소독법에 해당하는 것은?

① 알코올 소독법
② 화염멸균법
③ 여과멸균법
④ 자비소독법

답 ①

②, ③, ④는 물리적 소독법에 해당한다.

26. 화학적 소독법의 특징이 잘못 설명된 것은?

① 포르말린은 강한 살균력으로 아포까지 사멸하며 포름알데히드가 30~38% 이상 함유되어 자극성이 강한 액체이다.
② 역성비누는 세정력은 약하지만 살균력이 강해 손 세정시 사용된다.
③ 과산화수소는 카탈라아제에 의해 발생되는 산소의 산화력으로 살균작용을 한다.
④ 생석회는 산성으로 단백질을 변성시켜 살균작용을 하고 넓은 장소의 소독에 사용된다.

답 ④

생석회는 알칼리성으로 단백질을 변성시켜 살균작용을 하고 값이 저렴하여 넓은 장소의 소독에 사용된다.

27. 화학적 소독법에 가장 많은 영향을 주는 것은?

① 순수성
② 융점
③ 빙점
④ 농도

답 ④

소독제의 농도가 높을수록 소독제의 효과 또한 높아진다.

28. 소독제의 살균력 평가의 지표가 되는 것은?

① 크레졸
② 과산화수소
③ 석탄수
④ 염소

답 ③

석탄수는 안정성이 강하고 화학변화가 적어 살균력 지표로 많이 이용된다.

29. **석탄수 소독액에 관한 설명으로 맞는 것은?**

① 가구류의 소독에는 5% 수용액이 적당하다.
② 세균포자나 바이러스에 대해서는 작용력이 크다.
③ 금속기구의 소독에는 적합하다.
④ 소독액 온도가 높을수록 효력이 높다.

답 ④

가구류 소독은 1~3% 수용액이 하며, 세균포자나 바이러스에 작용력이 거의 없고 금속기구의 소독에는 적합하지 않다.

30. **석탄산의 희석배수 90배를 기준으로 할 때 어떤 소독약의 석탄산 계수가 2였다면 이 소독약의 희석배수는?**

① 2배
② 92배
③ 180배
④ 200배

답 ③

$$\text{석탄산 계수} = \frac{\text{특정소독약의 희석배수}}{\text{석탄산의 희석배수}} \quad \| \quad 2 = \frac{?}{90}$$

31. **크레졸의 내용으로 알맞은 것은?**

① 석탄산의 3배 정도 효과가 있다.
② 이온 상태에서 강한 살균작용을 한다.
③ 0.1% 수용액으로 무색, 무취 또는 백색의 결정성 분말이다.
④ 점막, 피부 외상 소독에 효과가 있다.

답 ①

- **수은, 은, 동의 중금속 화학물** : 이온 상태에서 강한 살균작용을 한다.
- **승홍** : 0.1% 수용액으로 무색, 무취 또는 백색의 결정성 분말이다.
- **머큐로크롬** : 점막, 피부 외상 소독에 효과가 있다.

32. **소독제로서의 승홍수의 장점인 것은?**

① 금속의 부식성이 강하다.
② 냄새가 없다.
③ 유기물에 대한 완전한 소독이 어렵다.
④ 피부점막에 자극성이 강하다.

답 ②

승홍수의 단점은 금속의 부식이 강하고 유기물에 대한 소독이 어려우며 피부점막에 자극이 강하다.

33. **승홍수에 관한 설명으로 틀린 것은?**

① 액 온도가 높을수록 살균력이 강하다.
② 금속 부식성에 있다.
③ 0.1% 수용액을 사용한다.
④ 상처 소독에 적당한 소독약이다.

답 ④

상처소독에 적당한 소독약은 '빨간약'이라고 속칭되는 머큐로크롬이다.

34. **머큐로크롬의 소독력에 대한 내용으로 맞는 것은?**

① 눈의 결막 및 점막 소독에 사용된다.
② 1% 질산은은 임균에 의한 신생아 안염 예방에 사용된다.
③ 물속에서 발생기 산소에 의해 살균작용을 한다.
④ 1~2% 수용액은 점막, 피부 외상 소독에 사용된다.

답 ④

질산은은 안염 예방에 사용되며 표백제는 물속에서 발생기 산소에 의해 살균작용을 한다.

35. **다음 소독제 중 상처가 있는 피부에 가장 적합하지 않은 것은?**

① 승홍수
② 과산화수소
③ 포비돈
④ 아크리놀

답 ①

승홍수는 피부 소독용으로 상처부위에는 적합하지 않다.

36. **다음 중 배설물의 소독에 가장 적당한 것은?**

① 크레졸
② 오존
③ 염소
④ 승홍수

답 ①

크레졸은 손, 오물, 배설물 등의 소독 및 이·미용실의 실내소독용으로 사용한다.

37. **역성비누에 대한 설명으로 틀린 것은?**

① 냄새가 거의 없고 자극이 적다.
② 소독력과 함께 세정력이 강하다.
③ 수지, 기구, 식기 소독에 적당하다.
④ 물에 잘 녹고 흔들면 거품이 난다.

답 ②

역성비누는 소독력이 강하고 세정력이 약해 손 세정제로 많이 쓰인다.

38. **포르말린에 대한 설명과 거리가 먼 것은?**

① 포르말린은 포름알데히드의 함유하는 소독제이다.
② 35~38% 포름알데히드의 수용액을 사용한다.
③ 세균, 아포, 바이러스에 살균력이 없다.
④ 실내, 의류, 기구소독에 1~1.5% 포르말린 수를 사용한다.

답 ③

포르말린은 세포, 아포, 바이러스에 살균력이 있다.

39. **보통 상처의 표면에 소독하는데 이용하며 발생기 산소가 강력한 산화력으로 미생물을 살균하는 소독제는?**

① 석탄수
② 과산화수소
③ 크레졸
④ 에탄올

답 ②

과산화수소는 피부 상처 부위나 구내염, 인두염 및 구강세척제 등에 사용되며 살균, 탈취 및 표백에 효과적이다.

40. **살균 및 탈취뿐만 아니라 특히 표백의 효과가 있어 손톱 표백제와도 관계가 있는 소독제는?**

① 알코올
② 크레졸
③ 과산화수소
④ 석탄수

답 ③

41. 다음 중 소독약품의 적정 희석농도가 틀린 것은?

① 석탄산 3%
② 승홍수 0.1%
③ 알코올 70%
④ 크레졸 0.3%

답 ④

석탄산-3%, 승홍수-0.1%, 알코올-70%, 크레졸-3%

42. 좋은 소독제의 구비조건이 아닌 것은?

① 짧은 시간 내에 강한 소독력 및 살균력
② 독성이 강한 소독력 및 살균력
③ 경제적이며 인체 무해함
④ 사용법과 취급방법이 간단해야 함

답 ②

좋은 소독제는 독성이 없어야 한다.

study

1. 화학적 소독법

소독력이 있는 약재를 사용하는 화학적인 방법의 소독법이다.

<table>
<tr><td rowspan="2">석탄산
(페놀)</td><td>• 일반적인 사용은 3%, 손소독 2%, 기구 1~3%, 토사물과 배설물 3%, 의류 2~3%의 농도로 2시간 방치 후 이용한다.
• 부식방지를 위해 탄산수소나트륨을 0.5% 가한다.
• 안정성이 강하고 화학변화가 적어 살균력 지표로 많이 이용된다.
$$\text{석탄산 계수} = \frac{\text{특정소독약의 희석배수}}{\text{석탄산의 희석배수}}$$
• 살균력을 나타내는 수치이며, 석탄산 계수 3은 살균력이 석탄산의 3배라는 의미이다.</td></tr>
<tr><td>장점
-안전하다.
-값이 저렴하고 사용범위가 넓다.
-모든 균에 효과가 있다.
-오래 보관할 수 있다.

단점
-금속을 부식시킨다.
-피부점막에 자극과 마비를 줄 수 있다.
-바이러스와 아포에는 효과가 없다.</td></tr>
</table>

알코올 (에탄올)	50%이하의 농도에서는 소독력이 약하고 70%의 농도일 때 강하다. **장점** -값싸고 독성이 적다. -바이러스에도 작용한다. **단점** -특유의 자극적인 냄새가 있다. -냉암소에 보관해야 한다. -결핵균에는 살균력이 없다.
염소	• 표백분은 물속에서 염소를 발생시켜 주로 수영장 소독에 쓰인다. • 음료수 소독엔 0.2~0.4ppm(2~4㎎/ℓ)을 사용한다. **장점** -가격이 저렴하고 독성이 적다. -바이러스에도 작용한다. **단점** -특유의 자극적인 냄새가 있다. -냉암소에 보관해야 한다. -결핵균에는 살균력이 없다.
생석회	화장실 분변, 토사물, 하수도, 수도나 우물주변, 쓰레기통 소독에 적합하다. **장점** -값싸고 독성이 적다. -광범위한 소독에 적합하다. **단점** -매번 제조해야 하기 때문에 번거롭다. -직물을 부식시킨다. -소독력이 약해 아포에는 효과가 없다.
승홍수	• 점막에 자극성이 강하여 0.1%(1/1,000)의 농도로 사용한다. • 금속을 부식시키며 물에 잘 녹지 않는다. • 무색무취 한데다 독성이 강해 주의해서 취급해야 한다. • 염화칼륨이나 식염을 첨가하면 용액이 중성으로 변하여 자극성이 완화된다.
포르말린	• 온도가 높을 때 소독력이 강하다. • 단백질을 응고 시킨다. • 일반소독 1~1.5%의 수용액으로 사용한다. • 의류, 도자기, 목재, 고무제품, 셀룰로이드의 소독에 적합하다. • 가장 효과적인 소독방법은 10분 이상 담가두는 것이다.
크레졸	• 소독력이 강하여 3%의 농도로 사용한다. • 손소독, 피부소독, 오물소독에 주로 이용된다. 배설물, 토사물, 결핵환자의 객담 소독에는 3%, 손소독에는 2%의 용액을 각각 사용한다.
역성비누	• 0.01~0.1% 수용액을 사용한다. • 독성 또는 사용시 불쾌감이 없고 세정력은 약하지만 소독력이 강해 손세정이나 식기세정에 많이 사용된다.
머큐로크롬	지속성이 있어 점막 및 피부 상처에 이용한다.
과산화수소	표백효과가 있으며, 산화작용으로 미생물을 살균한다.
훈증소독법	가스나 증기를 이용한 위생해충 구제에 사용된다.
오존	반응성이 풍부하고 산화 작용이 강하다.

2. 대상별 소독 방법

병실 및 실내소독	석탄수, 크레졸, 포르말린
토사물, 배설물, 대소변	소각법, 석탄산, 크레졸, 생석회 분말
금속류	70%의 알코올, 크레졸, 포르말린, 역성비누
모직물, 침구류, 의류	일광소독, 자비소독, 증기소독, 크레졸
화장실, 하수구, 쓰레기통	포르말린, 석탄수, 크레졸
고무 및 피혁제품, 모피	포르말린, 크레졸, 석탄수
환자	역성비누, 승홍수, 크레졸, 석탄산

3. 소독제의 구비조건

① 살균력이 있어야 한다.

② 사용법이 간편하고 경제적이어야 한다.

③ 용해성이 높고 침투력이 좋아야 한다.

④ 환경오염을 유발하지 않고 부식 및 표백이 되지 않아야 한다.

memo

Chapter.3
공중위생관리법규(법, 시행령, 시행규칙)

6~7문제

많은 수험생들이 가장 헷갈려 하는 문제가 많은 부분이나 높은 비율로 출제가 되니 가급적 많은 부분을 암기하고 문제를 풀 때는 문제와 지문을 정확히 읽어서 실수하지 않게 하세요.

핵심문제

01. 공중위생관리법상 (   ) 안에 가장 적합한 것은?

<보기>

공중위생관리법은 공중이 이용하는 영업과 시설의 (   ) 등에 관한 사항을 규정함으로써 위생수준을 향상시켜 국민의 건강증진에 기여함을 목적으로 한다.

① 위생
② 위생관리
③ 위생과 소독
④ 위생과 청결

답 ②

공중이 이용하는 영업의 위생관리 등에 관한 사항을 규정함으로써 위생수준을 향상시켜 국민의 건강증진에 기여함을 목적으로 한다.

02. 다음 중 공중위생관리법의 궁극적인 목적은?

① 공중위생영업 종사자의 위생 및 건강관리
② 공중위생영업소의 위생관리
③ 국민의 건강 증진에 기여함
④ 공중위생영업의 위상 향상

답 ③

03. 공중위생관리법에서 공중위생영업이란 다수인을 대상으로 무엇을 제공하는 영업으로 정의되고 있는가?

① 위생관리서비스
② 위생서비스
③ 위생안정서비스
④ 공중위생서비스

답 ①

공중위생서비스란 다수인을 대상으로 위생관리서비스를 제공하는 영업을 말한다.

04. **공중위생영업 중 손님의 얼굴, 머리, 피부 및 손톱·발톱 등을 손질하여 외모를 아름답게 꾸미는 영업에 해당하는 것은?**

① 미용업
② 피부미용업
③ 메이크업
④ 네일미용업

답 ①

05. **공중위생영업에 해당하지 않는 것은?**

① 세탁업
② 위생관리업
③ 미용업
④ 목욕장업

답 ②

공중위생영업의 종류 : 숙박업, 목욕장업, 이용업, 미용업, 세탁업, 건물위생관리업

study

1. 목적

공중이 이용하는 영업과 시설의 위생관리 등에 관한 사항을 규정함으로써 위생 수준을 향상시켜 국민의 건강증진에 기여함을 목적으로 한다.

2. 정의

공중위생영업	다수인을 대상으로 위생관리서비스를 제공하는 영업으로서 숙박업, 목욕장업, 이용업, 미용업, 세탁업, 위생관리용역업을 말한다.
이용업	손님의 머리카락 또는 수염을 깎거나 다듬는 등의 방법으로 손님의 용모를 단정하게 하는 영업을 말한다.
미용업	손님의 얼굴, 피부, 머리 등을 손질하여 손님의 외모를 아름답게 가꾸는 것을 말한다.
공중이용시설	다수인이 이용함으로써 이용자의 건강 및 공중위생에 영향을 미칠 수 있는 건축물 또는 시설로서 대통령령이 정하는 것을 말한다.
건물위생관리업	공중이 이용하는 건축물, 시설물 등의 청결유지와 실내공기정화를 위한 청소 등을 대행하는 영업을 말한다.

핵심문제

06. **이·미용업의 신고에 대한 설명으로 옳은 것은?**

① 이·미용사 면허를 받은 사람만 신고할 수 있다.
② 일반인 누구나 신고할 수 있다.
③ 1년 이상의 이·미용업무 실무경력자가 신고할 수 있다.
④ 미용사 자격증을 소지하여야 신고할 수 있다.

답 ①

07. **공중위생관리법상 공중위생영업의 신고를 하는 경우 반드시 필요한 서류가 아닌 것은?**

① 영업시설 및 설비개요서
② 위생교육 필증
③ 이·미용사 자격증
④ 면허증 원본

답 ③

08. **다음 중 이·미용사의 면허를 발급하는 기관이 아닌 것은?**

① 서울시 송파구청장
② 제주도 서귀포시장
③ 인천시 부평구청장
④ 경기도지사

답 ④

이·미용사의 면허 발급은 시장, 군수, 구청장이 한다.

09. **공중위생영업을 하고자 하는 자가 시설 및 설비를 갖추고 다음 중 누구에게 신고해야 하는가?**

① 보건복지부장관
② 안전행정부장관
③ 시·도지사
④ 시장·군수·구청장

답 ④

10. **이·미용사가 되고자 하는 자는 누구의 면허를 받아야 하는가?**

① 보건복지부장관
② 시·도지사
③ 시장·군수·구청장
④ 대통령

답 ③

11. **공중위생관리법상 이·미용업자의 변경신고사항에 해당되지 않는 것은?**

① 영업소의 명칭 또는 상호변경
② 영업소의 소재지 변경
③ 영업정지 명령 이행
④ 대표자의 성명 또는 생년월일

답 ③

변경신고사항
- 영업소의 명칭 또는 상호
- 영업소의 소재지
- 신고한 영업장 면적의 1/3이상의 증감
- 대표자의 성명 또는 생년월일
- 미용업 업종 간 변경

12. **이·미용업자가 시장·군수·구청장에게 변경신고를 하여야 하는 사항이 아닌 것은?**

① 영업소의 명칭 변경
② 영업소의 소재지 변경
③ 신고한 영업장 면적의 1/3 이상의 증감
④ 영업소 내 시설 인테리어의 변경

답 ④

13. **폐업신고에 관련된 내용이 아닌 것은?**

① 영업자의 영업을 폐업한 날로부터 30일 이내에 신고한다.
② 시장·군수·구청장에게 신고해야 한다.
③ 폐업신고시 신고서를 첨부한다.
④ 보건복지부령에 의한다.

답 ①

폐업신고: 영업자는 영업을 폐업한 날로부터 20일 이내에 시장·군수·구청장에게 신고하여야 한다.

14. **이·미용사 영업자의 지위를 승계 받을 수 있는 자의 자격은?**

① 자격증이 있는 자
② 면허를 소지한 자
③ 보조원으로 있는 자
④ 상속권이 있는자

답 ②

이용업과 미용업의 경우 면허를 소지한 자에 한하여 승계가 가능하다.

15. **영업자의 지위승계 신고로서 상속 시 필요한 구비서류인 것은?**

<보기>

㉠ 가족관계증명서
㉡ 상속인임을 증명할 수 있는 서류
㉢ 양도, 양수를 증명할 수 있는 서류
㉣ 양도, 양수를 증명할 수 있는 양도인의 인감 증명서

① ㉠, ㉡
② ㉡, ㉣
③ ㉢, ㉣
④ ㉠, ㉣

답 ①

상속인 경우엔 제15조 제1항에 따른 가족관계증명서, 상속자 증명서류가 필요하다.

16. **영업자의 지위를 승계한 경우 누구에게 신고하여야 하는가?**

① 보건복지부장관
② 시·도지사
③ 시장·군수·구청장
④ 세무서장

답 ③

17. **이·미용사 영업자의 지위를 승계한 자는 얼마의 기간 이내에 관계기관장에게 신고해야 하는가?**

① 7일 이내
② 15일 이내
③ 1개월 이내
④ 2개월 이내

답 ③

공중위생영업자의 지위를 승계한 자는 1개월 이내에 시장·군수·구청장에게 신고해야 한다.

study

1. 영업신고

공중위생영업의 종류별로 보건복지부령이 정하는 시설 및 설비를 갖추고 시장·군수·구청장(자치구의 구청장에 한 함)에게 신고한다.

✓ **제출서류** : 영업신고서, 영업시설 및 설비개요서, 면허증, 교육필증(미리 교육 받은 경우에만 한 함)

2. 변경신고

공중위생영업자는 보건복지부령이 정하는 중요사항을 변경하고자 하는 때에는 시장 · 군수 · 구청장에게 신고한다.

중요사항 변경(보건복지부령)	• 영업소의 명칭 또는 상호 변경 • 영업소의 소재지 변경 • 신고한 영업장 면적의 1/3이상의 증감 • 대표자의 성명 및 생년월일 변경 • 미용업 업종 간 변경
제출서류(시장·군수·구청장)	• 변경 신고서 • 영업 신고증

3. 폐업신고

공중위생영업자는 공중위생영업을 폐업한 날부터 20일 이내에 시장 · 군수 · 구청장에게 신고하여야한다.

4. 영업의 승계

공중위생영업자의 지위를 승계한 자는 1개월 이내에 시장 · 군수 또는 구청장에게 신고한다.

영업 양도인 경우	양도·양수를 증명할 수 있는 서류사본 및 양도인의 인감증명서
상속인 경우	제15조 제1항에 따른 가족관계증명서, 상속자 증명서류
그 외의 경우	해당 사유별로 영업자의 지위를 승계하였음을 증명할 수 있는 서류

핵심문제

18. **미용업자가 지켜야 할 사항이 아닌 것은?**

① 미용기구는 소독을 한 기구와 소독을 하지 않은 기구로 분리하여 보관한다.
② 면도기는 1회용 면도날만을 손님 1인에 한하여 사용한다.
③ 미용사 면허증은 영업소 안에 게시해야 한다.
④ 시장·군수·구청장령에 의한다.

답 ④

미용기구의 소독기준 및 방법, 영업 준수해야 할 사항은 보건복지부령에 따른다.

19. **다음 중 미용업자가 갖추어야 할 시설 및 설비, 위생관리기준에 관련된 사항이 아닌 것은?**

① 이·미용사 보조원은 깨끗한 위생복을 착용해야 한다.
② 의료기기를 사용해서는 안 된다.
③ 면도기는 1회용 면도날만을 손님 1인에 한하여 사용한다.
④ 영업장 안의 조명도는 75룩스 이상이 되도록 유지한다.

답 ①

모든 관리사들은 깨끗한 위생복을 착용해야 하지만, 위생관리기준에는 명시되어 있지 않다.

20. **공중위생관리법규에서 규정하고 있는 이·미용업자의 준수사항이 아닌 것은?**

① 소독을 한 기구와 소독을 하지 아니한 기구는 각각 다른 용기에 넣어 보관하여야 한다.
② 손님의 피부에 닿는 수건은 악취가 나지 않아야 한다.
③ 이·미용 요금표를 업소 내에 게시하여야 한다.
④ 이·미용 신고증 개설자의 면허증 원본 등은 업소 내에 게시하여야 한다.

답 ②

수건에 악취가 나면 안되지만, 위생관리법규에 따로 지정되어 있지는 않다.

21. **이·미용업소에 반드시 게시하여야 할 것은?**

① 이·미용 요금표
② 이·미용업소 종사자 인적사항표
③ 면허증 사본
④ 준수 사항 및 주의사항

답 ①

이·미용업소 게시사항 : 이·미용 신고증, 개설자의 면허증 원본, 최종지불 요금표

22. 이·미용업소에서 손님이 보기 쉬운 곳에 게시하지 않아도 되는 것은?

① 면허증 원본
② 신고필증
③ 요금표
④ 사업자등록증

답 ④

23. 공중위생시설의 소유자가 지켜야 하는 위생관리 내용이 아닌 것은?

① 영업소, 화장실, 기타 공중이용시설 안에서 위생관리를 해야 한다.
② 시설이용자의 건강을 해할 우려가 있는 오염물질이 발생되지 않도록 한다.
③ 시설이용자의 건강에 해가 없도록 위생관리를 해야한다.
④ 위생관리기준은 환경부령이 정하는 기준에 적합하도록 유지 한다.

답 ④

위생관리기준은 보건복지부령이 정하는 기준에 적합하도록 유지해야 한다.

study

1. 위생관리 의무

공중위생영업자는 영업관련 시설 및 설비를 위생적이고 안전하게 관리해야 한다.

2. 미용업자의 준수사항

①미용사 면허증을 영업소 안에 게시한다.

②미용기구는 소독을 한 기구와 소독을 아니 한 기구로 분리해 보관한다.

③1회용 면도날은 손님 1인에 한하여 사용한다.

✓ 소독기준 및 방법은 보건복지부령으로 정한다.

④의료기구와 의약품을 사용하지 아니하며 점빼기, 쌍거풀 수술, 문신 등의 의료 행위를 금한다.

⑤영업장에 최종지불요금표를 게시한다.

⑥영업장 조명도를 75룩스 이상으로 유지한다.

✓ **영업장에 게시해야 할 사항**: 미용업 신고증, 개설자의 면허증 원본, 최종지불 요금표

핵심문제

24. 다음 중 이·미용사 면허의 발급을 할 수 있는 자는?

① 동사무소
② 시장·군수·구청장
③ 보건복지부장관
④ 보건소

답 ②

면허(제6조) 면허발급은 시장·군수·구청장이 한다.

25. 다음 중 이·미용사 면허를 받을 수 있는 자가 아닌 것은?

① 고등학교에서 이용 또는 미용에 관한 학과를 졸업한 자
② 국가기술자격법에 의한 이용사 또는 미용사 자격을 취득한 자
③ 외국의 미용사 자격 소지자로 외국에서 10년 동안 이용 또는 미용에 종사한 자
④ 전문대학에서 이용 또는 미용에 관한 학과를 졸업한 자

답 ③

한국의 이용 또는 미용 면허를 다시 취득해야 한다.

26. 미용사의 면허를 받을 수 없는 자가 아닌 것은?

① 신용불량자
② 피성년후견인
③ 정신질환자
④ 면허가 취소된 후 1년 미만인 자

답 ①

27. 이·미용사 면허를 받을 수 있는 자는?

① 금치산자
② 정신병자 또는 간질병자
③ 결핵환자
④ 면허 취소 후 1년이 경과된 자

답 ④

면허 발급의 결격사유는 금치산자, 정신질환자, 감염병환자, 약물중독자이다.

28. 이·미용사 면허가 취소되었을 경우 몇 개월이 경과되어야 다시 그 면허를 받을 수 있는가?

① 3개월
② 6개월
③ 9개월
④ 12개월

답 ④

29. 면허증 재교부와 관련된 내용이 아닌 것은?

① 면허증의 기재사항 변경
② 면허증을 분실하였을 때
③ 면허증이 헐어 못쓰게 된 때
④ 면허증을 새것으로 바꾸고 싶을 때

답 ④

30. 다음 중 이·미용사 면허를 정지 할 수 있는 자는?

① 안전행정부장관
② 시·도지사
③ 시장·군수·구청장
④ 이미용 협회장

답 ③

31. 영업소 외의 장소에서 이·미용 업무를 행할 수 있는 경우가 아닌 것은?

① 질병으로 영업소에 나올 수 없는 경우
② 결혼식 등의 의식 직전인 경우
③ 손님의 간곡한 요청이 있을 경우
④ 시장·군수·구청장이 인정하는 경우

답 ③

영업소 외의 장소에서 이·미용 업무를 행할 수 있는 경우

이·미용사의 업무는 영업소 외의 장소에서 행할 수 없다. 다만 보건복지부령이 정하는 특별한 사유가 있는 경우 그러지 아니하다.

- 질병이나 기타의 사유로 영업소에 방문할 수 없는 자에게 미용을 하는 경우
- 혼례나 그 밖의 행사 참여자에게 행사 직전 미용을 하는 경우
- 사회복지시설에서 봉사활동으로 미용을 하는 경우
- 방송 등의 촬영에 참여하는 사람에 대하여 그 촬영 직전에 이용 또는 미용을 하는 경우
- 기타 특별한 사정이 있다고 시장·군수·구청장이 인정하는 경우

32. 이·미용업무의 보조를 할 수 있는 자는?

① 이·미용사의 감독을 받는 자
② 이·미용사 응시자
③ 이·미용학원 수강자
④ 시·도지사가 인정한 자

답 ①

study

1. 면허 발급

보건복지부령이 정하는 바에 의하여 시장 · 군수 · 구청장이 면허를 발급한다.

2. 면허 발급 조건

① 국가기술자격법의 미용사 자격을 취득한 자

② 대학 또는 전문대학을 졸업한 자와 동등 이상의 학력이 인정되는 학교에서 미용에 관한 학과를 졸업한 자

③ 고등학교 또는 이와 동등한 학력이 있다고 교육부장관이 인정하는 학교에서 미용에 관한 학과를 졸업한 자

✓ **결격 사유자** : 피성년후견인, 정신질환자, 감염병 환자, 약물 중독자, 면허가 취소된지 1년이 경과되지 않은 자

3. 면허의 재교부

면허증의 기재사항을 변경하거나 면허증을 분실이나 훼손했을 시에 재교부 받을 수 있다.

핵심문제

33. **시 · 도지사가 위생지도의 개선을 명할 수 있는 내용이 아닌 것은?**

① 즉시 또는 일정 기간을 정하여 개선을 명할 수 있다.
② 영업자가 시설 및 설비를 갖추어 신고해야 하나 이를 위반했을 때
③ 중요 사항 변경 시 신고 과정을 위반했을 때
④ 위생관리 의무를 위반한 법인

답 ④

위생 관리 의무 등을 위반한 영업자 또는 위생시설의 소유자 등에 개선을 명할 수 있다.

34. **위생지도 및 개선을 명할 수 있는 대상에 해당하지 않는 것은?**

① 공중위생영업의 종류별 시설 및 설비기준을 위반한 공중위생영업자
② 위생관리의무 등을 위반한 공중위생영업자
③ 공중위생영업의 승계규정을 위반한 자
④ 위생관리의무를 위반한 공중위생시설의 소유자

답 ③

35. **공중위생업자가 위생관리 의무사항을 위반할 때의 당국의 조치사항으로 옳은 것은?**

① 영업정지
② 자격정지
③ 업무정지
④ 개선명령

답 ④

시설 및 설비기준을 위반한 자, 위생관리의무를 위반한 자, 위생관리의무를 위반한 시설의 소유자는 시장·군수·도지사의 주체로 개선을 명령할 수 있다.

36. **영업장의 보고 및 출입, 검사를 인정하는 관청은?**

<보기>

㉠ 시·도지사
㉡ 시장·군수·구청장
㉢ 보건복지부장관
㉣ 교육부장관

① ㉠, ㉡
② ㉠, ㉢
③ ㉢, ㉣
④ ㉠, ㉣

답 ①

37. **이·미용업 영업자가 공중위생관리법을 위반하여 관계행정기관장의 요청이 있는 때에는 몇 개월 이내의 기간을 정하여 영업의 정지 또는 일부 시설 사용중지 혹은 폐쇄 등을 명할 수 있는가?**

① 3개월
② 6개월
③ 1년
④ 2년

답 ②

폐쇄명령 : 영업신고를 하지 않거나 시설과 설비 기준을 위반하는 등의 공중위생 영업자에겐 6개월 이내의 기간을 정하여 사용중이나 폐쇄 등을 명할 수 있다.

38. **영업소의 폐쇄명령을 받고도 계속하여 영업을 하는 때에는 관계공무원으로 하여금 영업소를 폐쇄할 수 있도록 조치를 취할 수 있는 자는?**

① 시·도지사
② 보건복지부장관
③ 시장·군수·구청장
④ 명예공중위생감시원

답 ③

시장·군수·구청장은 '공중위생영업소의 폐쇄(제11조)'에 의해 영업정지 또는 사용중지, 폐쇄를 명할 수 있다.

39. **영업소의 폐쇄명령 등의 세부적 기준은 누구의 령인가?**

① 시·도지사
② 보건복지부
③ 특별시장, 광역시장, 도지사
④ 시장·군수·구청장

답 ②

폐쇄명령의 주체는 시장·군수·구청장이지만, 그 세부적인 기준의 령은 보건복지부에서 세운다.

40. **영업소의 폐쇄명령을 받고도 계속하여 영업을 하는 때에 영업소를 폐쇄하기 위해 관계공무원이 행할 수 있는 조치가 아닌 것은?**

① 영업소의 간판 기타 영업표지물의 제거
② 위반한 영업소임을 알리는 게시물 등의 부착
③ 영업을 위하여 필수불가결한 기구 또는 시설물을 사용할 수 없게 하는 봉인
④ 출입문의 봉쇄

답 ④

41. **이·미용사의 면허취소, 공중위생영업의 정지, 일부 시설의 사용중지 및 영업소 폐쇄명령 등의 처분을 하고자 하는 때에 실시해야 하는 절차는?**

① 청문
② 구두 통보
③ 서면 통보
④ 공시

답 ①

면허정지, 영업정지, 면허취소, 폐쇄 명령 등은 청문을 실시하여 처분한다.

42. **다음 중 청문을 실시하는 사항이 아닌 것은?**

① 공중위생영업의 정지 처분을 하고자 하는 경우
② 정신질환자에 해당되어 면허를 취소하고자 하는 경우
③ 공중위생영업의 일부 시설의 사용중지 및 영업소 폐쇄 처분을 하고자 하는 경우
④ 공중위생영업의 폐쇄 처분 후 그 기간이 끝난 경우

답 ④

study

1. 보고 및 출입 · 검사

① 공중위생영업자에 대하여 필요한 보고를 하게 할 수 있다.
② 소속 공무원이 영업소 · 사무실 등에 출입하여 공중위생영업자의 위생관리의무이행 등에 대하여 검사하게 하거나 필요에 따라 공중위생장부나 서류를 열람할 수 있다.

2. 영업의 제한

시 · 도지사는 공익상 또는 선량한 풍속 유지를 위해 필요시 영업시간 및 영업행위에 관해 필요한 제한을 할 수 있다.

3. 위생 지도 및 개선명령

개선명령	• 시설 및 설비기준을 위반한 공중위생영업자 • 위생관리 의무 등을 위반한 공중위생영업자 • 위생관리의무를 위반한 공중위생시설의 소유자
개선기간	즉시 또는 6개월의 범위 내에서 개선을 명령한다. ✓ 연장 신청시 6개월의 범위내에 연장할 수 있다.
개선명령 시 명시사항	• 위생관리기준 • 발생된 오염물질의 종류 • 오염 허용 기준을 초과한 정도 • 개선기간

4. 영업소 폐쇄

폐쇄명령 (6개월 이내의 영업 정지 또는 영업소 폐쇄)	• 공중위생 영업신고를 하지 않거나 시설과 설비 기준을 위반한 경우 • 보건복지부령이 정하는 중요사항의 변경신고를 하지 않는 경우 • 지위승계 신고를 하지 않는 경우 • 위생관리의무 등을 지키지 않은 경우 • 영업소 외의 장소에서 이용 또는 미용 업무를 한 경우 • 공중위생관리상 필요한 보고를 하지 않거나 관계 공무원의 출입, 검사를 방해한 경우 • 개선명령을 이행하지 않은 경우 • 성매매알선 등 행위의 처벌에 관한 법률, 풍속 영업의 규제에 관한 법률, 청소년 보호법 또는 의료법을 위반하여 관계 행정기관의 장으로부터 그 사실을 통보받은 경우
폐쇄를 위한 조치	• 간판, 기타 영업표지물의 제거 • 위법한 영업소임을 알리는 게시물 부착 • 영업을 위하여 필수불가결한 기구 또는 시설물을 사용할 수 없게 봉인
봉인 해제	• 폐쇄를 위한 봉인을 계속할 필요가 없다고 인정되는 때 • 영업자 등이나 그 대리인이 영업소를 폐쇄할 것을 약속하는 때 • 정당한 사유를 들어 봉인의 해제를 요청하는 때

핵심문제

43. **위생관리 등급 통보 및 공표를 할 수 있는 관청은?**

① 시장·군수·구청장
② 시·도지사
③ 특별시장, 광역시장, 도지사
④ 보건복지부장관

답 ①

44. **공중위생관리법상 위생서비스 수준의 평가에 대한 설명 중 맞는 것은?**

① 평가의 전문성을 높이기 위하여 필요하다고 인정하는 경우에는 관련전문기관 및 단체로 하여금 위생서비스 평가를 실시하게 할 수 있다.
② 평가주기는 매년 마다 실시한다.
③ 평가주기와 방법은 위생관리등급은 대통령령으로 정한다.
④ 위생관리 등급은 4개 등급으로 나뉜다.

답 ①

- 위생서비스 평가주기는 2년마다, 위생관리등급은 3등급으로 나뉜다.
- 평가주기와 방법, 위생관리등급의 기준은 보건복지부령으로 정한다.

45. **공중위생영업소의 위생관리 수준을 향상시키기 위하여 위생서비스 평가계획을 수립하는 자는?**

① 대통령
② 보건복지부장관
③ 시·도지사
④ 공중위생 관련 협회

답 ③

46. **공중위생영업소 위생관리 등급의 구분에 있어 우수 업소에 내려지는 등급은?**

① 백색등급
② 청색등급
③ 녹색등급
④ 황색등급

답 ④

최우수 업소 - 녹색 / 우수 업소 - 황색 / 일반 업소 - 백색

47. **공중위생감시원의 업무 범위가 아닌 것은?**

① 영업소 시설 및 설비의 확인
② 공중이용시설의 위생상태 확인
③ 공중이용시설의 위생상태 검사
④ 공중이용시설의 위생지도 이행 결과 평가

답 ④

공중이용시설의 위생지도 이행 결과 평가가 아닌 이행 여부 확인이 업무 범위이다.

48. 위생관리등급 공표사항으로 틀린 것은?

① 시장·군수·구청장은 위생서비스 평가결과에 따른 위생관리등급을 공중위생영업자에게 통보하고 공표한다.
② 공중위생영업자는 통보받은 위생관리등급의 표지를 영업소 출입구에 부착할 수 있다.
③ 시장·군수·구청장은 위생서비스 결과에 따른 위생관리등급 우수업소에는 위생감시를 면제할 수 있다.
④ 시장·군수·구청장은 위생서비스 평가의 결과에 따른 위생관리등급별로 영업소에 대한 위생감시를 실시하여야 한다.

답 ③

49. 위생서비스 평가의 결과에 따른 위생관리등급별로 영업소에 대한 위생감시를 실시할 때의 기준이 아닌 것은?

① 위생교육 실시 횟수
② 영업소에 대한 출입, 검사
③ 위생감시의 실시 주기
④ 위생감시의 실시 횟수

답 ①

위생감시의 기준은 영업소에 대한 출입, 검사, 위생감시의 실시 주기 및 횟수 등이다.

50. 공중위생영업소를 개설할 자는 언제 위생교육을 받아야 하는가?

① 영업개시 후 2월 이내
② 영업개시 후 1월 이내
③ 영업개시 전
④ 영업개시 후 3월 이내

답 ③

영업게시 전에 위생교육을 받아 영업신고증 신청시 제출해야 한다.

51. 공중위생관리법상의 위생교육에 대한 설명 중 옳은 것은?

① 위생교육 대상자는 이·미용업 영업자이다.
② 위생교육 대상자는 이·미용사이다.
③ 위생교육 시간은 매년 8시간이다.
④ 위생교육은 공중위생관리법 위반자에 한하여 받는다.

답 ①

영업을 하고자 하는 사람이 위생교육 대상자이며, 교육시간은 매년 3시간이다.

52. **위생교육 관련 공중위생 영업자 단체의 설립 및 고시 허가권자는?**

① 보건복지부장관
② 보건복지부령
③ 시·도지사
④ 시장·군수·구청장

답 ①

위생교육은 보건복지부장관이 허가한 단체 또는 공중위생영업자 단체의 설립에 따른 단체가 실시할 수 있다.

study

1. 위생서비스 수준 평가

보건복지부령		시·도지사(주체)		시장·군수·구청장
위생서비스 평가주기·방법, 위생관리등급의 기준 및 기타 평가에 관한 필요사항을 정한다.	→	공중위생영업소의 위생관리수준 향상을 위해 위생서비스 평가계획을 수립하여 시장·군수·구청장에게 통보한다.	→	• 평가계획에 따라 관할지역별 세부 평가계획을 수립한 후 평가한다. • 관련 전문기관 및 단체로 하여금 위생서비스평가를 실시한다.

2. 위생관리등급 공표

보건복지부장관		시장·군수·구청장(주체)		공중위생영업자		시·도지사 또는 시장·군수·구청장
위생관리등급의 판정을 위한 세부항목, 등급결정 절차와 기타 위생서비스 평가에 필요한 구체적인 사항은 보건복지부장관이 정하여 고시한다.	→	공중위생영업자에게 위생관리등급을 통보하고 이를 공표한다.	→	시장·군수·구청장 등으로부터 통보받은 위생관리등급의 표지를 영업소의 명칭과 함께 영업소의 출입구에 부착할 수 있다.	→	위생서비스 평가의 결과 위생서비스 수준이 우수하다고 인정되는 영업소에 대하여 포상을 실시 할 수 있으며, 결과에 따른 위생관리 등급별로 영업소에 대한 위생감시를 실시해야 한다.

✓ **위생관리 등급의 구분** : 녹색 등급 - 최우수등급, 황색 등급 - 우수업소, 백색 등급 - 일반업소

3. 위생교육

① 매년 3시간 교육을 받아야 한다.

② 영업신고를 하려면 미리 위생교육을 받아야 하며, 부득이한 사유로 미리 받을 수 없는 경우에는 영업개시 후 6개월 이내에 위생교육을 받을 수 있다.

③ 위생교육은 보건복지부장관이 허가한 단체 또는 공중위생영업자 단체의 설립에 따른 단체가 실시할 수 있다.

④ 위생교육의 방법, 절차 등에 관한 필요사항은 보건복지부령으로 정한다.

✓ **교육내용** : 공중위생관리법 및 관련 법규, 소양교육, 기술교육, 공중위생

⑤ 위생교육을 받은 자가 위생교육을 받은 날부터 2년 이내에 위생교육을 받은 업종과 같은 업종의 영업을 하려는 경우 해당 영업에 대한 위생교육을 받은 것으로 본다.

핵심문제

53. 면허 정지 기간 중에 업무를 행한 자의 벌금은?

① 300만원 이하의 벌금
② 200만원 이하의 벌금
③ 500만원 이하의 벌금
④ 1천만원 이하의 벌금

답 ①

54. 이·미용사 면허가 정지되거나 취소되는 경우는?

① 영업하지 아니한 때
② 해외에 장기 체류 중일 때
③ 다른 사람에게 대여해 주었을 때
④ 교육을 받지 아니한 때

답 ③

면허를 다른 사람에게 대여한 경우 1차 - 3개월 면허정지, 2차 - 면허정지 6개월, 3차 - 면허취소

55. 이·미용업의 영업신고를 하지 아니하고 업소를 개설한 자에 대한 법적 조치는?

① 1000만원 이하의 과태료
② 500만원 이하의 벌금
③ 1년 이하의 징역 또는 500만원 이하의 벌금
④ 1년 이하의 징역 또는 1천만 원 이하의 벌금

답 ④

영업신고를 하지 아니하고 영업소를 개설한 자, 영업정지명령 혹은 시설 사용중지명령을 받고도 계속 영업한 자에게는 1년 이하의 징역 또는 1천만원 이하의 벌금이 내려진다.

56. 다음 중 이·미용업에 있어 적용되는 벌칙기준이 다른 것은?

① 영업신고를 하지 아니한 자
② 영업소 폐쇄명령을 받고도 계속하여 영업을 한 자
③ 일부 시설의 사용중지명령을 받고도 그 기간 중에 영업을 한 자
④ 면허가 취소된 후에도 계속하여 업무를 행한 자

답 ④

- **1년 이하의 징역 또는 1천만원 이하의 벌금** : 영업신고를 하지 아니한 자, 영업소 폐쇄명령을 받고도 계속하여 영업을 한 자, 시설의 사용중지명령을 받고도 그 기간 중에 영업을 한 자
- **300만원 이하의 벌금** : 면허가 취소된 후에도 계속하여 업무를 행한 자

57. 1회용 면도날을 2인 이상의 손님에게 사용한 때의 2차 위반 행정처분 기준은?

① 영업정지 5일
② 경고
③ 영업정지 10일
④ 영업정지 1개월

답 ①

1차 위반 - 경고 / 2차 위반 - 영업정지 5일 / 3차 위반 - 영업정지 10일 / 4차 위반 - 영업장 폐쇄

58. 미용업자가 점 빼기, 귓불 뚫기, 쌍거풀 수술 등 이와 유사한 의료행위를 하여 관련법규를 2차 위반했을 때의 행정처분은?

① 경고
② 영업정지 3개월
③ 영업장 폐쇄명령
④ 면허취소

답 ②

2차 위반시 - 영업정지 2개월 / 3차 위반시 - 영업장 폐쇄명령

59. **행정처분사항 중 1차 처분이 경고에 해당하는 것은?**

① 귓볼 뚫기 시술을 한 때
② 시설 및 설비기준을 위반한 때
③ 신고를 하지 아니하고 영업소 소재를 변경한 때
④ 위생교육을 받지 아니한 때

답 ④

- **귓볼 뚫기 시술을 한 때** : 영업정지 2개월
- **시설 및 설비기준을 위반한 때** : 개선명령
- **신고를 하지 아니하고 영업소 소재를 변경한 때** : 영업정지 1개월

60. **이·미용업자가 이·미용업소 외의 장소에서 이·미용을 한 경우 1차 위반 시 행정처분 기준은?**

① 영업정지 1개월
② 영업정지 10일
③ 영업정지 2개월
④ 영업장폐쇄 명령

답 ①

2차 위반시 - 영업정지 2개월 / 3차 위반시 - 영업장 폐쇄명령

61. **신고를 하지 아니하고 영업소의 소재지를 변경한 때는?**

① 1차 면허정지
② 1차 영업정지 1개월
③ 1차 면허취소
④ 1차 경고

답 ②

1차 - 영업정지 1개월 / 2차 - 영업정지 2개월 / 3차 - 영업장 폐쇄명령

62. **영업정지처분을 받고 그 영업정지기간 중 영업을 한 때에 대한 1차 위반 시 행정처분 기준은?**

① 업주 면허정지 30일
② 영업정지 1년
③ 1천만 원의 벌금
④ 영업장 폐쇄명령

답 ④

영업정지처분을 받고도 계속 영업을 할 경우 영업장 폐쇄명령을 받는다.

63. 이·미용업 영업소에서 손님에게 음란한 물건을 관람·열람하게 한 때에 대한 1차 위반 시 행정처분 기준은?

① 영업정지 15일
② 영업정지 1개월
③ 영업장 폐쇄명령
④ 경고

답 ④

2차 - 영업정지 15일 / 3차 - 영업정지 1개월 / 4차 - 영업장 폐쇄명령

64. 이·미용업 영업소에서 음란행위를 알선 또는 제공 시 영업소에 대한 1차 위반 행정처분 기준은?

① 경고
② 영업정지 1개월
③ 영업정지 3개월
④ 영업장 폐쇄명령

답 ③

2차 위반 : 영업장 폐쇄명령

65. 과징금 부과 및 납부에 대한 설명으로 맞지 않는 것은?

① 과징금 납부를 받은 수납기관은 영수증을 교부한다.
② 과징금은 분할 납부할 수 없다.
③ 과징금의 징수절차는 보건복지부령으로 한다.
④ 시·도지사가 정하는 수납기관에 납부한다.

답 ④

시장·군수·구청장이 정하는 수납기관에 납부하여야 한다.

66. 면허증 원본을 게시하지 아니한 때에 대한 3차 위반시 행정처분 기준은?

① 영업정지 10일
② 영업정지 15일
③ 영업정지 1개월
④ 영업장 폐쇄명령

답 ①

1차 - 경고 / 2차 - 영업정지 5일 / 4차 - 영업장 폐쇄명령

67. **국가기술자격법에 의하여 이·미용사 자격이 취소된 때의 행정처분은?**

① 면허취소
② 업무정지
③ 50만원 이하의 과태료
④ 경고

답 ①

자격이 취소된 때에는 바로 면허가 취소된다.

study

1. 벌칙

1년 이하의 징역 또는 1천만원 이하의 벌금	• 영업신고를 하지 않은 자 • 영업정지명령 또는 일부 시설의 사용중지명령을 받고도 영업을 하거나 그 시설을 사용한 자 • 영업소 폐쇄명령을 받고도 계속하여 영업한 자
6개월 이하의 징역 또는 500만원 이하의 벌금	• 중요사항 변경신고를 하지 않은 자 • 공중위생영업자의 지위를 승계한 경우 지위승계 신고를 하지 않은 자 • 건전한 영업질서를 위하여 공중위생영업자가 준수하여야 할 사항을 준수하지 않은 자
300만원 이하의 벌금	• 다른 사람에게 미용사 면허증을 대여해 주거나 대여한 자 • 미용사 면허증 취소 또는 정지 중에 미용업을 한 자 • 면허를 받지 않고 미용업을 개설하거나 그 업무에 종사한 자

2. 과태료

대통령령으로 정하는 바에 따라 보건복지부장관 또는 시장·군수·구청장이 부과·징수한다.

300만원 이하의 과태료	• 규정에 의한 보고를 아니하거나 관계공무원의 출입·검사 기타 조치를 거부·방해 또는 기피한 자 • 규정에 의한 개선명령에 위반한 자
200만원 이하의 과태료	• 미용업소의 위생관리 의무를 지키지 아니한 자 • 영업소 외의 장소에서 이용 또는 미용업무를 행한 자 • 위생교육을 받지 아니한 자

3. 개별기준

위반사항	행정처분기준			
	1차 위반	2차 위반	3차 위반	4차 위반
국가기술자격법에 따라 미용사 자격이 취소된 때	면허취소	-	-	-
금치산자, 정신질환자, 결핵환자, 약물중독자에 의한 결격사유에 해당한 때	면허취소	-	-	-
이중으로 면허를 취득했을 때	면허취소	-	-	-
면허정지처분을 받고 그 정지기간중 업무를 행한 때	면허취소	-	-	-
국가자격기술법에 따라 미용사자격정지처분을 받았을 때	면허정지	-	-	-
면허증을 타인에게 대여했을 때	면허정지 3개월	면허정지 6개월	면허취소	-
손님에게 성매매알선행위를 하게 하거나 이를 알선 또는 제공한 미용업주	면허정지 3개월	면허취소	-	-
영업정지 처분을 받고 그 영업정지기간 중 영업했을 때	영업장 폐쇄명령	-	-	-
손님에게 성매매알선행위를 하게 하거나 이를 알선 또는 제공한 영업소	영업정지 3개월	영업장 폐쇄	-	-
피부미용을 위하여 약사법에 따른 의약품 또는 의료기기법에 따른 의료기기를 사용 했을 때	영업정지 2개월	영업정지 3개월	영업장 폐쇄	-
점빼기, 귓불뚫기, 쌍거풀 수술, 문신, 박피술 그 밖에 유사한 의료행위를 했을 때	영업정지 2개월	영업정지 3개월	영업장 폐쇄명령	-
영업소 외의 장소에서 업무를 시행 했을 때	영업정지 1개월	영엽정지 2개월	영업장 폐쇄명령	-
신고를 하지 않고 영업소의 소재지를 변경했을 때	영업정지 1개월	영엽정지 2개월	영업장 폐쇄명령	-
손님에게 도박 그 밖에 사행행위를 하게 했을 때	영업정지 1개월	영엽정지 2개월	영업장 폐쇄명령	-
무자격 안마사로 하여금 안마 행위를 하게 했을 때	영업정지 1개월	영업정지 2개월	영업장 폐쇄명령	-
시·도지사, 시장·군수·구청장이 하도록 한 필요한 보고를 하지 아니하거나 거짓으로 보고한 때 또는 관계공무원의 출입·검사를 거부·회피하거나 방해 했을 때	영업정지 10일	영업정지 20일	영업정지 1개월	영업장 폐쇄명령

위반사항	행정처분기준			
	1차 위반	2차 위반	3차 위반	4차 위반
영업자의 지위를 승계한 후 1개월 이내에 신고하지 않았을 시	경고	영업정지 10일	영업정지 1개월	영업장 폐쇄명령
소독한 기구와 소독하지 않은 기구를 각기 다른 용기에 보관하지 않거나 1회용 면도날을 2인 이상의 손님에게 사용했을 때	경고	영업정지 5일	영업정지 10일	영업장 폐쇄명령
시·도지사, 시장·군수·구청장의 개선명령을 이행하지 않았을 때	경고	영업정지 10일	영업정지 1개월	영업장 폐쇄명령
음란한 물건을 관람·열람하게 하거나 진열 또는 보관했을 때	경고	영업정지 15일	영업정지 1개월	영업장 폐쇄
미용업 신고증 및 면허증 원본을 게시하지 않거나 업소내 조명도를 준수하지 않았을 때	경고 또는 개선명령	영업정지 5일	영업정지 10일	영업장 폐쇄명령
신고를 하지 않고 영업소의 명칭 및 상호 또는 영업장 면적의 1/3 이상 변경했을 때	경고 또는 개선명령	영업정지 15일	영업정지 1개월	영업장 폐쇄명령
시설 및 설비기준을 위반 했을 때	개선명령	영업정지 15일	영업정지 1개월	영업장 폐쇄명령

네일미용사 필기
실전기출문제

제1회 실전 기출 문제

01 **인공조명을 할 때 고려 사항 중 틀린 것은?**

① 광색은 주광색에 가깝고, 유해 가스의 발생이 없어야 한다.
② 열의 발생이 적고, 폭발이나 발화의 위험이 없어야 한다.
③ 균등한 조도를 위해 직접조명이 되도록 해야 한다.
④ 충분한 조도를 위해 빛이 좌상방에서 비춰줘야 한다.

답 ③

해 균등한 조도를 위해 간접조명이 되도록 해야 한다.

02 **일반적으로 이·미용업소의 실내 쾌적 습도범위로 가장 알맞은 것은?**

① 10~20% ② 20~40%
③ 40~70% ④ 70~90%

답 ③

해 쾌적습도는 40~70%, 보건온도는 18±2℃

03 **자력으로 의료문제를 해결할 수 없는 생활무능력자 및 저소득층을 대상으로 공적으로 의료를 보장하는 제도는?**

① 의료보험 ② 의료보호
③ 실업보험 ④ 연금보험

답 ①

해 **의료보험은 상병(상처를 입히거나 앓는 일)을 보험사고로 하는 제도를 총칭한다.**
- **의료보호**: 의료를 필요로 하는 요보호자에 대해서 진료 목적의 달성을 위한 조치 등에 해당하는 보호를 행하는 것을 말한다.
- **실업보험**: 노동하려는 의사가 있음에도 적당한 직업을 얻지 못하여 생활의 위협을 받는 자에게 생활을 보장해 주는 보험이다.
- **연금보험**: 노령·폐질·사망 등을 보험 사고로 하여 급여하는 사회 보장보험이다.

04 **공중보건학의 범위 중 보건 관리 분야에 속하지 않는 사업은?**

① 보건 통계 ② 사회 보장 제도
③ 보건 행정 ④ 산업 보건

답 ④

해
- **보건 관리 분야**: 보건 행정, 보건 교육, 모자 보건, 의료 보장 제도, 보건 영양, 인구 보건, 가족 계획, 보건 통계, 영유아 보건, 사고 관리
- **환경관리 분야**: 환경위생, 식품 위생, 환경 오염, 산업 보건
- **공중 보건사업 수행의 3요소**: 보건 행정, 보건 교육, 보건 관계 법규

05 다음 중 수인성 감염병에 속하는 것은?

① 유행성 출혈열 ② 성홍열
③ 세균성 이질 ④ 탄저병

답 ③

해
- **수인성(소화기계 감염병)**: 장티푸스, 콜레라, 세균성 이질, 파라티푸스, 유행성 간염, 폴리오 등이 있다.
- **유행성 출혈열**: 절지동물 매개 감염병(쥐, 벼룩, 진드기)
- **성홍열**: 호흡기계 감염병
- **탄저병**: 동물 매개 감염병

06 다음 중 감염병 유행의 3대 요소는?

① 병원체, 숙주, 환경
② 환경, 유전, 병원체
③ 숙주, 유전, 환경
④ 감수성, 환경, 병원체

답 ①

해 **질병의 3대 요소**: 숙주, 병인(병원체), 환경

07 솔라닌(solanin)이 원인이 되는 식중독과 관계가 깊은 것은?

① 버섯 ② 복어
③ 감자 ④ 조개

답 ③

해
- **버섯**: 무스카린
- **복어**: 테트로도톡신
- **조개**: 사시톡신

08 소독제를 사용할 때 주의 사항이 아닌 것은?

① 취급 방법
② 농도 표시
③ 소독제병의 세균오염
④ 알코올 사용

답 ④

해 알코올은 세균의 단백질을 변형시켜 살균효과를 나타내는 저렴한 가격의 좋은 항균제이다.

09 다음 중 금속제품의 기구소독에 가장 적합하지 않는 것은?

① 알코올 ② 역성비누
③ 승홍수 ④ 크레졸수

답 ③

해 승홍수는 금속을 부식, 상처가 있는 피부에는 부적합하다.

10 다음 중 하수도 주위에 흔히 사용되는 소독제는?

① 생석회 ② 포르말린
③ 역성비누 ④ 과망간산칼륨

답 ①

해 생석회는 저렴한 가격으로 넓은 장소의 소독에 사용되며 재래식 화장실, 하수도, 분뇨, 토사물 소독에 사용된다.

11 개달전염(介達傳染)과 무관한 것은?

① 의복 ② 식품
③ 책상 ④ 장난감

답 ②

해 **개달전염**: 환자가 사용했던 물품을 통해서 전염되는 것을 말한다.

12 소독제를 수돗물로 희석하여 사용할 경우 가장 주의해야 할 점은?

① 물의 경도 ② 물의 온도
③ 물의 취도 ④ 물의 탁도

답 ①

해 물의 경도(dh, ppm)는 물에 포함되어 있는 칼슘, 마그네슘의 양을 탄산 칼슘의 ppm으로 환산하여 나타낸 수치이다.

13 미생물의 발육과 그 작용을 제거하거나 정지시켜 음식물의 부패나 발효를 방지하는 것은?

① 방부 ② 소독
③ 살균 ④ 살충

답 ①

해
- **소독**: 물리적 화학적 방법으로 미생물의 감염 능력을 제압시켜 약화시키는 것이다.
- **멸균**: 병원성 및 비병원 미생물과 진균 등 모든 균을 완전히 사멸시키는 것이다.

14 물의 살균에 많이 이용되고 있으며 산화력이 강한 것은?

① 포름알데히드(Formaldehyde)
② 오존
③ E.O(Ethylene Oxide)가스
④ 에탄올(Ethanol)

답 ②

해 오존은 표백제, 산화제로 이용하는 것 이외에 강한 산화력으로 물의 소독에 이용, 무미, 무취, 비용이 많이 들고 잔류 효과가 약하다.

15 정상피부와 비교하여 점막으로 이루어진 피부의 특징으로 옳지 않는 것은?

① 혀와 경구개를 제외한 입안의 점막은 과립층을 가지고 있다.
② 당김미세섬유사(tonofilament)의 발달이 미약하다.
③ 미세융기가 잘 발달되어 있다.
④ 세포에 다량의 글리코겐이 존재한다.

답 ①

해
- 점막은 구강, 코, 위, 장 등 몸의 내부강을 감싸는 외부 피부막을 나타내는 말로 기본적으로 표피와 동일하며 표면의 상피와 그 밑의 결합조직, 그 밑의 근육조직으로 이루어져 있다.
- 구강점막에는 피부와는 달리 털주머니, 땀샘, 피지샘이 존재하지는 않지만 피부에는 없는 침샘이 존재한다.
- 과립층은 각질화가 서서히 시작하는 층으로(핵이 있는 살아있는 세포에서 핵이 없는 죽은 세포로 바뀌는 첫단계)입안의 점막은 과립층이 없다.

16 성장기 어린이의 대사성 질환으로 비타민D 결핍 시 뼈 발육에 변형을 일으키는 것은?

① 석회결석 ② 골막파열증
③ 괴혈증 ④ 구루병

답 ④

해 비타민D는 항구루병 비타민, 피부건강 비타민이라 하며 자외선을 통해 피부에 합성되며 뼈의 생성을 돕고 칼슘이 몸에 흡수가 잘 되도록 도와 골다공증을 예방해준다.

17 다음 중 원발진에 해당하는 피부변화는?

① 가피 ② 미란
③ 위축 ④ 구진

답 ④

해 원발진은 반점, 홍반, 소수포, 수포, 팽진, 구진, 농포, 결절, 종양, 낭종, 면포 등이 있다.

18 다음 중 기미의 생성 유발 요인이 아닌 것은?

① 유전적 요인 ② 임신
③ 갱년기 장애 ④ 갑상선 기능 저하

답 ④

해 멜라닌의 과도한 합성에 인해 발생되며 유전적 요인과 스트레스, 임신, 갱년기 등의 중년 여성에게 잘 나타난다.

19 피부구조에서 지방세포가 주로 위치하고 있는 곳은?

① 각질층 ② 진피
③ 피하조직 ④ 투명층

답 ③

해 피하지방층은 피부의 가장 아래층에 위치한다.

20 자외선으로부터 어느 정도 피부를 보호하며 진피조직에 투여하면 피부주름과 처짐 현상에 가장 효과적인 것은?

① 콜라겐 ② 엘라스틴
③ 무코다당류 ④ 멜라닌

답 ①

해
- 콜라겐은 교원섬유, 피부에 주름을 관장한다.
- 엘라스틴은 탄력섬유, 피부의 탄성을 결정한다.
- 무코다당류는 진피내의 세포들 사이를 메우고 있는 당질로 우수한 수분 보유력을 지닌 물질이다.
- 멜라닌은 흑갈색 색소로서 멜라닌의 양에 의해 피부색이 결정된다.

21 외인성 피부질환의 원인과 가장 거리가 먼 것은?

① 유전인자 ② 산화
③ 피부건조 ④ 자외선

답 ①

해 **외인성 피부질환 원인**: 온도 및 열에 의한 피부질환, 기계적 손상에 의한 피부 질환, 습진에 의한 질환, 감염성 피부질환이다.

22 **법령상 위생교육에 대한 기준으로 (　　) 안에 적합한 것은?**

〈보기〉

공중위생관리법령상 위생교육을 받은 자가 위생교육을 받은 날부터(　　) 이내에 위생교육을 받은 업종과 같은 업종의 영업을 하려는 경우에는 해당 영업에 대한 위생교육을 받은 것으로 본다.

① 2년　② 2년 6개월
③ 3년　④ 3년 6개월

답 ①

해 위생교육을 받은 자가 위생교육을 받은 날부터 2년 이내에 위생교육을 받은 업종과 같은 업종의 영업을 하려는 경우에는 해당 영업에 대한 위생교육을 받은 것으로 본다.

23 **손님에게 음란행위를 알선한 사람에 대한 관계행정기관의 장의 요청이 있는 때, 1차 위반에 대하여 행할 수 있는 행정처분으로 영업소와 업주에 대한 행정 처분기준이 바르게 짝지어진 것은?**

① 영업정지 1월 - 면허정지 1월
② 영업정지 1월 - 면허정지 2월
③ 영업정지 2월 - 면허정지 2월
④ 영업정지 3월 - 면허정지 3월

답 ③

해
- **영업소**:1차-영업정지 2월, 2차-영업정지 3월, 3차-영업장폐쇄명령
- **업주(미용사)**:1차-면허정지 2월, 2차-면허정지 3월, 3차-면허취소

24 **이·미용업 영업장 안의 조명도 기준은?**

① 50룩스 이상　② 75룩스 이상
③ 100룩스 이상　④ 125룩스 이상

답 ②

해 영업장 안의 조명도는 75(Lux)이상이 되도록 유지

25 **다음 중 이·미용업에 있어서 과태료 부과 대상이 아닌 사람은?**

① 위생관리 의무를 지키지 아니한 자
② 영업소 외의 장소에서 이용 또는 미용업무를 행한 자
③ 보건복지부령이 정하는 중요사항을 변경하고도 변경 신고를 하지 아니한 자
④ 관계 공무원의 출입·검사를 거부·기피 방해한 자

답 ③

해 ① 20만원, ② 70만원, ④ 100만원
③ 벌칙에 해당, 6개월 이하의 징역 또는 500만원 이하의 벌금

26 **미용사에게 금지되지 않는 업무는 무엇인가?**

① 얼굴의 손질 및 화장을 행하는 업무
② 의료기기를 사용하는 피부관리 업무
③ 의약품을 사용하는 눈썹손질 업무
④ 의약품을 사용하는 제모

답 ①

해 의료기구와 의약품을 사용하지 아니하는 순수한 화장 또는 피부미용을 할 것

27 시·도지사 또는 시장·군수·구청장은 공중위생관리상 필요하다고 인정하는 때에 공중위생영업자 등에 대하여 필요한 조치를 취할 수 있다. 이 조치에 해당하는 것은?

① 보고 ② 청문

③ 감독 ④ 협의

답 ②

해 이·미용사의 면허를 취소하고자 할 때에는 청문을 실시하여야 한다.

28 이·미용업 영업신고를 하면서 신고인이 확인에 동의하지 아니하는 때에 첨부하여야 하는 서류가 아닌 것은?(단, 신고인이 전자정부법에 따른 행정정보의 공동이용을 통한 확인에 동의하지 아니하는 경우임)

① 영업시설 및 설비개요서

② 교육필증

③ 이·미용사 자격증

④ 면허증

답 ③

해 이·미용사 자격증은 면허신청에 필요한 서류이다.

29 화장품법상 기능성 화장품에 속하지 않는 것은?

① 미백에 도움을 주는 제품

② 여드름 완화에 도움을 주는 제품

③ 주름개선에 도움을 주는 제품

④ 자외선으로부터 피부를 보호하는데 도움을 주는 제품

답 ②

해 **기능성 화장품**: ① 미백화장품, ③ 항노화 화장품, ④ 자외선 차단제품, 태닝화장품

30 여드름 피부에 맞는 화장품 성분으로 가장 거리가 먼 것은 ?

① 캄퍼 ② 로즈마리 추출물

③ 알부틴 ④ 하마멜리스

답 ③

해
- 알부틴은 멜라닌 색소를 만들어내는 효소인 티로시나제의 활성을 억제하여 색소침착이 생기는 것을 방지한다.
- 미백성분은 알부틴, 비타민C, 감초, 코직산, 닥나무 추출물, 하이드로퀴논 등이 있다.

31 동물성 단백질의 일종으로 피부의 탄력 유지에 매우 중요한 역할을 하며 피부의 파열을 방지하는 스프링 역할을 하는 것은?

① 아줄렌 ② 엘라스틴

③ 콜라겐 ④ DNA

답 ②

해 콜라겐은 교원섬유, 피부의 주름을 관장한다.

32 메이크업 화장품에 주로 사용되는 제조 방법은?

① 유화 ② 가용화

③ 겔화 ④ 분산

답 ④

해
- **유화**: 로션, 크림, 크림파운데이션, 선크림
- **가용화**: 화장수, 향수, 에센스, 포마드, 네일에나멜
- **분산**: 립스틱, 아이섀도, 마스카라, 아이라이너, 파운데이션

33 **보습제가 갖추어야 할 조건으로 틀린 것은?**

① 다른 성분과 혼용성이 좋을 것
② 모공수축을 위해 휘발성이 있을 것
③ 적절한 보습능력이 있을 것
④ 응고점이 낮을 것

답 ②

해 • 보습제는 피부의 건조를 막아 피부를 촉촉하게 하는 물질로 수분을 끌어당기는 흡수능력과 수분보유 성질이 강해야 하고 피부와의 친화성이 좋아야 한다.
• 모공수축을 위해 휘발성이 있어야 하는 것은 수렴 화장수에 대한 내용이다.

34 **식물의 꽃, 잎, 줄기, 뿌리, 씨, 과피, 수지 등에서 방향성이 높은 물질을 추출한 휘발성 오일은?**

① 동물성 오일　② 에센셜 오일
③ 광물성 오일　④ 밍크 오일

답 ②

해 에센셜오일은 식물의 꽃, 잎, 줄기, 뿌리, 열매 등에서 추출한다.

35 **화장품의 피부흡수에 관한 설명으로 옳은 것은?**

① 분자량이 적을수록 피부흡수율이 높다.
② 수분이 많을수록 피부흡수율이 높다.
③ 동물성 오일<식물성 오일<광물성오일 순으로 피부흡수력이 높다.
④ 크림류<로션류<화장수류 순으로 피부 흡수력이 높다.

답 ①

해 **화장품의 특징**
• 수분과 유분의 비율이 맞아야 피부흡수율이 높다.
• 식물성오일 〈 광물성오일 〈 동물성오일 순으로 피부 흡수력이 높다.
• 크림류 〈 화장수류 〈 로션류 순으로 피부흡수력이 높다.

36 **손톱에 색소가 침착되거나 변색되는 것을 방지하고 네일 표면을 고르게 하여 폴리시의 밀착성을 높이는데 사용되는 네일 미용 화장품은?**

① 탑코트　② 베이스코트
③ 폴리시 리무버　④ 큐티클 오일

답 ②

해 • **탑코트**: 네일 폴리시의 광택과 내구성을 좋게 한다.
• **폴리시 리무버**: 네일 폴리시의 피막을 용해시켜 제거한다.
• **큐티클 오일**: 큐티클을 부드럽게 하고 행네일을 방지한다.

37 손톱의 특성이 아닌 것은?

① 손톱은 피부의 일종이며, 머리카락과 같은 케라틴과 칼슘으로 만들어져 있다.
② 손톱의 손상으로 조갑이 탈락되고 회복되는데는 6개월 정도 걸린다.
③ 손톱의 성장은 겨울보다 여름이 잘 자란다.
④ 엄지손톱의 성장이 가장 느리며, 중지 손톱이 가장 빠르다.

답 ④

해 약지나 엄지의 손톱의 성장이 가장 느리다.

38 에나멜을 바르는 방법으로 손톱을 가늘어 보이게 하는 것은?

① 프리에지 ② 루눌라
③ 프렌치 ④ 프리 월

답 ④

해 프리월은 슬림라인 이라고도 하며, 손톱의 양쪽 옆면을 1.5mm정도 남겨 놓고 바르는 방법으로 손톱이 가늘어 보인다.
- **프리에지** : 프리에지 부분에 폴리시를 바르지 않는 방법
- **루눌라** : 손톱의 반달부분만을 남겨놓고 바르는 방법
- **프렌치** : 프리에지 부분에 폴리시를 바르는 방법

39 손톱이 나빠지는 후천적 요인이 아닌 것은?

① 잘못된 푸셔와 니퍼사용에 의한 손상
② 손톱 강화제 사용 빈도수
③ 과도한 스트레스
④ 잘못된 파일링에 의한 손상

답 ②

해 손톱 강화제는 손톱이 약한 자연네일에 바르면 자연네일이 강해진다.

40 다음 중 하지의 신경에 속하지 않는 것은?

① 총비골 신경 ② 액와신경
③ 복재신경 ④ 배측신경

답 ②

해
- **종아리와 발의 신경** : 경골 신경, 총비골 신경, 심비골 신경, 천비골 신경, 대퇴 신경, 복재 신경, 배측(족배피) 신경, 비복 신경
- **액와신경** : 겨드랑이 신경

41 네일 재료에 대한 설명으로 적합하지 않은 것은?

① 네일 에나멜 시너-에나멜을 묽게 해주기 위해 사용한다.
② 큐티클 오일-글리세린을 함유하고 있다.
③ 네일블리치-20볼륨 과산화수소를 함유하고 있다.
④ 네일보강제-자연네일이 강한 고객에게 사용하면 효과적이다.

답 ④

해 네일보강제는 자연네일이 약한 고객에게 사용하면 자연네일이 강해진다.

42 표피성 진균증 중 네일몰드는 습기, 열, 공기에 의해 균이 번식되어 발생한다. 이 때 몰드가 발생한 수분 함유율이 옳게 표기된 것은?

① 2%~5%

② 7%~10%

③ 12%~18%

④ 23%~25%

답 ④

해 일반인의 손톱 수분량은 8~22%로 사람마다 다르다. 건강한 손톱 수분량은 12~18%로 손톱의 수분량보다 수분량이 많을 경우 습기, 열, 공기에 의해 균이 번식되어 발생한다.

43 다음( )안의 a와 b에 알맞은 단어를 바르게 짝지은 것은??

〈보기〉

- (a)는 폴리시 리무버나 아세톤을 담아 펌프식으로 편리하게 사용할수 있다.
- (b)는 아크릴 리퀴드를 덜어 담아 사용할 수 있는 용기이다.

① a-다크디쉬, b-작은종지

② a-디스펜서, b-다크디쉬

③ a-다크디쉬, b-디스펜서

④ a-디스펜서, b-디펜디쉬

답 ④

해
- **디스펜서**: 폴리시 리무버나 아세톤을 담아 사용하는 펌프식 용기
- **디펜디쉬**: 아크릴 리퀴드를 덜어 담아 사용하는 용기

44 뼈의 기능이 아닌 것은?

① 지렛대 역할 ② 흡수기능

③ 보호작용 ④ 무기질 저장

답 ②

해 뼈는 지지작용, 보호작용, 운동작용, 조혈작용, 무기질 저장 등의 기능을 한다.

45 매니큐어 시술시에 미관상 제거의 대상이 되는 손톱을 덮고 있는 각질세포는 ?

① 네일 큐티클(Nail Cuticle)

② 네일 플레이트(Nail Plate)

③ 네일 프리에지(Nail Free edge)

④ 네일 그루브(Nail Groove)

답 ①

해
- **네일 플레이트**: 네일의 판, 손톱을 말함
- **네일 프리에지**: 네일 베드가 끝난 지점부터 손가락 끝 부분까지 지칭
- **네일 그루브**: 네일 양쪽 끝의 오목한 부분

46 고객을 응대할 때 네일아티스트의 자세로 틀린 것은?

① 고객에게 알맞은 서비스를 하여야 한다.

② 모든 고객은 공평하게 하여야 한다.

③ 진상고객은 단념하여야 한다.

④ 안전 규정을 준수하고 충실히 하여야 한다.

답 ③

47 손톱의 역할 및 기능과 가장 거리가 먼 것은?

① 물건을 잡거나 성상을 구별하는 기능
② 작은 물건을 들어 올리는 기능
③ 방어와 공격의 기능
④ 몸을 지탱해주는 기능

답 ④

해 몸을 지탱해주는 기능은 골격의 기능이다.

48 매니큐어를 가장 잘 설명한 것은?

① 네일에나멜을 바르는 것이다.
② 손톱모양을 다듬고 색깔을 칠하는 것이다.
③ 손매뉴얼테크닉과 네일에나멜을 바르는 것이다.
④ 손톱모양을 다듬고 큐티클 정리, 컬러링 등을 포함한 관리이다.

답 ④

해 매니큐어는 네일모양 정리, 큐티클정리, 손마사지, 컬러링 등을 포함한 총괄적인 손의 관리를 뜻한다.

49 매니큐어의 유래에 관한 설명 중 틀린 것은?

① 중국은 특권층의 신분을 드러내기 위해 홍화를 손톱에 바르기 시작했다.
② 매니큐어는 고대 희랍어에서 유래된 말로 마누와 큐라의 합성어이다.
③ 17세기 경 인도의 상류층 여성들은 손톱의 뿌리 부분에 신분을 나타내는 목적으로 문신을 했다.
④ 건강을 기원하는 주술적 의미에서 손톱에 빨간색을 물들이게 되었다.

답 ②

해 매니큐어는 고대 라틴어에서 유래된 말로 마누스(손)와 큐라(관리)의 합성어이다

50 골격근에 대한 설명으로 틀린 것은?

① 인체의 약 60%를 차지한다.
② 횡문근이라고도 한다.
③ 수의근이라고도 한다.
④ 대부분이 골격에 부착되어 있다.

답 ①

해
- 근육은 체중의 약 40~45%를 차지한다.
- 근육의 종류는 골격근(수의근), 불수의근, 심장근이며 골격근은 골격의 뼈에 연결, 가로무늬근, 수의근, 횡문근이라고도 한다.

51 발톱의 쉐입으로 가장 적절한 것은?

① 라운드형　② 오발형
③ 스퀘어형　④ 아몬드형

답 ③

해
- **오발형**: 가장 여성스러운 쉐입
- **스퀘어형**: 대회용, 네일시험용, 발톱 쉐입

52 아크릴릭 스캅춰 시술시 손톱에 부착해 길이를 연장하는데 받침대 역할을 하는 재료로 옳은 것은?

① 네일 폼　② 리퀴드
③ 모노머　④ 아크릴파우더

답 ①

해
- **리퀴드(모노머)**: 아크릴 분말을 녹여 적당히 반죽하는데 사용하는 액체
- **아크릴파우더**: 아크릴릭 네일에 사용되는 분말

53 아크릴릭 보수 과정 중 옳지 않은 것은?

① 심하게 들뜬 부분은 파일과 니퍼를 적절히 사용하여 세심히 잘라내고 경계가 없도록 파일링 한다.
② 새로 자라난 손톱 부분에 에칭을 주고 프라이머를 바른다.
③ 적절한 양의 비드로 큐티클 부분에 자연스러운 라인을 만든다.
④ 새로 비드를 얹은 부위는 파일링이 필요하지 않다.

답 ④

해 아크릴릭이 잘 말랐는지 확인하고 전체 턱을 매끄럽게 갈아낸다.

54 아크릴릭 네일의 설명으로 맞는 것은?

① 두꺼운 손톱 구조로만 완성되며 다양한 형태는 만들 수 없다.
② 투톤 스캅춰인 프렌치 스캅춰에 적용할 수 없다.
③ 물어뜯는 손톱에 사용하여서는 안된다.
④ 네일 폼을 사용하여 다양한 형태로 조형이 가능하다.

답 ④

해 두 물질(파우더와 모노머)의 적절한 혼합으로 손톱의 두께를 조절할 수 있으며 매우 단단한 인조네일이 된다. 자연손톱 위에 씌울 수 있음은 물론, 네일 폼을 사용하여 다양한 형태로 조형하며 인조 팁 위에도 가능하다.

55 네일 팁 접착 방법의 설명으로 틀린 것은?

① 네일 팁 접착 시 자연 네일의 1/2이상 덮지 않는다.
② 올바른 각도의 팁 접착으로 공기가 들어가지 않도록 유의한다.
③ 손톱과 네일 팁 전체에 프라이머를 도포한 후 접착한다.
④ 네일 팁 접착할 때 5-10초 동안 누르면서 기다린 후 팁의 양쪽 꼬리부분을 살짝 눌러준다.

답 ③

해 네일 팁에는 프라이머를 도포하지 않는다.

56 다른 쉐입보다 강한 느낌을 주며, 대회용으로 많이 사용되는 손톱모양은?

① 오벌 쉐입 ② 라운드 쉐입
③ 스퀘어 쉐입 ④ 아몬드형 쉐입

답 ③

해
- **오벌형** : 가장 여성스러운 쉐입
- **스퀘어형** : 대회용, 네일시험용, 발톱 쉐입

57 페디큐어 시술 과정에서 베이스코트를 바르기 전 발가락이 서로 닿지 않게 하기 위해 사용하는 도구는?

① 엑티베이터 ② 콘커터
③ 클리퍼 ④ 토우세퍼레이터

답 ④

해
- **엑티베이터** : 글루, 젤글루를 빨리 굳게 해주는 제품
- **콘커터** : 굳은살 제거용 도구
- **클리퍼** : 손톱깎이

58 큐티클 정리 및 제거 시 필요한 도구로 알맞은 것은?

① 파일, 탑코트
② 라운드 패드, 니퍼
③ 샌딩블럭, 핑거볼
④ 푸셔, 니퍼

답 ④

해 • **파일** : 손톱(인조팁)의 모양을 다듬거나 면을 부드럽게 만들 때 사용
• **탑코트** : 폴리시 광택을 증가시키고 보호하는 제품
• **라운드패드** : 손톱(인조팁)프리에지 거스러미를 제거할 때 사용
• **샌딩블럭** : 손톱(인조팁)의 광택이나 유분기를 제거할 때 사용하는 버퍼
• **핑거볼** : 손을 담그는 용기
• **니퍼** : 큐티클 굳은살을 정리하는 도구
• **푸셔** : 큐티클을 밀어올릴 때 사용하는 도구

59 습식매니큐어 시술에 관한 설명 중 틀린 것은?

① 베이스코트를 가능한 얇게 1회 전체에 바른다.
② 벗겨짐을 방지하기 위해 도포한 폴리시를 완전히 커버하여 탑코트를 바른다.
③ 프리에지 부분까지 깔끔하게 바른다.
④ 손톱의 길이 정리는 클리퍼를 사용할 수 없다.

답 ④

해 손톱의 길이가 길 경우는 클리퍼를 사용하여 길이를 정리한다.

60 UV 젤 네일 시술 시 리프팅이 일어나는 이유로 적절하지 않은 것은?

① 네일의 유·수분기를 제거하지 않고 시술했다.
② 젤을 프리에지까지 시술하지 않았다.
③ 젤을 큐티클라인에 닿지 않게 시술했다.
④ 큐어링 시간을 잘 지키지 않았다.

답 ③

해 젤을 큐티클라인에 닿게 시술하면 리프팅이 일어나므로 큐티클라인에 닿지 않게 시술해야 한다.

제2회 실전 기출 문제

01 세계보건기구에서 규정한 보건행정의 범위에 속하지 않는 것은?

① 보건관계 기록의 보존
② 환경위생과 감염병 관리
③ 보건통계와 만성병 관리
④ 모자보건과 보건간호

답 ③

해 **보건행정의 범위** : 보건관계 기록의 보존, 대중에 대한 보건교육, 환경위생, 전염병 관리. 모자보건, 의료 및 보건간호가 속한다.

02 공기의 자정작용현상이 아닌 것은?

① 산소, 오존, 과산화수소 등에 의한 산화작용
② 태양광선 중 자외선에 의한 살균작용
③ 식물의 탄소작용동화작용에 의한 CO_2의 생산작용
④ 공기 자체의 희석작용

답 ③

해 공기의 자정작용 - 희석작용, 산화작용, 교환작용, 세정작용, 살균작용

03 법정 감염병 중 제4군 감염병에 속하는 것은?

① 콜레라　② 디프테리아
③ 황열　④ 말라리아

답 ③

해
- **콜레라, 페스트(제1군 감염병)** : 전염 속도가 빠르고 국민건강에 미치는 위해 정도가 너무 커서 발생 또는 유행 즉시 방역대책을 수립하여야 한다.
- **디프테리아, 홍역, 백일해, 일본뇌염, 풍진, 폴리오, 유행성이하선염, 파상풍(제2군 감염병)** : 예방접종을 통하여 예방 또는 관리가 가능하여 국가예방 접종사업의 대상이 된다.
- **말라리아, 인플루엔자, 결핵(제3군 감염병)** : 간헐적으로 유행할 가능성이 있어서 지속적으로 감시하고 방역대책의 수립이 필요한 감염병이다.
- **황열, 뎅기열(제4군 감염병)** : 국내에서 새로 발생하였거나 발생할 우려가 있는 감염병 또는 국내 유입이 우려되는 해외 유행 감염병으로서 방역 대책의 긴급한 수립이 필요하다고 인정되어 보건복지령이 정하는 감염병이다.

04 다음 중 감염병 관리상 가장 중요하게 취급해야 할 대상자는?

① 건강보균자　② 잠복기환자
③ 현성환자　④ 회복기보균자

답 ①

해 감염병 관리 대책은 전파의 예방에 있다.

1차적예방	비 병원성기(1단계) - 적극적 예방 초기 병원성기(2단계) - 소극적 예방
2차적예방	불현성 감염기(3단계) - 중증화의 예방 발현성 질환기(4단계) - 진단과 치료
3차적예방	회복기(5단계) - 무능력 예방

05 절지동물에 의해 매개되는 감염병이 아닌 것은?

① 유행성 일본뇌염 ② 발진티푸스
③ 탄저 ④ 페스트

답 ③

해 • **절지(절족)동물** : 등뼈가 없는 무척추동물 중 몸이 딱딱한 외골격으로 싸여 있으며 몸과 다리에 마디가 있는 동물 무리다.
• 페스트(벼룩), 유행선 일본뇌염(모기), 발진티푸스(이), 쯔쯔가무시병(털진드기), 유행성 출혈열(좀진드기), 말라리아(모기)등이 해당된다.
• **동물 매개 감염병** : 탄저(소,말,양), 공수병(개), 랩토스피라증(들쥐), 브루셀라증(파상풍)(소, 말, 돼지, 개, 닭)

06 다음 기생충 중 송어, 연어 등의 생식기로 주로 감염될 수 있는 것은?

① 유구낭충증 ② 유구조충증
③ 무구조충증 ④ 긴촌충증

답 ④

해 송어, 연어 등의 생식기로 주로 감염될 수 있는 것은 광절열두조충(긴촌충증) 이다.
• 유구낭충증 - 돼지고기의 생식에 의해 유충인 낭충에 의한 질병
• 유구조충증(갈고리촌충) - 돼지
• 무구조충증(민촌충) - 소

07 영아사망률의 계산공식으로 옳은 것은?

① $\frac{\text{영아 출생아수}}{\text{인구}} \times 1000$

② $\frac{\text{그 해의 1~4세 사망아 수}}{\text{어느 해의 1~4세 인구}} \times 1000$

③ $\frac{\text{그 해의 1세미만 사망아 수}}{\text{어느 해의 연간 출생아 수}} \times 1000$

④ $\frac{\text{그 해의 생후28일 이내의 사망아 수}}{\text{어느 해의 연간 출생아 수}} \times 1000$

답 ③

해 영아사망률은 영아(0세)의 사망을 나타내는 것이다. ④는 신생아 사망률이다.

08 호기성 세균이 아닌 것은?

① 결핵균 ② 백일해균
③ 파상풍균 ④ 녹농균

답 ③

해 • **호기성 세균** : 미생물의 성장을 위해 반드시 산소가 필요한 균(결핵균, 백일해, 디프테리아 등)
• **혐기성 세균** : 산소가 없어야만 증식할 수 있는 균(파상풍균, 보툴리누스균 등)
• **통성혐기성균** : 산소가 있으면 증식이 더 잘되는 균(대장균, 포도상구균, 살모넬라균 등)

09 석탄산 10% 용액 200mL를 2%의 용액으로 만들고자 할 때 첨가해야하는 물의 양은?

① 200mL ② 400mL
③ 800mL ④ 1000mL

답 ③

해 $\%\text{농도} = \frac{\text{용질량(원액)}}{\text{용액량(물+원액)}} \times 100(\%)$

$\frac{Ⓐ(\text{용질})}{200(\text{용액})} \times 100 = 10\%,\ Ⓐ = 20$

$\frac{20}{Ⓑ} \times 100 = 2\%,\ Ⓑ = 1{,}000$

$200 + Ⓒ = 1{,}000 \quad Ⓒ = 800$

10 석탄산 소독에 대한 설명으로 틀린 것은?

① 단백질 응고작용이 있다.
② 저온에서는 살균효과가 떨어진다.
③ 금속기구 소독에 부적합하다.
④ 포자 및 바이러스에 효과적이다.

답 ④

해 • 석탄산 작용기전은 단백질의 변성이며 안전성이 강하고 화학변화가 적고 자극성이 있는 것으로 거의 모든 균에 효과적이다.
• 저온에서는 살균력이 떨어진다.
• 오염의류, 침구커버, 브러쉬, 싱크대 바닥 등에 사용한다.

11 **자비 소독법시 일반적으로 사용하는 물의 온도와 시간은?**

① 150℃에서 15분간
② 135℃에서 20분간
③ 100℃에서 20분간
④ 80℃에서 30분간

답 ③

해 자비소독법은 100℃ 끓는 물에 15~20분간 처리, 아포균은 완전히 소독되지 않는다. 식기류, 도자기류, 주사기, 의류소독에 적합하다.

12 **다음 중 이·미용실에서 사용하는 타월을 철저하게 소독하지 않았을 때 주로 발생할 수 있는 감염병은?**

① 장티푸스 ② 트라코마
③ 페스트 ④ 일본뇌염

답 ②

해 트라코마 병원체는 환자의 눈꼽으로 감염되므로 환자가 사용한 수건, 세면기, 침구등은 다른 손님들의 것과 엄격하게 구별하여 사용해야 하며 잠복기는 약 1주일이다.
- **장티푸스**: 살모넬라균
- **트라코마**: 클라미디아 트라코마티스
- **페스트**: 페스트간균
- **일본뇌염**: 일본뇌염바이러스

13 **소독용 승홍수의 희석 농도로 적합한 것은?**

① 10~20% ② 5~7%
③ 2~5% ④ 0.1~0.5%

답 ④

해 승홍수는 0.1% 농도의 수용액을 사용한다.

14 **세균증식에 가장 적합한 최적 수소이온 농도는?**

① pH 3.5~5.5 ② pH 6.0~8.0
③ pH 8.5~10 ④ pH 10.5~11.5

답 ②

해 세균이 잘 자라는 수소 이온농도는 pH 5.0~8.5 가 적당하다.

15 **피부의 면역에 관한 설명으로 옳은 것은?**

① 세포성 면역에는 보체, 항체 등이 있다.
② T 림프구는 항원전달세포에 해당한다.
③ B 림프구는 면역글로블린이라고 불리는 항체를 생성한다.
④ 표피에 존재하는 각질형성세포는 면역조절에 작용하지 않는다.

답 ③

해 B림프구는 항체를 생성하여 면역 역할을 수행한다.

16 **멜라노사이트(Melanocyte)가 주로 분포되어 있는 곳은?**

① 투명층 ② 과립층
③ 각질층 ④ 기저층

답 ④

해 기저층은 진피의 유두층으로부터 영양분을 공급받는 층으로 멜라닌 형성세포인 멜라노사이트가 분포되어 있다.

17 다음 중 자외선B(UV-B)의 파장 범위는?

① 100~190nm
② 200~280nm
③ 290~320nm
④ 330~400nm

답 ③

해 자외선B는 중파장이다.

UV-A(장파장)	320~400nm
UV-B(중파장)	290~320nm
UV-C(단파장)	200~290nm

18 다음 중 원발진(Primary Lesions)에 해당하는 피부질환은?

① 면포 ② 미란
③ 가피 ④ 반흔

답 ①

해 면포는 얼굴, 이마, 콧등에 나타나는 나사 모양의 굳어진 피지덩어리를 말한다.

원발진	반점, 홍반, 소수포, 수포, 팽진, 구진, 농포, 결절, 종양, 낭종, 면포
속발진	미란, 찰상, 인설, 가피, 균열, 위축, 궤양, 켈로이드, 태선화, 반흔

19 비타민에 대한 설명 중 틀린 것은?

① 비타민 A가 결핍되면 피부가 건조해지고 거칠어진다.
② 비타민 C는 교원질 형성에 중요한 역할을 한다.
③ 레티노이드는 비타민 A를 통칭하는 용어이다.
④ 비타민 A는 많은 양이 피부에서 합성된다.

답 ④

해 비타민 D는 자외선을 통해 많은 양이 피부에서 합성한다.

20 바이러스성 피부질환은?

① 모낭염 ② 절종
③ 용종 ④ 단순포진

답 ④

해 단순포진은 입술 주위에 주로 생기는 수포성 질환으로 재발이 잘 된다.

세균성 피부질환	농가진, 절종, 봉소염
바이러스성 피부질환	대상포진, 수두, 감염성연속증, 사마귀, 단순포진, 홍역
진균성 피부질환	족부백선, 조갑백선, 수부백선, 칸디다증

21 피부의 기능과 그 설명이 틀린 것은?

① 보호기능 - 피부표면의 산성막은 박테리아의 감염과 미생물의 침입으로부터 피부를 보호한다.
② 흡수기능 - 피부는 외부의 온도를 흡수, 감지한다.
③ 영양분교환기능 - 프로비타민 D가 자외선을 받으면 비타민 D로 전환된다.
④ 저장기능 - 진피조직은 신체 중 가장 큰 저장기관으로 각종 영양분과 수분을 보유하고 있다.

답 ④

해 피부는 영양물질을 에너지원으로 사용하고 남은 물질을 저장하는데, 특히 피하조직에 많이 저장된다.

22 공중위생관리법상 이·미용업자의 변경 신고사항에 해당되지 않는 것은?

① 업소의 소재지 변경
② 영업소의 명칭 또는 상호 변경
③ 대표자의 성명(법인의 경우에 한함)
④ 신고한 영업장 면적의 2분의 1이하의 변경

답 ④

해 신고한 영업장 면적의 3분의 1 이상의 증감시 변경 신고를 해야 한다.

23 과징금을 기한 내에 납부하지 아니한 경우에 이를 징수하는 방법은?

① 지방세 체납처분의 예에 의하여 징수
② 부가가치세 체납처분의 예에 의하여 징수
③ 법인세 체납처분의 예에 의하여 징수
④ 소득세 체납처분의 예에 의하여 징수

답 ①

해 기간내에 이의를 제기하지 아니하고 과태료를 납부하지 아니할 때에는 지방세 체납처분의 예에 의하여 이를 징수한다.

24 공중위생 영업소의 위생서비스 평가 계획을 수립하는 자는?

① 시·도지사 ② 안전행정부장관
③ 대통령 ④ 시장·군수·구청장

답 ①

해 시·도지사는 공중위생영업소의 위생관리 향상을 위해 위생서비스 평가계획을 수립하여 시장·군수·구청장에게 통보한다.

25 이·미용업 영업과 관련하여 과태료 부과 대상이 아닌 사람은?

① 위생관리 의무를 위반한 자
② 위생교육을 받지 않은 자
③ 무신고 영업자
④ 관계공무원 출입·검사 방해자

답 ③

해 **무신고 영업자는 벌칙(벌금부과) 대상자. 1년 이하의 징역 또는 1천만 원 이하의 벌금**
- **위생관리 의무를 위반한자**: 50만원 과태료
- **위생교육을 받지 않은 자**: 20만원 과태료
- **관계공무원 출입·검사 방해자**: 100만원 과태료

26 이·미용 업소 내에 게시하지 않아도 되는 것은?

① 이·미용업 신고증
② 개설자의 면허증 원본
③ 근무자의 면허증 원본
④ 이·미용 요금표

답 ③

해 미용업신고증, 면허증원본, 미용요금표를 게시하지 아니하거나 업소내 조명도를 준수하지 아니한때 1차 경고 또는 개선명령, 2차 영업정지 5일, 3차 영업정지 10일, 4차 영업장 폐쇄명령이 내려진다.

27 다음 중 이·미용사 면허를 받을 수 없는 자는?

① 교육부장관이 인정하는 고등기술학교에서 6개월 이상 이·미용에 관한 소정의 과정을 이수한 자
② 전문대학에서 이·미용에 관한 학과를 졸업한 자
③ 국가기술자격법에 의한 이·미용사의 자격을 취득한 자
④ 고등학교에서 이·미용에 관한 학과를 졸업한 자

답 ①

해 고등학교 또는 이와 동등의 학력이 있다고 교육부장관이 인정하는 학교에서 미용에 관한 학과를 졸업한 자

28 다음 중 공중위생감시원을 두는 곳을 모두 고른 것은?

〈보기〉

㉠ 특별시 ㉡ 광역시
㉢ 도 ㉣ 군

① ㉡, ㉢
② ㉠, ㉢
③ ㉠, ㉡, ㉢
④ ㉠, ㉡, ㉢, ㉣

답 ④

해 관계 공무원의 업무를 행하게 하기 위하여 특별시·광역시·도 및 시·군·구에 공중위생감시원을 둔다.

29 피부표면에 물리적인 장벽을 만들어 자외선을 반사하고 분산하는 자외선 차단 성분은?

① 옥틸메톡시신나메이트
② 파라아미노안식향산(PABA)
③ 이산화티탄
④ 벤조페논

답 ③

해 • **자외선 차단제의 성분**: 산화아연, 이산화티탄, 티타늄디옥사이드, 징크옥사이드, 카오린 등이다.
• ①, ②, ④ 자외선흡수제의 성분이다.

30 다량의 유성 성분을 물에 일정기간동안 안정한 상태로 균일하게 혼합시키는 화장품 제조기술은?

① 유화 ② 경화
③ 분산 ④ 가용화

답 ①

해 • **유화**: 물에 오일 성분이 계면활성제에 의해 우유빛으로 불투명하게 섞인 상태의 제품을 말한다(유화의 형태 O/W형 에멀전, W/O형 에멀전).
• **분산**: 물 또는 오일 성분에 미세한 고체 입자가 계면활성제에 의해 균일하게 혼합된 상태의 제품이다(립스틱).
• **가용화**: 물과 물에 녹지 않는 소량의 오일성분이 계면활성제에 의해 투명하게 용해된 상태의 제품이다(화장수, 네일에나멜).

31 **화장품의 원료로서 알코올의 작용에 대한 설명으로 틀린 것은?**

① 다른 물질과 혼합해서 그것을 녹이는 성질이 있다.
② 소독작용이 있어 화장수, 양모제 등에 사용한다.
③ 흡수작용이 강하기 때문에 건조의 목적으로 사용한다.
④ 피부에 자극을 줄 수도 있다.

답 ③

해 알코올은 흡수작용이 강한 것이 아니라 휘발성이 강하다.

32 **기초 화장품을 사용하는 목적이 아닌 것은?**

① 세안　② 피부정돈
③ 피부보호　④ 피부결점 보완

답 ④

해 기초 화장품의 사용목적은 피부청결, 피부정돈, 피부보호, 피부영양 공급이며, 피부결점 보완은 메이크업 화장품 사용목적이다.

33 **네일 에나멜(nail enamel)에 대한 설명으로 틀린 것은?**

① 손톱에 광택을 부여하고 아름답게 할 목적으로 사용되는 화장품이다.
② 피막 형성제로 톨루엔이 함유되어 있다.
③ 대부분 니트로셀룰로오스를 주성분으로 한다.
④ 안료가 배합되어 손톱에 아름다운 색채를 부여하기 때문에 네일 컬러(nail color)라고도 한다.

답 ②

해 피막 형성제의 성분인 니트로셀룰로오스는 건조 되었을 때 폴리시를 단단하고 광이나게 만들어준다.

34 **다음 중 화장품의 4대 요건이 아닌 것은?**

① 안전성　② 안정성
③ 유효성　④ 기능성

답 ④

해 화장품의 4대 요건은 안전성, 안정성, 사용성, 유효성이다.

35 **다음 중 햇빛에 노출했을 때 색소침착의 우려가 있어 사용 시 유의해야 하는 에센셜 오일은?**

① 라벤더　② 티트리
③ 제라늄　④ 레몬

답 ④

해 열매에서 나오는 과즙은 햇빛에 노출했을 때 색소침착의 우려가 있다.

라벤더(꽃잎), **티트리**(잎), **제라늄**(잎), **레몬**(열매)

36 **신경조직과 관련된 설명으로 옳은 것은?**

① 말초신경은 외부나 체내에 가해진 자극에 의해 감각기에 발생한 신경흥분을 중추신경에 전달한다.
② 중추신경계의 체성신경은 12쌍의 뇌신경과 31쌍의 척수 신경으로 이루어져 있다.
③ 중추신경계는 뇌신경, 척수 신경 및 자율신경으로 구성된다.
④ 말초신경은 교감신경과 부교감신경으로 구성된다.

답 ①

해
- 중추신경계는 12쌍의 대뇌신경과 31쌍의 척추신경으로 이루어져 있다.
- 말초신경계는 뇌신경, 척수신경 및 자율신경으로 구성된다.
- 말초신경은 교감신경계라고 한다.

37 **하이포니키움(하조피)에 대한 설명으로 옳은 것은?**

① 네일 매트릭스를 병원균으로부터 보호한다.
② 손톱아래 살과 연결된 끝부분으로 박테리아의 침입을 막아준다.
③ 손톱 측면의 피부로 네일 베드와 연결된다.
④ 매트릭스 윗부분으로 손톱을 성장시킨다.

답 ②

해 하이포니키움은 네일의 가장 끝쪽에 위치하며 네일 플레이트와 네일베드를 연결해주는 곳이며, 바이러스가 네일베드에 침투하는 것을 막아준다.

38 **손톱의 생리적인 특성에 대한 설명으로 틀린 것은?**

① 일반적으로 1일 평균 0.1mm~0.15mm정도 자란다.
② 손톱의 성장은 조소피의 조직이 경화되면서 오래된 세포를 밀어내는 현상이다.
③ 손톱의 본체는 각질층이 변형된 것으로 얇은 층이 겹으로 이루어져 단단한 층을 이루고 있다.
④ 주로 경단백질인 케라틴과 이를 조성하는 아미노산 등으로 구성되어 있다.

답 ②

해 손톱의 성장은 케라틴 조직이 경화되면서 오래된 세포를 밀어내는 현상이다.

39 **손톱의 구조에 대한 설명으로 옳은 것은?**

① 매트릭스(조모):손톱의 성장이 진행되는 곳으로 이상이 생기면 손톱의 변형을 가져온다.
② 네일베드(조상):손톱의 끝부분에 해당되며 손톱의 모양을 만들 수 있다.
③ 루눌라(반월):매트릭스와 네일 베드가 만나는 부분으로 미생물 침입을 막는다.
④ 네일바디(조체):손톱 측면으로 손톱과 피부를 밀착 시킨다.

답 ①

해
- **네일베드(조상)**:네일 바디를 받치고 있는 손톱 밑 부분을 말한다.
- **루눌라(반월)**:미생물의 침입을 막지는 않는다.
- **네일바디(조체)**:손톱의 몸체 부분으로 손톱 자체를 말한다.

40 **네일의 길이와 모양을 자유롭게 조절할 수 있는 것은?**

① 프리에지(자유연)
② 네일 그루브(조구)
③ 네일 폴드(조주름)
④ 에포니키움(조상피)

답 ①

해
- **네일 그루브(조구)**:양쪽 끝의 오목한 부분을 따라서 자라도록 되어 있는 부분
- **네일 폴드(조주름)**:조근이 묻혀 있는 손톱 베이스에 주름처럼 깊게 접혀 있는 부분
- **에포니키움(조상피)**:네일 플레이트가 피부로 들어가기 시작하는 부분

41 고객을 위한 네일 미용인의 자세가 아닌 것은?

① 고객의 경제 상태 파악
② 고객의 네일 상태 파악
③ 선택 가능한 시술방법 설명
④ 선택 가능한 관리방법 설명

답 ①

해 고객의 경제 상태는 개인문제임으로 네일 미용인이 파악하고 있을 필요는 없다.

42 큐티클이 과잉 성장하여 손톱위로 자라는 질병은?

① 표피조막(테리지움)
② 교조증(오니코파지)
③ 조갑비대증(오니콕시스)
④ 고랑 파진 손톱(휘로우 네일)

답 ①

해 **테리지움은 큐티클의 과잉성장으로 네일판을 덮는 현상을 말한다.**
- **교조증(오니코파지)**: 물어뜯긴 손톱
- **조갑비대증(오니콕시스)**: 두께 과다 성장 손톱
- **고랑 파진 손톱(휘로우 네일)**: 가로주름 손톱

43 변색된 손톱(discolored nails)의 특성이 아닌 것은?

① 네일 바디에 퍼런 멍이 반점처럼 나타난다.
② 혈액순환이나 심장이 좋지 못한 상태에서 나타날 수 있다.
③ 베이스 코트를 바르지 않고 유색 네일 폴리시를 바를 경우 나타날 수 있다.
④ 손톱의 색상이 청색, 황색, 검푸른색, 자색 등으로 나타난다.

답 ②

해 변색된 손톱은 손톱이 전체적으로 황색, 청색, 검푸른색, 자색 등으로 변하는 현상을 말한다.

44 건강한 손톱의 특성이 아닌 것은?

① 매끄럽고 광택이 나며 반투명한 핑크빛을 띤다.
② 약 8~12%의 수분을 함유하고 있다.
③ 모양이 고르고 표면이 균일하다.
④ 탄력이 있고 단단하다.

답 ②

해 건강한 손톱은 12~18% 수분의 함유를 하고 있어야 한다.

45 둘째~다섯째 손가락에 작용을 하며 손허리뼈의 사이를 메워주는 손의 근육은?

① 벌레근(충양근)
② 뒤침근(회의근)
③ 손가락폄근(지신근)
④ 엄지맞섬근(무지대립근)

답 ①

해
- **뒤침근**: 주관절의 신전에 관여
- **손가락폄근**: 아래팔 뒤쪽의 가운데 있는 근육으로 둘째~넷째 손가락의 신전에 관여
- **엄지맞섬근**: 엄지손가락의 대립에 관여

46 젤 램프기기와 관련한 설명으로 틀린 것은?

① LED 램프는 400~700nm 정도의 파장을 사용한다.
② UV램프는 UV-A 파장 정도를 사용한다.
③ 젤 네일에 사용되는 광선은 자외선과 적외선이다.
④ 젤 네일의 광택이 떨어지거나 경화속도가 떨어지면 램프를 교체함이 바람직하다.

답 ③

해 젤네일에 사용되는 광선은 자외선과 가시광선이다.

47 매니큐어의 어원으로 손을 지칭하는 라틴어는?

① 페디스(Pedis)
② 마누스(Manus)
③ 큐라(Cura)
④ 매니스(Manis)

답 ②

해 '마누스(Manus)-손', '큐라(Cura)-치료하다' 라는 의미의 합성어이다.

48 손톱의 특징에 대한 설명으로 틀린 것은?

① 네일바디와 네일루트는 산소를 필요로 한다.
② 지각 신경이 집중되어 있는 반투명의 각질판이다.
③ 손톱의 경도는 함유된 수분의 함량이나 각질의 조성에 따라 다르다.
④ 네일베드의 모세혈관으로부터 산소를 공급받는다.

답 ①

해 네일바디는 플레이트와 네일베드를 말하며 플레이트에는 지각신경 조직과 모세혈관이 없어 산소를 필요로 하지 않는다.

49 네일관리의 유래와 역사에 대한 설명으로 틀린 것은?

① 중국에서는 네일에도 연지를 발라 '조홍'이라 하였다.
② 기원전 시대에는 관목이나 음식물, 식물 등에서 색상을 추출하였다.
③ 고대 이집트에서는 왕족은 짙은색으로 낮은 계층의 사람들은 옅은 색만을 사용하게 하였다.
④ 중세시대에는 금색이나 은색 또는 검정이나 흑적색 등의 색상으로 특권층의 신분을 표시했다.

답 ④

해 귀족들이 금색과 은색을 사용한 것은 BC 6000년경의 일이다.

50 몸쪽 손목뼈(근위 수근골)가 아닌 것은?

① 손배뼈(주상골)
② 알머리뼈(유두골)
③ 세모뼈(삼각골)
④ 콩알뼈(두상골)

답 ②

해
- **몸쪽 손목뼈**: 주상골(손배뼈), 월상골(반달뼈), 삼가골(세모뼈), 두상골(콩알뼈)
- **손가락쪽 손목뼈**: 유두골(알머리뼈), 유구골(갈고리뼈), 대능형골(큰마름뼈), 소능형골(작은마름뼈)

51 **파고드는 발톱을 예방하기 위한 발톱 모양으로 적합한 것은?**

① 라운드형 ② 스퀘어형
③ 포인트형 ④ 오발형

답 ②

해
- **라운드형** : 손톱이 짧은 경우나 남성 경우
- **스퀘어형** : 대회용이나 발톱모양
- **포인트형** : 개성이 강한 사람
- **오발형** : 여성스럽고 자연스러운 모양

52 **매니큐어 시술에 관한 설명으로 옳은 것은?**

① 손톱모양을 만들 때 양쪽 방향으로 파일링 한다.
② 큐티클은 상조피 바로 밑 부분까지 깨끗하게 제거한다.
③ 네일 폴리시를 바르기 전에 유분기는 깨끗하게 제거 한다.
④ 자연 네일이 약한 고객은 네일 컬러링 후 탑 코트(Top coat)를 2회 바른다.

답 ③

해
- 파일링은 한쪽 방향으로 해야한다.
- 큐티클이나 상조피는 완전 제거하지 않는 것이 좋다.
- 네일 컬러링 바르기 전에 베이스코트나 영양제를 바른후 컬러링을 한다.

53 **아크릴릭 네일의 시술과 보수에 관련한 내용으로 <u>틀린</u> 것은?**

① 공기방울이 생긴 인조 네일은 촉촉하게 젖은 브러시의 사용으로 인해 나타날 수 있는 현상이다.
② 노랗게 변색되는 인조 네일은 제품과 시술하는 과정에서 발생한 것으로 보수를 해야 한다.
③ 적절한 온도 이하에서 시술 했을 경우 인조 네일에 금이 가거나 깨지는 현상이 나타날 수 있다.
④ 기존에 시술되어진 인조 네일과 새로 자라나온 자연 네일을 자연스럽게 연결해 주어야 한다.

답 ①

해 리퀴드 양이 적거나 붓터치를 많이 할 경우에 인조네일에 공기방울이 생기기도 한다.

54 **자연 네일의 형태 및 특성에 따른 네일 팁 적용 방법으로 옳은 것은?**

① 넓적한 손톱에는 끝이 좁아지는 내로우 팁을 적용한다.
② 아래로 향한 손톱(Claw Nail)에는 커브 팁을 적용한다.
③ 위로 솟아 오른 손톱(Spoon Nail)에는 옆선에 커브가 없는 팁을 적용한다.
④ 물어뜯는 손톱에는 팁을 적용할 수 없다.

답 ①

해 ② 팁을 붙힐 때 들어서 붙힌다.
③ 커브팁으로 커버한다.
④ 물어뜯는 손톱에 팁을 적용해 습관을 고칠수 있다.

55 그라데이션 기법의 컬러링에 대한 설명으로 틀린 것은?

① 색상 사용의 제한이 없다.
② 스폰지를 사용하여 시술할 수 있다.
③ UV 젤의 적용 시에도 활용할 수 있다.
④ 일반적으로 큐티클 부분으로 갈수록 컬러링 색상이 자연스럽게 진해지는 기법이다.

답 ④

해 그라데이션은 큐티클 부분으로 갈수록 컬러링 색상이 자연스럽게 연해지는 기법이다.

56 아크릴릭 네일 재료인 프라이머에 대한 설명으로 틀린 것은?

① 손톱 표면의 유·수분을 제거해 주고 건조시켜 주어 아크릴의 접착력을 강하게 해준다.
② 산성 제품으로 피부에 화상을 입힐 수 있으므로 최소량만을 사용한다.
③ 인조 네일 전체에 사용하며 방부제 역할을 해준다.
④ 손톱 표면의 pH밸런스를 맞춰준다.

답 ③

해 프라이머는 손톱 표면의 유·수분을 제거하고 아크릴의 접착력을 높여주는 제품으로 자연네일(손톱)에만 바른다.

57 손톱의 프리에지 부분을 유색 폴리시로 칠해주는 컬러링 테크닉은?

① 프렌치 매니큐어(French Manicure)
② 핫오일 매니큐어(Hot oil Manicure)
③ 레귤러 매니큐어(Regular Manicure)
④ 파라핀 매니큐어(Paraffin Manicure)

답 ①

58 오렌지 우드스틱의 사용 용도로 적합하지 않은 것은?

① 큐티클을 밀어 올릴 때
② 폴리시의 여분을 닦아 낼 때
③ 네일 주위의 굳은살을 정리할 때
④ 네일 주위의 이물질을 제거할 때

답 ③

해 니퍼는 큐티클이나 거스러미, 네일 주위의 굳은살을 정리할 때 사용된다.

59 투톤 아크릴 스컬프쳐의 시술에 대한 설명으로 틀린 것은?

① 프렌치 스컬프쳐(French Sculpture)라고도 한다.
② 화이트 파우더 특성상 프리에지가 퍼져 보일 수 있으므로 핀칭에 유의해야 한다.
③ 스트레스 포인트에 화이트가 얇게 시술되면 떨어지기 쉬우므로 주의한다.
④ 스퀘어 모양을 잡기 위해 파일은 30° 정도 살짝 기울여 파일링 한다.

답 ④

해 스퀘어 모양을 잡기 위해 파일은 직각으로 세워 파일링 한다.

60 젤 네일에 대한 설명으로 틀린 것은?

① 아크릴릭에 비해 강한 냄새가 없다.
② 일반 네일 폴리시에 비해 광택이 오래 지속 된다.
③ 소프트 젤(Soft Gel)은 아세톤에 녹지 않는다.
④ 젤 네일은 하드 젤(Hard Gel)과 소프트 젤(Soft Gel)로 구분 된다.

답 ③

해 하드젤은 아세톤에 녹지 않고 소프트 젤은 아세톤에 녹는다.

제3회 실전 기출 문제

01 **세계보건기구에서 정의하는 보건행정의 범위에 속하지 않는 것은?**

① 산업행정　　② 모자보건
③ 환경위생　　④ 감염병관리

답 ①

해 WHO에서 보건행정의 범위 : 환경위생, 감염병관리, 모자보건, 보건간호, 대중에 의한 보건교육, 보건관계 기록의 보존, 의료

02 **질병발생의 3대 요소는?**

① 숙주, 환경, 병명　　② 병인, 숙주, 환경
③ 숙주, 체력, 환경　　④ 감정, 체력, 숙주

답 ②

해 질병3대요소는 숙주(감수성), 병인(감염원), 환경(감염경로)이다.

03 **상수(上水)에서 대장균 검출의 주된 의의는?**

① 소독상태가 불량하다.
② 환경위생 상태가 불량하다.
③ 오염의 지표가 된다.
④ 전염병 발생의 우려가 있다.

답 ③

해 미생물이나 분변에 오염된 것으로 검출 방법이 간단하고 정확해 수질의 오염의 지표로 사용된다.

04 **결핵 예방접종으로 사용하는 것은?**

① DPT　　② MMR
③ PPD　　④ BCG

답 ④

해 감염병 중 가장 많이 걸리는 질병으로 생후 4주 이내에 BCG 예방접종을 한다.

05 **폐흡충 감염이 발생할 수 있는 경우는?**

① 가재를 생식했을 때
② 우렁이를 생식했을 때
③ 은어를 생식했을 때
④ 소고기를 생식했을 때

답 ①

해
- 간흡충 - 우렁이, 피라미, 잉어, 붕어 등 민물고기
- 폐흡충 - 다슬기, 가재, 게
- 요꼬가와흡충 - 다슬기, 은어, 잉어, 연어 등 담수어
- 무구조충 - 소고기
- 유구조충 - 돼지고기

06 **한 나라의 건강수준을 다른 국가들과 비교할 수 있는 지표로 세계보건기구가 제시한 것은?**

① 인구증가율, 평균수명, 비례사망지수
② 비례사망지수, 조사망율, 평균수명
③ 평균수명, 조사망율, 국민소득
④ 의료시설, 평균수명, 주거상태

답 ②

해 세계 보건기구의 국가간, 지역간, 건강수준 비교 지표는 비례사망자지수, 평균수명, 조사망률이다.

07 장티푸스, 결핵, 파상풍 등의 예방접종으로 얻어지는 면역은?

① 인공 능동면역 ② 인공 수동면역
③ 자연 능동면역 ④ 자연 수동면역

답 ①

해
- **자연능동면역** : 각종 질환 후 형성되는 면역
- **자연수동면역** : 모체로부터 태반이나 수유를 통해서 얻는 면역
- **인공능동면역** : 예방접종에 의해 형성된 면역
- **인공수동면역** : 면역 활성물질을 투입

08 계면활성제 중 가장 살균력이 강한 것은?

① 음이온성 ② 양이온성
③ 비이온성 ④ 양쪽이온성

답 ②

해
- 음이온성 - 살균성이 낮다(보통비누).
- 양이온성 - 냄새가 없고 세정력은 거의 없으나 살균력이 강하다(역성비누).
- 양성이온성 - 세정력이 좋으며 냄새 제거 및 세척제로 사용

09 미생물의 증식을 억제하는 영양의 고갈과 건조 등이 불리한 환경 속에서 생존하기 위하여 세균이 생성하는 것은?

① 아포 ② 협막
③ 세포벽 ④ 점질층

답 ①

해 아포는 식물의 무성생식세포의 일종으로 그 세포가 발달하여 개체를 형성한다.

10 물리적 소독법에 속하지 않는 것은?

① 건열 멸균법 ② 고압증기 멸균법
③ 크레졸 소독법 ④ 자비 소독법

답 ③

해 **크레졸은 화학적 소독법이다.**
물리적소독법 - 건열멸균법, 화염멸균법, 소각소독법, 자비소고법, 저온살균법, 고압증기멸균법, 유통증기멸균법, 가헐멸균법, 자외선살균법, 여과멸균법, 초음파멸균법, 방사선 살균법, 일광소독법

11 소독제인 석탄산의 단점이라 할 수 없는 것은?

① 유기물 접촉 시 소독력이 약화된다.
② 피부에 자극성이 있다.
③ 금속에 부식성이 있다.
④ 독성과 취기가 강하다.

답 ①

해 **석탄산(페놀)의 특징**
- 넓은 지역의 방역용 소독제로 사용된다.
- 샴푸하는 싱크대, 바닥, 화장실, 고무제품, 의류 등의 소독에 적합하다.
- 안정성이 높고 화학적 변화가 적다.
- 고온일수록 소독력이 우수
- 유기물에 약화되지 않는다.

12 소독제의 구비조건에 해당하지 않는 것은?

① 높은 살균력을 가질 것
② 인체에 해가 없을 것
③ 저렴하고 구입과 사용이 간편할 것
④ 용해성이 낮을 것

답 ④

해 소독제는 인체에 무해, 약품에 변질이 없어야 하며 소독방법이 간편해야한다. 소독효과가 확실하고 소독시간이 짧아야 한다.

13 **미생물의 종류에 해당하지 않는 것은?**

① 벼룩 ② 효모
③ 곰팡이 ④ 세균

답 ①

해 미생물은 세균, 바이러스, 리케차, 진균, 조류, 원생동물 등이며, 벼룩은 병원체(소)로서 절족동물이다.

14 **재질에 관계 없이 빗이나 브러시 등의 소독방법으로 가장 적합한 것은?**

① 70% 알코올 솜으로 닦는다.
② 고압증기멸균기에 넣어 소독한다.
③ 락스액에 담근 후 씻어낸다.
④ 세제를 풀어 세척한 후 자외선 소독기에 넣는다.

답 ④

해 열에 의한 소독이 부적당하며, 역성비누액을 묻혀 닦은 다음에 자외선 소독기에 넣어 소독한다.

15 **표피와 진피의 경계선의 형태는?**

① 직선 ② 사선
③ 물결상 ④ 점선

답 ③

해 표피와 진피의 경계는 기저막대로 이루어지며 파도모양으로 되어있다.

16 **건강한 피부를 유지하기 위한 방법이 아닌 것은?**

① 적당한 수분을 항상 유지해 주어야 한다.
② 두꺼운 각질층은 제거해 주어야 한다.
③ 일광욕을 많이 해야 건강한 피부가 된다.
④ 충분한 수면과 영양을 공급해 주어야 한다.

답 ③

해 자외선에 노출시 피부표면이 거칠어지고 단단해지며 건조해지고 피부의 탄력저하 및 주름이 생성된다.

17 **다음 중 영양소와 그 최종 분해로 연결이 옳은 것은?**

① 탄수화물 - 지방산 ② 단백질 - 아미노산
③ 지방 - 포도당 ④ 비타민 - 미네랄

답 ②

해
- **탄수화물** : 포도당
- **지방** : 지방산, 글리세린
- **비타민** : 수용성비타민, 지용성비타민

18 **자외선 차단지수의 설명으로 옳지 않은 것은?**

① SPF라 한다.
② SPF1 이란 대략 1시간을 의미한다.
③ 자외선의 강약에 따라 차단제의 효과시간이 변한다.
④ 색소침착부위에는 가능하면 1년 내내 차단제를 사용하는 것이 좋다.

답 ②

해 SPF1이란 대략 10~17분 시간을 의미한다.

19 백반증에 관한 내용 중 틀린 것은?

① 멜라닌 세포의 과다한 증식으로 일어난다.
② 백색반점이 피부에 나타난다.
③ 후천적 탈색소 질환이다.
④ 원형, 타원형 또는 부정형의 흰색반점이 나타난다.

답 ①

해 • **백반증**: 후천적으로 발생하는 저색소 침착질환으로 멜라닌 세포의 결핍으로 인하여 나타난다.
• **백색증**: 선천적으로 멜라닌 색소의 결핍으로 나타나는 질환이다.

20 기계적 손상에 의한 피부질환이 아닌 것은?

① 굳은살 ② 티눈
③ 종양 ④ 욕창

답 ③

해 • 종양은 1차적 피부질환인 원발진에 속한다.
• 기계적 손상 - 굳은살, 티눈, 욕창

21 사람의 피부 표면은 주로 어떤 형태인가?

① 삼각 또는 마름모꼴의 다각형
② 삼각 또는 사각형
③ 삼각 또는 오각형
④ 사각 또는 오각형

답 ①

해 각질층은 라멜라 구조를 이루며 피부표면은 삼각 또는 마름모꼴 다각형형태이다.

22 이·미용업 영업신고를 하지 않고 영업을 한 자에 해당하는 벌칙기준은?

① 6월 이하의 징역 또는 100만원 이하의 벌금
② 6월 이하의 징역 또는 300만원 이하의 벌금
③ 1년 이하의 징역 또는 500만원 이하의 벌금
④ 1년 이하의 징역 또는 1천만원 이하의 벌금

답 ④

해 1년 이하의 징역 또는 1천만원 이하의 벌금형
• 영업신고를 하지 않은 자
• 영업정지명령 또는 일부 시설의 사용 중지명령을 받고도 그 기간중에 영업을 하거나 그 시설을 사용한 자
• 영업소 폐쇄명령을 받고도 계속하여 영업하는 자

23 공중위생관리법상 위생교육에 관한 설명으로 틀린 것은?

① 위생교육은 교육부장관이 허가한 단체가 실시할 수 있다.
② 공중위생영업의 신고를 하고자 하는 자는 원칙적으로 미리 위생교육을 받아야 한다.
③ 공중위생영업자는 매년 위생교육을 받아야 한다.
④ 위생교육을 받아야 하는 자 중 영업에 직접 종사하지 아니하거나 2 이상의 장소에서 영업을 하는 자는 종업원 중 영업장별로 공중위생에 관한 책임자를 지정하고 그 책임자로 하여금 위생교육을 받게 하여야 한다.

답 ①

해 위생교육은 보건복지부 장관이 허가한 단체가 실시한다.

24 과태료처분에 불복이 있는 자는 그 처분의 고지를 받은 날부터 얼마의 기간 이내에 처분권자에게 이의를 제기 할 수 있는가?

① 10일 ② 20일
③ 30일 ④ 3개월

답 ③

해 그 처분의 고지를 받은 날부터 30일 이내에 처분권자에게 이의를 제기할수 있다.

25 이·미용업자는 신고한 영업장 면적을 얼마 이상 증감하였을 때 변경신고를 하여야 하는가?

① 5분의 1 ② 4분의 1
③ 3분의 1 ④ 2분의 1

답 ③

해 신고한 영업장 면적의 3분의 1이상의 증감시 변경신고를 해야한다.

26 공중위생영업자가 영업소 폐쇄명령을 받고도 계속하여 영업을 하는 때에 대한 조치사항으로 옳은 것은?

① 당해 영업소가 위법한 영업소임을 알리는 게시물 등의 부착
② 당해 영업소의 출입자 통제
③ 당해 영업소의 출입금지구역 설정
④ 당해 영업소의 강제 폐쇄집행

답 ①

해 영업소 폐쇄명령을 받고도 계속하여 영업을 하는 때에는 당해 영업소의 간판, 기타 영업 표지물을 제거하고 영업을 위하여 필수 불가결한 기구 또는 시설물을 사용할 수 없게 봉인 한다.

27 공중위생관리법상 이.미용업 영업장안의 조명도는 얼마 이상이어야 하는가?

① 50룩스 ② 75룩스
③ 100룩스 ④ 125룩스

답 ②

해 영업장안의 조명도는 75룩스 이상이 되도록 유지되도록 한다.

28 다음 중 이·미용사면허를 발급할 수 있는 사람만으로 짝지어진 것은?

〈보기〉
㉠ 특별.광역시장 ㉡ 도지사
㉢ 시장 ㉣ 구청장 ㉤군수

① ㉠, ㉡ ② ㉠, ㉡, ㉢
③ ㉠, ㉡, ㉢, ㉣ ④ ㉢, ㉣, ㉤

답 ④

해 면허신청서를 시장, 군수, 구청장에게 제출하여 면허를 발급 받는다.

29 일반적으로 많이 사용하고 있는 화장수의 알코올 함유량은?

① 70% 전후 ② 10% 전후
③ 30% 전후 ④ 50% 전후

답 ②

해
- 알코올은 친유성과 친수성을 동시에 가지고 있어 피부에 청량감과 탈지효과, 가벼운 수렴효과를 준다. 배합량이 높아지면 살균, 소독작용이 나타난다.
- 일반적으로 무알코올 화장수는 0~4%, 유연화장수는 4~10%, 수렴화장수는 16~22%로의 알코올 함유량을 가지고 있다.

30 화장품의 분류에 관한 설명 중 틀린 것은?

① 샴푸, 헤어린스는 모발용 화장품에 속한다.
② 팩, 마사지 크림은 스페셜 화장품에 속한다.
③ 퍼퓸(perfume), 오데코롱(eau de Cologne)은 방향 화장품에 속한다.
④ 자외선 차단제나 태닝제품은 기능성 화장품에 속한다.

답 ②

해 팩, 마사지 크림은 기초 화장품에 속한다.

31 AHA에 대한 설명으로 옳은 것은?

① 물리적으로 각질을 제거하는 기능을 한다.
② 글리콜산은 사탕수수에 함유된 것으로 침투력이좋다.
③ pH3.5이상에서 15% 농도가 각질제거의 가장 효과적이다.
④ AHA보다 안전성은 떨어지나 효과가 좋은 BHA가 많이 사용된다.

답 ②

해
- AHA는 5가지 과일산으로 이루어져 있으며 수용성을 띤다.
- 각질제거, 피부재생 효과가 뛰어나며 AHA의 농도는 pH3.5이상에서 10%이하로 사용된다.

32 손을 대상으로 하는 제품 중 알콜을 주 베이스로 하며, 청결 및 소독을 주된 목적으로 하는 제품은?

① 핸드워시(hand wash)
② 새니타이저(sanitizer)
③ 비누(soap)
④ 핸드크림(hand cream)

답 ②

해 새니타이저(sanitizer)는 살균제로 손세정제로 사용된다.

33 피부의 미백을 돕는데 사용되는 화장품 성분이 아닌 것은?

① 플라센타, 비타민C
② 레몬추출물, 감초추출물
③ 코직산, 구연산
④ 캄퍼, 카모마일

답 ④

해 캄퍼는 살균작용, 카모마일은 진정작업을 돕는 성분이다.

34 라벤더 에센셜 오일의 효능에 대한 설명으로 가장 거리가 먼 것은?

① 재생작용　② 화상치유작용
③ 이완작용　④ 모유생성작용

답 ④

해 라벤더 에센셜 오일은 세포의 성장 촉진, 피지 분비 균형, 진정, 회상 상처 치유 등에 효과가 있다.

35 SPF에 대한 설명으로 틀린 것은?

① Sun Protection Factor의 약자로써 자외선 차단지수라 불리어진다.
② 엄밀히 말하면 UV-B 방어효과를 나타내는 지수라고 볼 수 있다.
③ 오존층으로부터 자외선이 차단되는 정도를 알아보기 위한 목적으로 이용된다.
④ 자외선 차단제를 바른 피부에 최소한의 홍반을 일어나게 하는데 필요한 자외선 양을 바르지 않은 피부에 최소한의 홍반을 일어나게 하는데 필요한 자외선 양으로 나눈 값이다.

답 ③

해 SPF는 자외선 차단제품을 사용했을 때 피부가 보호되는 정도를 나타낸 지수를 말한다.

36 **마누스(Manus)와 큐라(Cura)라는 말에서 유래된 용어는?**

① 네일팁(Nail Tip)
② 매니큐어(Manicure)
③ 페디큐어(Pedicure)
④ 아크릴릭(Acrylic)

답 ②

해 매니큐어는 마누스(Manus)는 손, 큐라(Cura)는 손질, 치료에서 유래되었다.

37 **손목을 굽히고 손가락을 구부리는데 작용하는 근육은?**

① 회내근 ② 회외근
③ 장근 ④ 굴근

답 ④

해 • **회내근**: 손을 안쪽으로 회전하게 하는 근육
• **회외근**: 손바닥을 위로 향하게 하는 근육
• **굴근**: 손목을 구부리고 손가락을 굽히는 근육

38 **네일 역사의 대한 설명으로 잘못 연결된 것은?**

① 1930년대 - 인조네일 개발
② 1950년대 - 페디큐어 등장
③ 1970년대 - 아몬드형 네일 유행
④ 1990년대 - 네일시장의 급성장

답 ③

해 • 1970년대는 스퀘어 형태의 네일이 유행하였다.
• 아몬드형 네일의 유행은 1800년대이다.

39 **에포니키움과 관련한 설명으로 틀린 것은?**

① 네일 메트릭스를 보호한다.
② 에포니키움 위에는 큐티클이 존재한다.
③ 에포니키움 아래편은 끈적한 형질로 되어 있다.
④ 에포니키움의 부상은 영구적인 손상을 초래한다.

답 ②

해 에포니키움은 큐티클 위에 존재하는 손톱을 덮고 있는 얇은 피부부분으로 몸쪽 손톱주름과 손톱판 사이의 공간을 막는 역할을 하는 얇은 각질성 피부이다.

40 **자율 신경에 대한 설명으로 틀린 것은?**

① 복재신경 - 종아리 뒤 바깥쪽을 내려와 발 뒤꿈치의 바깥쪽 뒤에 분포
② 배측신경 - 발등에 분포
③ 요골신경 - 손등의 외측과 요골에 분포
④ 수지골신경 - 손가락에 분포

답 ①

해 **복재신경**: 다리의 내측부터 무릎 아래까지 분포한다.

41 **네일 샵에서 시술이 불가능한 손톱 병변에 해당하는 것은?**

① 조갑박리증(오니코리시스)
② 조갑위축증(오니케트로피아)
③ 조갑비대증(오니콕시스)
④ 조갑익상편(테리지움)

답 ①

해 조각박리증(오니콜리시스)은 네일이 배드에서 벌어지는 현상으로 시술이 불가능하다.

조갑위축증 (오니케트로피아)	손톱이 없어지는 현상	네일강화제를 사용하거나 인조네일로 보강
조갑비대증 (오니콕시스)	두께가 과다 성장하는 현상	파일로 두께를 제거하고 꽉 끼는 신발 자제
조갑익상편 (테리지움)	큐티클이 과잉 성장하는 현상	핫 오일 매니큐어 관리

42 **다음 중 손톱 밑의 구조에 포함되지 않는 것은?**

① 반월(루눌라) ② 조모(매트릭스)
③ 조근(네일 루트) ④ 조상(네일 베드)

답 ③

해
- **손톱 밑의 구조** : 네일베드, 매트릭스, 루눌라
- **손톱의 구조** : 네일플레이트, 네일베드, 네일폴드
- **손톱의 기본구조** : 네일루트, 네일플레이트, 프리에지

43 **손톱의 구조에 대한 설명으로 가장 거리가 먼 것은?**

① 네일 플레이트(조판)는 단단한 각질 구조물로 신경과 혈관이 없다.
② 네일 루트(조근)는 손톱이 자라나기 시작하는 곳이다.
③ 프리에지(자유연)는 손톱의 끝부분으로 네일베드와 분리되어 있다.
④ 네일 베드(조상)는 네일 플레이트(조판) 위에 위치하며 손톱의 신진대사를 돕는다.

답 ④

해 네일베드는 네일 플레이트 밑 부분으로 지각신경조직과 모세혈관이 있고 모세혈관은 네일이 핑크빛을 내도록 하는 역할을 한다.

44 **다음 중 고객관리카드의 작성 시 기록해야 할 내용과 가장 거리가 먼 것은?**

① 손발의 질병 및 이상증상
② 시술시 주의사항
③ 고객이 원하는 서비스의 종류 및 시술내용
④ 고객의 학력여부 및 가족사항

답 ④

해 고객관리카드에는 손발의 질병 및 이상증상, 시술시 주의사항, 고객이 원하는 서비스의 종류 및 시술내용 등을 기재한다.

45 **네일의 구조에서 모세혈관, 림프 및 신경조직이 있는 것은?**

① 매트릭스 ② 에포니키움
③ 큐티클 ④ 네일바디

답 ①

해 매트릭스에는 모세혈관, 림프, 신경조직 등이 있으며 손톱 부분에서 가장 민감한 부분이다.

46 **네일 큐티클에 대한 설명으로 옳은 것은?**

① 살아있는 각질 세포이다.
② 완전히 제거가 가능하다.
③ 네일 베드에서 자라나온다.
④ 손톱주위를 덮고 있다.

답 ④

해 큐티클(조표피)은 에포니키움의 각질화 과정에서 생성된 각질막으로 조모와 조체의 경계선에 있는 피부로서 손톱 주위를 덮고 있다.

47 **손과 발의 뼈구조에 대한 설명으로 틀린 것은?**

① 한 손은 손목뼈 8개, 손바닥뼈 5개, 손가락 뼈 14개로 총 27개의 뼈로 구성되어 있다.
② 한 발은 발목뼈 7개, 발바닥뼈 5개, 발가락뼈 14개로 총 26개의 뼈로 구성되어 있다.
③ 손목뼈는 손목을 구성하는 뼈로 8개의 작고 다른 뼈들이 두 줄로 손목에 위치하고 있다.
④ 발목뼈는 몸의 무게를 지탱하는 5개의 길고 가는 뼈로 체중을 지탱하기 위해 튼튼하고 길다.

답 ④

해 발의 뼈는 족근골(발목뼈), 중족골(발바닥), 지골(발가락)의 셋으로 구분되며 족근골(발목뼈)은 7개, 중족골(발바닥뼈) 5개는 가늘고 길며 각각 발가락에 이어져 있다.

48 **건강한 네일의 조건에 대한 설명으로 틀린 것은?**

① 건강한 네일은 유연하고 탄력성이 좋아서 튼튼하다.
② 건강한 네일은 네일베드에 단단히 잘 부착되어야 한다.
③ 건강한 네일은 연한 핑크빛을 띠며 내구력이 좋아야 한다.
④ 건강한 네일은 25~30%의 수분과 10%의 유분을 함유해야 한다.

답 ④

해 일반인의 손톱 수분량은 8~22%로 사람마다 다르지만, 건강한 손톱의 수분량은 12~18%이다.

49 **다음 중 네일 팁의 재질이 아닌 것은?**

① 아세테이트 ② 플라스틱
③ 아크릴 ④ 나일론

답 ③

해 팁의 재료는 아세테이트, 플라스틱, 나일론 등이다.

50 **다음은 조갑종렬증(오니코렉시스)의 관한 설명으로 옳은 것은?**

① 손톱의 색이 푸르스름하게 변하는 증상이다.
② 멜라닌 색소가 착색되어 일어나는 증상이다.
③ 손톱이 갈라지거나 부서지는 증상이다.
④ 큐티클이 과잉성장하여 네일 플레이트 위로 자라는 증상이다.

답 ③

해 조갑종렬증은 세로로 갈라지고 부러지며 골이 파지는 현상이다.
- **조갑청맥증**: 손톱의 색이 푸르스름하게 변하는 증상
- **테리지움**: 큐티클이 과잉성장

51 아크릴릭 네일의 제거 방법으로 가장 적합한 것은?

① 드릴머신으로 갈아준다.
② 솜에 아세톤을 적셔 호일로 감싸 30분 정도 불린 후 오렌지 우드스틱으로 밀어서 떼어준다.
③ 100그릿 파일로 파일링하여 제거한다.
④ 솜에 알코올을 적셔 호일로 감싸 30분 정도 불린 후 오렌지 우드스틱으로 밀어서 떼어준다.

답 ②

해 솜에 아세톤을 적셔 호일로 감싸 30분 정도 불린 후 푸셔나 오렌지 우드스틱으로 밀어서 떼어준다.

52 프렌치 컬러링에 대한 설명으로 옳은 것은?

① 옐로우 라인에 맞추어 완만한 U자 형태로 컬러링한다.
② 프리에지의 컬러링의 너비는 규격화되어 있다.
③ 프리에지의 컬러링 색상은 흰색으로 규정되어 있다.
④ 프리에지 부분만을 제외하고 컬러링한다.

답 ①

해
- 프렌치 컬러링은 너비에 따라 딥프렌치, 프렌치 등으로 나뉘며, 색상은 흰색 및 다양한 컬러를 사용할 수 있다.
- 프리에지 부분만을 제외하고 컬러링하는 방법은 프리에지 이다.

53 아크릴릭 시술에서 핀칭(Pinching)을 하는 주된 이유는?

① 리프팅(Lifting)방지에 도움이 된다.
② C 커브에 도움이 된다.
③ 하이 포인트 형성에 도움이 된다.
④ 에칭(Etching)에 도움이 된다.

답 ②

해 핀칭은 C 커브를 만들어 주기 위함이다.

54 네일 종이 폼의 적용 설명으로 <u>틀린</u> 것은?

① 다양한 스컬프쳐 네일 시술 시에 사용한다.
② 자연스런 네일의 연장을 만들 수 있다.
③ 디자인 UV젤 팁 오버레이 시에 사용한다.
④ 일회용이며 프렌치 스컬프쳐에 적용한다.

답 ③

해 종이폼은 스컬프쳐 시술시 사용되는 틀이다.

55 페디큐어 시술 순서로 가장 적합한 것은?

① 소독하기-폴리시 지우기-발톱 모양 만들기-큐티클 오일 바르기-큐티클 정리하기
② 폴리시 지우기-소독하기-발톱 표면 정리하기-큐티클 오일 바르기-큐티클 정리하기
③ 소독하기-발톱 표면 정리하기-폴리시 지우기 발톱 모양 만들기-큐티클 정리하기
④ 폴리시 지우기-소독하기-발톱 모양 만들기-큐티클 오일 바르기-큐티클 정리하기

답 ①

해 페디큐어 시술순서) 소독하기→폴리시 지우기→발톱 모양 만들기→큐티클 오일 바르기→큐티클 정리하기

56 **페디큐어 시술 시 굳은살을 제거하는 도구의 명칭은?**

① 푸셔 ② 토우 세퍼레이터
③ 콘커터 ④ 클리퍼

답 ③

해 • **토우세퍼레이터** : 발가락 분리기
• **푸셔** : 큐티클을 밀어올릴 때 사용되는 도구
• **클리퍼** : 손톱, 발톱을 자를 때 사용하는 도구

57 **푸셔로 큐티클을 밀어 올릴 때 가장 적합한 각도는?**

① 15° ② 30°
③ 45° ④ 60°

답 ③

해 45° 각도로 푸셔를 사용하며 큐티클을 가볍게 밀어준다.

58 **팁 위드 랩 시술시 사용하지 않는 재료는?**

① 글루 드라이 ② 실크
③ 젤 글루 ④ 아크릴 파우더

답 ④

해 아크릴파우더는 아크릴 스컬프쳐나 아크릴 팁오버레이 시술시 사용한다.

59 **UV 젤의 특징이 아닌 것은?**

① 올리고머 형태의 분자구조를 가지고 있다.
② 탑 젤의 광택은 인조 네일 중 가장 좋다.
③ 젤은 농도에 따라 묽기가 약간씩 다르다.
④ UV 젤은 상온에서 경화가 가능하다.

답 ④

해 UV젤은 자외선 램프의 빛으로 인해 경화된다.

60 **컬러링의 설명으로 틀린 것은?**

① 베이스코트는 폴리시의 착색을 방지한다.
② 폴리시 브러시의 각도는 90°로 잡는 것이 가장 적합하다.
③ 폴리시는 얇게 바르는 것이 빨리 건조하고 색상이 오래 유지된다.
④ 탑코트는 폴리시의 광택을 더해주고 지속력을 높인다.

답 ②

해 폴리시 브러시의 각도는 45° 가 가장 적합하다.

제4회 실전 기출 문제

01 1998년 우리나라 네일 미용에 대한 설명으로 옳은 것은?

① 대학에서 네일관리학 수업이 최초로 신설되었다.
② 미국 키스사 제품이 국내에 소개되었다.
③ 헐리우드 네일 등의 네일 전문 살롱이 압구정동에 개설되었다.
④ 미국 크리에이티브 네일사가 전문가 용품 등 다양한 제품을 국내에 대량으로 보급했다.

답 ①

해 • 해외 키스제품 출시와 헐리우드 네일 등의 살롱이 압구정에 개설된건 1996년이다.
• 크리에이티브 네일 제품이 보급된 건 1997년이다.

02 미국 식약청이 메틸메타아크릴릭레이트 등의 아크릴릭 화학제품 사용을 금지한 시기는?

① 1975년
② 1980년
③ 1985년
④ 1990년

답 ①

03 네일 바디를 받치고 있는 밑부분으로 네일의 신진대사와 수분을 공급하는 부위는 어디인가?

① 조근(Nail Root)
② 조체(Nail Body)
③ 자유연(Free Edge)
④ 조상(Nail Bed)

답 ④

해 네일 베드는 네일 바디의 밑 피부이며, 모세혈관이 있어 네일이 핑크빛으로 보이며 산소를 공급받는다.

04 임신 기간에 따른 손톱의 형성 과정에 대한 설명이다. 잘못된 것은?

① 임신 8~9주경 : 손톱의 태동
② 임신 10주 : 손가락 끝에 손톱이 형성되어 자라기 시작
③ 임신 14주 : 손톱이 자라는 모습 확인 가능
④ 임신 15주 : 손톱이 완전히 자라는 시기

답 ④

해 손톱이 완전히 자라나는 시기는 임신 17~20주이다.

05 고객이 가장 선호하는 세련된 형태로 스퀘어보다 부드러운 느낌을 주는 네일 모양은?

① 스퀘어형
② 라운드 스퀘어형
③ 라운드형
④ 오벌형

답 ②

해 라운드 스퀘어형은 세미 스퀘어라고도 하며 양쪽 손톱의 각만 둥들게 만들어준 손톱의 형태이다. 세련된 느낌으로 남성과 여성에게 모두 잘 어울린다.

06 조연화증 네일의 관리 방법으로 잘못된 것은?

① 네일 강화제를 사용한다.
② 실크 또는 린넨으로 보강한다.
③ 부드러운 파일로 파일링한다.
④ 항생 연고를 발라준다.

답 ④

해 조연화증은 네일이 전체적으로 부드럽고 가늘며 하얗게 되어 끝이 휘어지는 증상으로 강화제나 인조네일로 관리할 수 있으므로 항생 연고와는 상관이 없다.

07 아세톤이나 알코올 등을 담아 펌프식으로 사용할 수 있는 기구의 명칭은?

① 디펜디쉬
② 핑거볼
③ 디스펜서
④ 스파출라

답 ③

해
- **디펜디쉬**: 리퀴드 등을 담는 용기
- **핑거볼**: 손의 큐티클을 불릴 때 물을 담는 용기
- **스파츌라**: 크림 등의 제품을 덜 때 사용하는 도구

08 다음(　　)에 맞는 내용으로 짝지어진 것은?

〈보기〉
식품위생이란 식품, 식품 첨가물(　　) 또는(　　), (　　)을 대상으로 하는 음식에 관한 위생이다. [식품위생법 제2조 제1호]

① 기계, 기구, 용기
② 재료, 기계, 용기
③ 유통, 저장, 가공
④ 기구, 용기, 포장

답 ④

해 식품위생이란 식품, 식품첨가물, 기구, 용기, 포장을 대상으로 하는 음식에 관한 위생을 말한다.

09 뼈의 바깥 면을 덮고 있는 골막과 관계가 없는 것은?

① 뼈의 운동
② 뼈의 보호
③ 뼈의 영양
④ 뼈의 재생

답 ①

해
- 골막은 뼈의 바깥 표면을 덮고 있으며 골내막과 골외막으로 구성된 결합조직이며 뼈를 보호한다.
- 뼈 형성에 중요한 역할과 뼈 굵기의 성장이 일어나는 곳으로 뼈성장에 관여한다.

10 **손가락을 나란히 붙이거나 모을 수 있게 하는 근육은?**

① 외전근
② 내전근
③ 대립근
④ 굴근

답 ②

해 • **외전근** : 손가락 사이를 벌어지게 하는 근육
• **대립근** : 물건을 집을때 사용하는 근육
• **굴근** : 손목을 굽히고 내외향에 작용하며 손가락을 구부리게 하는 근육

11 **표피에서 촉감을 감지하는 세포는?**

① 멜라닌 세포
② 머켈 세포
③ 각질형성 세포
④ 랑게르 한스 세포

답 ②

해 머켈세포는 기저층에 분포해 있고 신경세포와 연결되어 촉각을 감지한다.

12 **인체에 있어 피지선이 전혀 없는 곳은?**

① 이마
② 코
③ 귀
④ 손바닥

답 ④

해 손바닥, 발바닥에는 피지선이 존재하지 않는다.

13 **세안 후 이마, 볼 부위가 당기며, 잔주름이 많고 화장이 잘 들뜨는 피부유형은?**

① 복합성 피부
② 건성 피부
③ 노화 피부
④ 민감 피부

답 ②

해 건성피부는 피지와 땀의 분비 저하로 유·수분의 균형이 정상적이지 못하여 탄력이 좋지 않고 피부가 얇고 외관으로 피부결이 섬세해 보이며 주름 발생이 쉽다.

14 **다음 중 피부의 각질, 털, 손톱, 발톱의 구성성분인 케라틴을 가장 많이 함유한 것은?**

① 동물성 단백질
② 동물성 지방질
③ 식물성 지방질
④ 탄수화물

답 ①

해 케라틴은 동물성 단백질로 각질, 손톱, 발톱의 구성성분이다.

15 **산과 합쳐지면 레티놀산이 되고, 피부의 각화작용을 정상화시키며, 피지 분비를 억제하므로 각질 연화제로 많이 사용되는 비타민은?**

① 비타민 A
② 비타민 B 복합체
③ 비타민 C
④ 비타민 D

답 ①

해 • 비타민 A는 피부세포를 형성하여 건강한 피부를 유지하고 주름과 각질을 예방한다.
• 결핍되면 야맹증, 피부각화증, 건조증, 색소침착, 탈모 현상 등이 생긴다.

16 **체내에서 근육 및 신경의 자극 전도, 삼투압 조절 등의 작용을 하며, 식욕에 관계가 깊기 때문에 부족하면 피로감, 노동력의 저하 등을 일으키는 것은?**

① 구리(Cu)
② 식염(NaCl)
③ 요오드(I)
④ 인(P)

답 ②

해 식염은 삼투압 조절 등의 작용을 하며 결핍 시 피로감을 느끼게 되며, 노동력이 저하된다.

17 **자외선 B는 자외선 A보다 홍반 발생 능력이 몇 배 정도인가?**

① 10배
② 100배
③ 1,000배
④ 10,000배

답 ③

해 중파장인 자외선 B는 진피의 상부까지 침투하는데, 장파장인 자외선 A보다 홍반 발생 능력이 1,000배에 해당한다.

18 **화장품의 사용 목적과 가장 거리가 먼 것은?**

① 인체를 청결, 미화하기 위하여 사용한다.
② 용모를 변화시키기 위하여 사용한다.
③ 피부, 모발의 건강을 유지하기 위하여 사용한다.
④ 인체에 대한 약리적인 효과를 주기 위해 사용한다.

답 ④

해 인체에 약리적인 효과를 주기 위해 사용되는 것은 의약품이다.
- **약리** : 생체에 들어간 약품이 일으키는 생리적인 변화

19 **다음 중 기초화장품에 해당하는 것은?**

① 파운데이션
② 네일 폴리시
③ 볼연지
④ 스킨로션

답 ④

해 파운데이션과 볼연지는 색조 화장품에 속한다.

20 다음 오일의 종류 중 사용성 및 화학적 안정성이 우수한 것은?

① 올리브유
② 실리콘 오일
③ 난황유
④ 바셀린

답 ②

해 실리콘 오일은 사용성 및 화학적 안정성이 우수하나 자연분해가 되지 않아 환경엔 좋지 않다.

21 천연보습인자(NMF)의 구성 성분 중 40%를 차지하는 중요 성분은?

① 요소
② 젖산염
③ 무기염
④ 아미노산

답 ④

해 천연보습인자 구성 성분은 아미노산, 젖산, 요소, 지방산 등으로 이루어져 있는데, 그 중 아미노산은 40%로 가장 많이 차지하고 있다.

22 다음 중 피부상재균의 증식을 억제하는 항균기능을 가지고 있고, 발생한 체취를 억제하는 기능을 가진 것은?

① 바디샴푸
② 데오도란트
③ 샤워코롱
④ 오드트왈렛

답 ②

23 메이크업 베이스 색상이 잘못 연결된 것은?

① 그린색 : 모세혈관이 화장되어 붉은 피부
② 핑크색 : 푸석푸석해 보이는 창백한 피부
③ 화이트색 : 어둡고 칙칙해 보이는 피부
④ 연보라 : 생기가 없고 어두운 피부

답 ④

해 연보라색 메이크업 베이스는 노란 기가 많은 피부에 사용된다.

24 공중보건의 3대 요소에 속하지 않는 것은?

① 감염병 치료
② 수면 연장
③ 건강과 능률의 향상
④ 감염병 예방

답 ①

해 공중보건학의 목적은 질병예방에 있다.

25 의료급여 대상자로 옳지 않은 것은?

① 해외근로자 중 질병으로 후송된 자
② 국가유공자
③ 의상자 및 의사자 유족
④ 북한 이탈 주민

답 ①

26 **예방접종(vaccine)으로 획득되는 면역의 종류는?**

① 인공능동면역
② 인공수동면역
③ 자연능동면역
④ 자연수동면역

답 ①

해 • **인공수동면역**: 면역활성물질을 접종하여 형성되는 면역
• **자연능동면역**: 각종 질환 후 형성되는 면역
• **자연수동면역**: 모체의 태반이나 수유를 통한 면역

27 **다음 법정 감염병 중 제2급 감염병이 아닌 것은?**

① 장티푸스
② 콜레라
③ 세균성이질
④ 파상풍

답 ④

해 파상풍은 제3급 법정감염병이다.

28 **어류인 송어, 연어 등을 날로 먹었을 때 주로 감염될 수 있는 것은?**

① 갈고리촌충
② 긴촌충
③ 폐디스토마
④ 선모충

답 ②

해 긴촌충은 광절열두조충이라고도 하며 송어나 연어를 생식하여 감염된다.

29 **다음 중 일반적으로 활동하기 가장 적합한 실내의 적정 온도는?**

① 15±2℃
② 18±2℃
③ 22±2℃
④ 24±2℃

답 ②

해 활동하기 가장 좋은 온도는 18±2℃, 습도는 40~70%이다.

30 **다음 중 직업병에 해당하는 것은?**

〈보기〉
㉠ 잠함병 ㉡ 규폐증
㉢ 소음성 난청 ㉣ 식중독

① ㉠, ㉡, ㉢, ㉣
② ㉠, ㉡, ㉢
③ ㉠, ㉢
④ ㉡, ㉣

답 ②

해 식중독은 음식물 섭취와 관련된 것으로 직업병과는 무관하다.

31 비교적 약한 살균력을 작용시켜 병원 미생물의 생활력을 파괴하여 감염의 위험성을 없애는 조작은?

① 소독
② 고압증기멸균
③ 방부처리
④ 냉각처리

답 ①

해 감염 위험성 있는 병원 미생물의 파괴 및 증식을 제거하는 방법을 소독이라 하며, 병원성을 불문하고 모든 미생물을 사멸 또는 제거하는 것을 멸균이라 한다.

32 다음 중 화학적 소독법에 해당되는 것은?

① 알코올 소독법
② 자비소독법
③ 고압증기멸균법
④ 간헐멸균법

답 ①

해 알코올 소독법은 화학적 소독법에 속한다.

33 소독에 사용되는 약제의 이상적인 조건은?

① 살균하고자 하는 대상물을 손상시키지 않아야 한다.
② 취급 방법이 복잡해야 한다.
③ 용매에 쉽게 용해해야 한다.
④ 향기로운 냄새가 나야 한다.

답 ①

해 소독약은 살균력이 강하면서도 대상물을 손상시키지 않아야 한다.

34 면역과 관련된 설명으로 틀린 것은?

① 인공혈청제제를 주사하여 얻는 방법은 수동면역이다.
② 랑게르한스 세포는 수지상세포이다.
③ 피부의 진피는 1차 방어선이다.
④ 능동면역은 예방접종에 의해 형성된다.

답 ③

해 피부의 1차 방어선은 표피이다.

35 방역용 석탄산의 가장 적당한 희석농도는?

① 0.1%
② 3.0%
③ 3.0%
④ 75%

답 ③

해 97%의 물과 3% 농도의 석탄산을 혼합하여 만든다.

36 3%의 크레졸 비누액 900ml를 만드는 방법으로 옳은 것은?

① 크레졸 원액 270ml 에 물 630ml를 가한다.
② 크레졸 원액 27ml에 물 873ml를 가한다.
③ 크레졸 원액 300ml에 물 600ml를 가한다.
④ 크레졸 원액 200ml에 물 700ml를 가한다.

답 ②

해 900ml의 3%는 27ml이므로 크레졸 원액 27ml에 물 873ml를 첨가하여 900ml를 만든다.

37 **고무장갑이나 플라스틱의 소독에 가장 적합한 것은?**

① E.O 가스 살균법
② 고압증기 멸균법
③ 자비 소독법
④ 오존 멸균법

답 ①

해 E.O 가스 살균법은 50~60℃의 저온에서 멸균하는 방법으로 변질되기 쉬운 플라스틱이나 고무제품 등의 멸균에 이용된다.

38 **영업소 출입·검사 관련 공무원이 영업자에게 제시해야 하는 것은?**

① 주민등록증
② 위생검사 통지서
③ 위생감시 공무원증
④ 위생검사 기록부

답 ③

39 **다음은 법률상에서 정의되는 용어이다. 바르게 서술된 것은 다음 중 어느 것인가?**

① 위생관리 용역업이란 공중이 이용하는 시설물의 청결유지와 실내공기정화를 위한 청소 등을 대행하는 영업을 말한다.
② 미용업이란 손님의 얼굴과 피부를 손질하여 모양을 단정하게 꾸미는 영업을 말한다.
③ 이용업이란 손님의 머리, 수염, 피부 등을 손질하여 외모를 꾸미는 영업을 말한다.
④ 공중위생영업이란 미용업, 숙박업, 목욕장업, 수영장업, 유기영업 등을 말한다.

답 ①

해
- 미용업이란 손님의 얼굴과 머리, 피부 등을 손질하여 손님의 외모를 아름답게 꾸미는 영업을 말한다.
- 이용업이란 손님의 머리카락 또는 수염을 깎거나 다듬은 등의 방법으로 용모를 단정하게 하는 영업을 말한다.
- 공중위생영업이란 위생관리서비스를 제공하는 엽업으로 숙박엄, 목욕장업, 이용업, 미용업, 세탁업, 위생관리용역업을 말한다.

40 **공중위생감시원의 업무범위에 해당하는 것은?**

① 위생서비스 수준의 평가계획 수립
② 공중위생 영업자와 소비자 간의 분쟁조정
③ 공중위생 영업소의 위생관리상태의 확인
④ 위생서비스 수준의 평가에 따른 포상 실시

답 ③

41 **공중이용시설의 위생관리 기준이 아닌 것은?**

① 소독을 한 기구와 소독을 하지 아니한 기구를 각각 다른 용기에 보관하다.
② 1회용 면도날을 손님 1인에 한하여 사용하여야 한다.
③ 업소 내에 요금표를 게시하여야 한다.
④ 업소 내에 화장실을 갖추어야 한다.

답 ④

해 화장실의 유무는 위생관리 기준이 아니다.

42 **다음 이·미용기구의 소독기준을 설명한 것으로 틀린 것은?**

① 열탕소독은 100℃ 이상의 물속에 10분 이상 끓여준다.
② 자외선소독은 1cm당 85 이상의 자외선을 20분 이상 쬐어준다.
③ 건열멸균소독은 100℃ 이상의 건조한 열에 20분 이상 쐬어준다.
④ 증기소독은 100℃ 이상의 습한 열에 10분 이상 쐬어준다.

답 ④

해 증기소독은 100℃ 이상의 습한 열에 20분 이상 쐬어준다.

43 **이·미용사가 면허정지 처분을 받고 업무 정지 기간 중 업무를 행한 때 1차 위반 시 행정처분 기준은?**

① 면허정지 3월
② 면허정지 6월
③ 면허취소
④ 영업장 폐쇄

답 ③

해 면허정지 처분 후에도 위반시 면허정지, 영업정지 처분 후에 위반시 영업장 폐쇄

44 **이·미용 영업상 잘못으로 관계기관에서 청문을 하고자 하는 경우 그 대상이 아닌 것은?**

① 면허취소
② 면허 정지
③ 영업소 폐쇄
④ 1,000만 원 이하 벌금

답 ④

해 면허취소 및 정지, 공중위생영업의 정지, 일부 시설의 사용중지, 영업소폐쇄명령의 처분을 하고자 하는 경우 청문을 실시하여야 한다.

45 **시·도지사 또는 시장·군수·구청장은 공중위생관리상 필요 하다고 인정하는 때에 공중위생영업자 등에 대하여 필요한 조치를 취할 수 있다. 이 조치에 해당하는 것은?**

① 보고
② 청문
③ 감독
④ 협의

답 ①

46 매니큐어에 대한 설명으로 옳은 것은?

① 큐티클 관리를 말한다.
② 손과 손톱의 총체적인 관리를 의미한다.
③ Manus와 Cura가 합성된 말로 스페인에서 유래되었다.
④ 매니큐어는 중세부터 행해졌다.

답 ②

해 매니큐어는 라틴어에서 유래되었으며, 고대부터 행해졌다.

47 프렌치 매니큐어에 대한 설명으로 옳지 않은 것은?

① 프렌치를 이용해 다양한 아트를 만들 수 있다.
② 개인 취향에 따라 여러 가지 컬러로 표현할 수 있다.
③ 프리에지를 화이트로 바르면 두꺼워 보이므로 삼가야 한다.
④ 보통 왼쪽에서 오른쪽 방향으로 바른다.

답 ③

해 폭이 좁은 손톱에 화이트 프렌치 매니큐어를 하면 손톱이 도톰해 보여서 삼가 할 이유가 없다.

48 핫오일 매니큐어 시 히터에서 데우는 데 적당한 시간은?

① 5~10분
② 7~12분
③ 10~15분
④ 15~20분

답 ③

49 루눌라 부분만 남기고 컬러링 하는 방법을 무엇이라 하는가?

① 하프문
② 슬림라인
③ 프리에지
④ 풀코트

답 ①

해 루눌라 부분만 남기고 컬러링 하는 방법을 하프문, 반달형이라고 한다.

50 손의 색깔과 네일 컬러의 연결이 서로 어울리지 않는 것은?

① 붉은색의 손-노란 계열
② 어두운 손-딥 퍼플, 초콜릿색 등 강한 컬러
③ 하얀색의 손-어떤 컬러와도 잘 어울리는 편이다.
④ 노란색의 손-파스텔 핑크, 화이트 펄, 브라운 계열

답 ①

해 붉은색 손에는 붉은 계열이나 노란 계열의 색은 피하는 것이 좋으며, 블랙이나 블루, 퍼플과 같이 차가운 컬러가 어울린다.

51 건강한 발의 조건이 아닌 것은?

① 발바닥 색이 분홍색을 띠어야 한다.
② 발의 온도가 차가워야 한다.
③ 발뒷꿈치가 일직선이 되어야 한다.
④ 발바닥이 아치 형태이어야 한다.

답 ②

해 발은 따뜻해야 건강한 발이다.

52 네일을 불려서 팁 연장을 하게 되면 안 되는 이유는?

① 파일링이 쉬워지므로
② 인조네일의 리프팅이 잘되므로
③ 습기를 먹은 자연네일에 곰팡이나 균이 잘 번식하므로
④ 글루가 잘 묻지 않으므로

답 ③

53 네일 랩핑 시 사용하지 않는 재료는?

① 젤 글루
② 네일 글루
③ 아크릴릭 리퀴드
④ 페이퍼 랩

답 ③

54 네일랩의 문제점 중 벗겨짐(Peeling)이란?

① 네일 랩이 부러지는 현상
② 손톱의 프리에지 부분에서 랩이 일어나는 현상
③ 손톱의 프리에지 부분의 색깔이 변하는 현상
④ 네일 랩이 분리되는 현상

답 ②

해 저연손톱에 틈이 생기거나 손톱의 유·수분으로 인해 가장 많이 쓰는 손톱 끝부분이 벗겨지는 현상을 말한다.

55 아크릴릭이 자연손톱에 잘 접착되도록 사용하는 재료는?

① 프라이머
② 폴리머
③ 글루
④ 젤

답 ①

56 물어뜯은 네일에 아크릴릭 네일을 하기 위해 먼저 해야 하는 것은?

① 아크릴릭 사용 전에 래핑을 한다.
② 네일 팁을 아크릴릭 손톱에 붙인다.
③ 자연네일을 팁으로 먼저 연장한다.
④ 프라이머를 바른다.

답 ①

57 아크릴릭 네일에 대한 설명으로 옳은 것은?

① 필러파우더와 같이 사용한다.
② 인조 손톱에만 시술이 가능하다.
③ 자연 손톱에만 시술이 가능하다.
④ 손톱의 모양을 교정할 수 있다

답 ④

해 아크릴릭 네일은 물어뜯는 손톱, 들뜬 손톱, 퍼진 손톱 등을 교정 할 수 있다.

58 **프라이머에 대한 설명으로 옳지 않은 것은?**

① 피부나 눈에 닿으면 안 된다.
② 프라이머 작업 시 반드시 보안경과 비닐장갑, 마스크를 착용한다.
③ 프라이머는 강산이므로 투명한 유리병에 보관한다.
④ 프라이머에 이물질이 들어가는 것을 막기 위해 작은 용기에 보관한다.

답 ③

해 프라이머는 어두운 색의 유리 용기에 넣어두어 빛에 의한 변질의 위험을 막아주는 것이 좋다.

59 **젤을 굳게 할 수 있는 자외선 또는 할로겐 전구가 들어 있는 전기용품의 이름은?**

① 젤 탑코트
② 큐어링 라이트
③ 글루 드라이
④ 젤 폴리시

답 ②

해 큐어링 라이트는 젤 램프이다.

60 **손상된 네일을 보수하기 위한 랩 서비스로 맞는 것은?**

① 보수용 패치를 잘라서 손상된 부위를 보수한다.
② 글루만 이용해서 수리한다.
③ 필러만 이용해서 수리한다.
④ 젤을 이용해서 채운다.

답 ①

해 실크 등을 잘라 붙여 필러와 글루를 이용하여 랩핑하여 보수한다.

memo

네일미용사 필기
실전모의고사

제1회 실전 모의고사

01 자연적 환경요소에 속하지 않는 것은?

① 기온
② 기습
③ 소음
④ 위생시설

02 역학에 대한 내용으로 옳은 것은?

① 인간 개인을 대상으로 질병 발생 현상을 설명하는 학문 분야이다.
② 원인과 경과보다 결과 중심으로 해석하여 질병 발생을 예방한다.
③ 질병 발생 현상을 생물학과 환경적으로 이분하여 설명한다.
④ 인간 집단을 대상으로 질병 발생과 그 원인을 탐구하는 학문이다.

03 파리가 매개할 수 있는 질병과 거리가 먼 것은?

① 아메바성 이질
② 장티푸스
③ 발진티푸스
④ 콜레라

04 인구구성 중 14세 이하가 65세 이상 인구의 2배 정도이며 출생률과 사망률이 모두 낮은 형은?

① 피라미드형
② 종형
③ 항아리형
④ 별형

05 식생활이 탄수화물이 주가 되며, 단백질과 무기질이 부족한 음식물을 장기적으로 섭취함으로써 발생되는 단백질 결핍증은?

① 펠라그라(pellagra)
② 각기병
③ 콰시오르코르증(kwashiorkor)
④ 괴혈병

06 제1급 감염병에 해당하는 것은?

① 페스트, 탄저
② 결핵, 수두
③ 홍역, 콜레라
④ 파상풍, 말라리아

07 흡연이 인체에 미치는 영향으로 가장 적합한 것은?

① 구강암, 식도암 등의 원인이 된다.
② 피부 혈관을 이완시켜서 피부 온도를 상승시킨다.
③ 소화촉진, 식욕증진 등에 영향을 미친다.
④ 폐기종에는 영향이 없다.

08 대장균이 사멸되지 않는 경우는?

① 고압증기멸균
② 저온소독
③ 방사선멸균
④ 건열멸균

09 다음 중 자외선 소독기의 사용으로 소독효과를 기대할 수 없는 경우는?

① 여러 개의 머리빗
② 날이 열린 가위
③ 염색용 볼
④ 여러 장의 겹쳐진 타월

10 다음 중 가위를 끓이거나 증기소독한 후 처리방법으로 가장 적합하지 않은 것은?

① 소독 후 수분을 잘 닦아낸다.
② 수분 제거 후 엷게 기름칠을 한다.
③ 자외선 소독기에 넣어 보관한다.
④ 소독 후 탄산나트륨을 발라둔다.

11 다음 중 미생물의 종류에 해당하지 않는 것은?

① 진균
② 바이러스
③ 박테리아
④ 편모

12 금속성 식기, 면 종류의 의류, 도자기의 소독에 적합한 소독방법은?

① 화염멸균법
② 건열멸균법
③ 소각소독법
④ 자비소독법

13 100°C에서 30분간 가열하는 처리를 24시간마다 3회 반복하는 멸균법은?

① 고압증기멸균법
② 건열멸균법
③ 고온멸균법
④ 간헐멸균법

14 여러 가지 물리화학적 방법으로 병원성 미생물을 가능한 한 제거하여 사람에게 감염의 위험이 없도록 하는 것은?

① 멸균
② 소독
③ 방부
④ 살충

15 피지선에 대한 설명으로 틀린 것은?

① 피지를 분비하는 선으로 진피 중에 위치한다.
② 피지선은 손바닥에는 없다.
③ 피지의 1일 분비량은 10~20% 정도이다.
④ 피지선이 많은 부위는 코 주위이다.

16 다음 중 입모근과 가장 관련 있는 것은?

① 수분 조절
② 체온 조절
③ 피지 조절
④ 호르몬 조절

17 적외선이 피부에 미치는 작용이 아닌 것은?

① 온열 작용
② 비타민 D 형성 작용
③ 세포증식 작용
④ 모세혈관 확장 작용

18 얼굴에 있어 T존 부위는 번들거리고, 볼 부위는 당기는 피부 유형은?

① 건성피부
② 정상(중성)피부
③ 지성피부
④ 복합성피부

19 다음 중 기미의 유형이 아닌 것은?

① 표피형 기미
② 진피형 기미
③ 피하 조직형 기미
④ 혼합형 기미

20 지용성 비타민이 아닌 것은?

① Vitamin D
② Vitamin A
③ Vitamin E
④ Vitamin B

21 단순포진이 나타나는 증상으로 가장 거리가 먼 것은?

① 통증이 심하여 다른 부위로 통증이 퍼진다.
② 홍반이 나타나고 곧이어 수포가 생긴다.
③ 상체에 나타나는 경우 얼굴과 손가락에 잘 나타난다.
④ 하체에 나타나는 경우 성기와 둔부에 잘 나타난다.

22 공중위생관리법에서 사용하는 용어의 정의로 틀린 것은?

① "공중위생영업"이라 함은 다수인을 대상으로 위생관리서비스를 제공하는 영업으로서 숙박업, 목욕장업, 이용업, 미용업, 세탁업, 위생관리용역업을 말한다.
② "숙박업"이라 함은 손님이 잠을 자고 머물 수 있도록 시설 및 설비 등의 서비스를 제공하는 영업을 말한다.
③ "위생관리용역업"이라 함은 공중이 이용하는 건축물, 시설물 등의 청결유지와 실내공기정화를 위한 청소 등을 대행하는 영업을 말한다.
④ "미용업" 이라 함은 손님의 머리카락 또는 수염을깎거나 다듬는 등의 방법으로 손님의 용모를 단정하게 하는 영업을 말한다.

23 공중위생관리법상의 규정에 위반하여 위생 교육을 받지 아니한 때 부과되는 과태료에 기준은?

① 300만 원 이하
② 500만 원 이하
③ 400만 원 이하
④ 200만 원 이하

24 이·미용사의 면허가 취소되거나 면허의 정지명령을 받은 자는 누구에게 면허증을 반납하여야 하는가?

① 보건복지부 장관
② 시·도지사
③ 시장·군수·구청장
④ 보건소장

25 개선을 명할 수 있는 경우에 해당하지 않는 사람은?

① 공중위생영업의 종류별 시설 및 설비 기준을 위반한 공중위생영업자
② 위생관리 의무 등을 위반한 공중위생영업자
③ 공중위생 영업자에 지위를 승계한 자로서 이에 관한 신고를 하지 아니한 자
④ 위생관리 의무를 위반한 공중위생 시설의 소유자 등

26 이·미용자의 위생관리 기준에 대한 내용 중 틀린 것은?

① 요금표 외의 요금을 받지 않을 것
② 의료행위를 하지 않을 것
③ 의료용구를 사용하지 않을 것
④ 일회용 면도날은 손님 1인에 한하여 사용할 것

27 위생 서비스 평가 결과 위생서비스의 수준이 우수하다고 인정되는 영업소에 대하여 포상을 실시할 수 있는 자에 해당하지 않는 것은?

① 구청장
② 시·도지사
③ 군수
④ 보건소장

28 손님에게 도박 그 밖의 사행행위를 하게 한 때에 대한 1차 위반 시 행정 처분 기준은?

① 영업정지 1월
② 영업정지 2월
③ 영업정지 3월
④ 영업장 폐쇄 명령

29 에멀전의 형태를 가장 잘 설명한 것은?

① 지방과 물이 불균일하게 섞인 것이다.
② 두 가지 액체가 같은 농도의 한 액체로 섞여 있다.
③ 고형의 물질이 아주 곱게 혼합되어 균일한 것처럼 보인다.
④ 두 가지 또는 그 이상의 액상 물질이 균일하게 혼합되어 있는 것이다.

30 다음 중 피부 상재균의 증식을 억제하는 항균기능을 가지고 있고, 발생한 체취를 억제하는 기능을 가진 것은?

① 바디 샴푸
② 데오도란트
③ 샤워코롱
④ 오데트왈렛

31 기능성 화장품에 사용되는 원료와 그 기능이 연결이 틀린 것은?

① 비타민 C - 미백 효과
② AHA(Alpha-hydroxy acid) - 각질 제거
③ DHA(dihydroxy acetone) - 자외선 차단
④ 레티노이드(retinoid) - 콜라겐과 엘라스틴의 회복을 촉진

32 방부제가 갖추어야 할 조건이 아닌 것은?

① 독특한 색상과 냄새를 지녀야 한다.
② 적용 농도에서 피부에 자극을 주어서는 안 된다.
③ 방부제로 인하여 효과가 상실되거나 변해서는 안 된다.
④ 일정 기간 동안 효과가 있어야 한다.

33 화장품법상 화장품이 인체에 사용되는 목적이 중 틀린 것은?

① 인체를 청결하게 한다.
② 인체를 미화한다.
③ 인체의 매력을 증진시킨다.
④ 인체의 용모를 치료한다.

34 에센셜 오일의 보관방법에 관한 내용으로 틀린 것은?

① 뚜껑을 닫아 보관해야 한다.
② 직사광선을 피하는 것이 좋다.
③ 통풍이 잘되는 곳에 보관해야 한다.
④ 투명하고 공기가 통할 수 있는 용기에 보관하여야 한다.

35 기초 화장품의 기능이 아닌 것은?

① 피부 세정
② 피부 정돈
③ 피부 보호
④ 피부결점 커버

36 발허리뼈(중족골) 관절을 굴곡시키고 외측 4개 발가락의 지골간절을 신전시키는 발의 근육은?

① 벌레근(충양근)
② 새끼벌림근(소지외전근)
③ 짧은새끼굽힘근(단소지굴근)
④ 짧은엄지굽힘근(단무지굴근)

37 한국 내일 미용에서 부녀자와 처녀들 사이에서 염지 갑화라고 하는 봉선화 물들이기 풍습이 이루어졌던 시기로 옳은 것은?

① 신라 시대
② 고구려 시대
③ 고려시대
④ 조선시대

38 네일 매트릭스에 대한 설명으로 옳은 것은?

① 네일 베드를 보호하는 기능을 한다.
② 네일 바디를 받쳐 주는 역할을 한다.
③ 모세혈관, 림프, 신경조직이 있다.
④ 손톱이 자라기 시작하는 곳이다.

39 손톱을 성장과 관련한 내용 중 틀린 것은?

① 겨울보다 여름이 빨리 자란다.
② 임신 기간 동안에는 호르몬의 변화로 손톱이 빨리 자란다.
③ 피부 유형 중 지성피부의 손톱이 더 빨리 자란다.
④ 연령이 젊을수록 손톱이 더 빨리 자란다.

40 손톱에 특성에 대한 설명으로 가장 거리가 먼 것은?

① 조체(네일바디)는 약 5% 수분을 함유하고 있다.
② 아미노산과 시스테인이 많이 함유되어 있다.
③ 조상(네일베드)은 혈관에서 산소를 공급 받는다.
④ 피부의 부속물로 신경, 혈관, 털이 없으며 반투명의 각질판이다.

41 손톱과 발톱을 너무 짧게 자른 경우 발생할 수 있는 것은?

① 오니코렉시스
② 오니코와트로피
③ 오니코파이마
④ 오니코크립토시스

42 다음 중 손의 근육이 아닌 것은?

① 바깥쪽뼈사이근(장측골간근)
② 등쪽뼈사이근(배측골간근)
③ 새끼맞섬근(소지대립근)
④ 반힘줄근(반건양근)

43 자연네일이 매끄럽게 되도록 손톱 표면의 거칠음과 기복을 제거하는데 사용하는 도구로 가장 적합한 것은?

① 100 그릿 네일 파일
② 에머리보드
③ 네일 클리퍼
④ 샌딩 파일

44 네일 미용 관리 후 고객이 불만족할 경우 네일 미용인이 우선적으로 해야할 대처방법으로 가장 적합한 것은?

① 만족할 수 있는 주변에 네일숍 소개
② 불만족 부분을 파악하고 해결 방안 모색
③ 샵 입장에서의 불만족 해소
④ 할인이나 서비스 티켓으로 상황 마무리

45 손톱에 주요한 기능 및 역할과 가장 거리가 먼 것은?

① 물건을 잡거나 긁을때 또는 성상을 구별하는 기능이 있다.
② 방어와 공격의 기능이 있다.
③ 노폐물의 분비기능이 있다.
④ 손끝을 보호한다.

46 외국에 네일 미용 변천과 관련하여 그 시기와 내용의 연결이 옳은 것은?

① 1885년 : 폴리시의 필름형성제인 니트로셀루로오스 개발되었다.
② 1892년 : 손톱 끝이 뾰족한 아몬드형 네일이 유행하였다.
③ 1917년 : 도구를 이용한 케어가 시작되었으며 유럽에서 내일 관리가 본격적으로 시작되었다.
④ 1960년 : 인조 손톱 시술이 본격적으로 시작되었으며 네일 관리와 아트가 유행하기 시작하였다.

47 손톱 밑에 구조가 아닌 것은?

① 조근(네일루트)
② 반월(루눌라)
③ 조모(매트릭스)
④ 조상(네일 베드)

48 손톱에 이상증상 중 손톱을 심하게 물어뜯어 생기는 증상으로 인조손톱 관리나 메니큐어를 통해 습관을 개선할 수 있는 것은?

① 고랑진 손톱
② 교조증
③ 조갑 위축증
④ 조내성증

49 손가락 마디에 있는 뼈로서 총 14개로 구성되어 있는 뼈는?

① 손가락 뼈(수지골)
② 손목뼈(수근골)
③ 노뼈(요골)
④ 자뼈(척골)

50 손톱에 대한 설명 중 옳은 것은?

① 손톱에는 혈관이 있다.
② 손톱의 주성분은 인이다.
③ 손톱의 주성분은 단백질이며, 죽은 세포로 구성되어 있다.
④ 손톱에는 신경과 근육이 존재한다.

51 인조 네일을 보수하는 이유로 틀린 것은?

① 깨끗한 네일 미용의 유지
② 녹황색균의 방지
③ 인조네일의 경고성 유지
④ 인조네일의 원활한 제거

52 페디큐어 컬러링 시 작업 공간 확보를 위해 발가락 사이에 끼워주는 도구는?

① 페디파일
② 푸셔
③ 토우세퍼레이터
④ 콘커터

53 자연 네일을 오버레이하여 보관할 때 사용할 수 없는 재료는?

① 실크
② 아크릴
③ 젤
④ 파일

54 남성 매니큐어 시 자연 네일의 손톱모양 중 가장 적합한 형태는?

① 오발형
② 아몬드형
③ 둥근형
④ 사각형

55 페디큐어 작업 과정 중(　　)에 해당하는 것은?

〈보기〉
손·발소독 → 폴리시 제거 → 길이 및 모양잡기 →(　　) → 큐티클 정리 → 각질 제거하기

① 매뉴얼테크닉
② 족욕기에 발 담그기
③ 페디파일링
④ 탑코트 바르기

56 라이트 큐어드 젤에 대한 설명으로 옳은 것은?

① 공기 중에 노출되면 자연스럽게 응고 된다.
② 특수한 빛에 노출시켜 젤을 응고시키는 방법이다.
③ 경화 시 실내 온도와 습도에 민감하게 반응한다.
④ 글루 사용 후 글루 드라이를 분사시켜 말리는 방법이다.

57 네일 팁 작업에서 팁을 접착하는 올바른 방법은?

① 자연 네일 보다 한 사이즈 정도 작은 팁을 접착한다.
② 큐티클에 최대한 가깝게 부착한다.
③ 45°각도로 네일팁을 접착한다.
④ 자연네일의 절반 이상을 덮도록 한다.

58 베이스코트와 탑코트의 주된 기능에 대한 설명으로 가장 거리가 먼 것은?

① 베이스코트는 손톱에 색소가 착색되는 것을 방지한다.
② 베이스코트는 폴리시가 곱게 발리는 것을 도와준다.
③ 탑코트는 폴리시에 광택을 더하여 컬러를 돋보이게 한다.
④ 탑코트는 손톱에 영향을 주어 손톱을 튼튼하게 해준다.

59 습식 매니큐어 작업 과정에서 가장 먼저 해야 할 절차는?

① 컬러 지우기
② 손톱 모양 만들기
③ 손 소독하기
④ 핑거볼에 손 담그기

60 아크릴 프렌치 스컬프쳐 시술시 형성되는 스마일 라인의 설명으로 틀린 것은?

① 선명한 라인 형성
② 일자 라인 형성
③ 균일한 라인 형성
④ 좌우 라인 대칭

정답				
01 ④	02 ④	03 ③	04 ②	05 ③
06 ①	07 ①	08 ②	09 ④	10 ④
11 ④	12 ④	13 ④	14 ②	15 ③
16 ②	17 ②	18 ④	19 ③	20 ④
21 ①	22 ④	23 ④	24 ③	25 ③
26 ①	27 ④	28 ①	29 ④	30 ②
31 ③	32 ①	33 ④	34 ④	35 ④
36 ①	37 ③	38 ③	39 ③	40 ①
41 ④	42 ④	43 ④	44 ②	45 ③
46 ①	47 ①	48 ②	49 ①	50 ③
51 ④	52 ③	53 ④	54 ③	55 ②
56 ②	57 ③	58 ④	59 ③	60 ②

제2회 실전 모의고사

01 야채를 고온에서 요리할 때 가장 파괴되기 쉬운 비타민은?

① 비타민 A
② 비타민 C
③ 비타민 D
④ 비타민 K

02 다음 중 병원소에 해당하지 않는 것은?

① 흙
② 물
③ 가축
④ 보균자

03 일반폐기물 처리 방법 중 가장 위생적인 방법은?

① 매립법
② 소각법
③ 투기법
④ 비료화법

04 인구통계에서 5~9세 인구란?

① 만 4세 이상~만 8세 미만 인구
② 만 5세 이상~만 10세 미만 인구
③ 만 4세 이상~만 9세 미만 인구
④ 4세 이상~9세 이하 인구

05 모유수유에 대한 설명으로 옳지 않은 것은?

① 수유 전 산모의 손을 씻어 감염을 예방하여야 한다.
② 모유수유를 하면 배란을 촉진시켜 임신을 예방하는 효과가 없다.
③ 모유에는 림프구, 대식세포들의 백혈구가 들어 있어 각종 감염으로부터 장을 보호하고 설사를 예방하는 데 큰 효과를 갖고 있다.
④ 초유는 영양가가 높고 면역체가 있으므로 아기에게 반드시 먹이도록 한다.

06 감염병 감염 후 얻어지는 면역의 종류는?

① 인공 능동면역
② 인공 수동면역
③ 자연 능동면역
④ 자연 수동면역

07 다음 중 출생 후 아기에게 가장 먼저 실시하게 되는 예방접종은?

① 파상풍
② B형 간염
③ 홍역
④ 폴리오

08 바이러스(Virus)의 특성으로 가장 거리가 먼 것은?

① 생체 내에서만 증식이 가능하다.
② 일반적으로 병원체 중에서 가장 작다.
③ 황열바이러스가 인간 질병 최초의 바이러스이다.
④ 항생제에 감수성이 있다.

09 소독제의 적정 농도로 틀린 것은?

① 석탄산 3%
② 승홍수 0.1%
③ 크레졸수 1~3%
④ 알코올 1~3%

10 병원성·비병원성 미생물 및 포자를 가진 미생물 모두를 사멸 또는 제거하는 것은?

① 소독
② 멸균
③ 방부
④ 정균

11 다음 중 이·미용업소에서 가장 쉽게 옮겨질 수 있는 질병은?

① 소아마비
② 뇌염
③ 비활동성 결핵
④ 감염성 안질

12 다음 중 음용수 소독에 사용되는 소독제는?

① 석탄산
② 액체염소
③ 승홍수
④ 알코올

13 다음 중 미생물학의 대상에 속하지 않는 것은?

① 세균(Bacteria)
② 바이러스(Virus)
③ 원충(Protoza)
④ 원시동물

14 소독제의 사용 및 보존상의 주의점으로 틀린 것은?

① 일반적으로 소독제는 밀폐시켜 일광이 직사되지 않는 곳에 보존해야한다.
② 부식과 상관이 없으므로 보관 장소의 제한이 없다.
③ 승홍이나 석탄산 같은 것은 인체에 유해하므로 특별히 주의 취급하여야 한다.
④ 염소제는 일광과 열에 의해 분해되지 않도록 냉암소에 보존하는 것이 좋다.

15 리보플라빈이라고도 하며, 녹색 채소류, 밀의 배아, 효모, 달걀, 우유 등에 함유되어 있고 결핍되면 피부염을 일으키는 것은?

① 비타민 B_2
② 비타민 E
③ 비타민 K
④ 비타민 A

16 다음 태양광선 중 파장이 가장 짧은 것은?

① UV-A
② UV-B
③ UV-C
④ 가시광선

17 멜라닌색소 결핍의 선천적 질환으로 쉽게 일광화상을 입는 피부 병변은?

① 주근깨
② 기미
③ 백색증
④ 노인성 반점(검버섯)

18 진균에 의한 피부 병변이 아닌 것은?

① 족부 백선
② 대상 포진
③ 무좀
④ 두부 백선

19 피부에 대한 자외선의 영향으로 인한 피부의 급성 반응과 가장 거리가 먼 것은?

① 홍반반응
② 화상
③ 비타민 D 합성
④ 광노화

20 얼굴에서 피지선이 가장 발달된 곳은?

① 이마 부분
② 코 옆 부분
③ 턱 부분
④ 뺨 부분

21 에크린 땀샘(소한선)이 가장 많이 분포된 곳은?

① 발바닥
② 입술
③ 음부
④ 유두

22 이·미용업소 내에 반드시 게시하지 않아도 무방한 것은?

① 이·미용업 신고증
② 개설자의 면허증 원본
③ 최종지불요금표
④ 이·미용사 자격증

23 다음 중 이·미용업의 시설 및 설비기준으로 옳은 것은?

① 소독기, 자외선 살균기 등의 소독 장비를 갖추어야 한다.
② 영업소 안에는 별실, 기타 이와 유사한 시설을 설치할 수 있다.
③ 응접 장소와 작업 장소를 구획하는 경우에는 커튼, 칸막이, 기타 이와 유사한 장애물의 설치가 가능하며 외부에서 내부를 확인할 수 없어야 한다.
④ 탈의실, 욕실, 욕조 내 샤워기를 설치한다.

24 풍속 관련 법령 등 다른 법령에 의하여 관계행정기관장의 요청이 있을 때 공중위생영업자를 처벌할 수 있는 자는?

① 시·도지사
② 시장·군수·구청장
③ 보건복지부장관
④ 행정안전부장관

25 1차 위반 시의 행정처분이 면허취소가 아닌 것은?

① 국가기술자격법 에 따라 이 미용사 자격이 취소된 때
② 이중으로 면허를 취득한 때
③ 면허정지처분을 받고 그 정지기간 중 업무를 행한 때
④ 국가기술자격법에 의하여 이·미용사 자격정지처분을 받은 때

26 다음 중 영업소 외에서 이용 또는 미용 업무를 할 수 있는 경우는?

〈보기〉
㉠ 중병에 걸려 영업소에 나올 수 없는 자의 경우
㉡ 혼례, 기타 의식에 참여하는 자에 대한 경우
㉢ 이용장의 감독을 받은 보조원이 업무를 하는 경우
㉣ 미용사가 손님 유치를 위하여 통행이 빈번한 장소에서 업무를 하는 경우

① ㉢
② ㉠,㉡
③ ㉠,㉡,㉢
④ ㉠,㉡,㉢,㉣

27 공중위생영업의 승개에 대한 설명으로 틀린 것은?

① 공중위생영업자가 그 공중위생영업을 양도하거나 사망한 때 또는 법인의 합병이 있는 때에는 그 양수인·상속인 또는 합병 후 존속하는 법인이나 합병에 의하여 설립되는 법인은 그 공중위생영업자의 지위를 승계한다.
② 이용업 또는 미용업의 경우에는 규정에 의한 면허를 소지한 자에 한하여 공중위생영업자의 지위를 승계할 수 있다.
③ 「민사집행법」에 의한 경매, 「채무자 회생 및 파산에 관한 법률」에 의한 환가나 「국세징수법」·「관세법」, 또는 「지방세기본법」에 의한 압류재산의 매각 그 밖에 이에 준하는 절차에 따라 공중위생영업 관련 시설 및 설비의 전부를 인수한 자는 이 법에 의한 그 공중위생영업자의 지위를 승계한다.
④ 공중위생영업자의 지위를 승계한 자는 1개월 이내에 보건복지부령이 정하는 바에 따라 보건복지부장관에게 신고하여야 한다.

28 처분기준이 2백만 원 이하의 과태료가 아닌 것은?

① 규정을 위반하여 영업소 이외 장소에서 이·미용업무를 행한 자
② 위생교육을 받지 아니한 자
③ 위생관리의무를 지키지 아니한 자
④ 관계 공무원의 출입·검사·기타 조치를 거부·방해 또는 기피한 자

29 향수의 부향률이 높은 순에서 낮은 순으로 바르게 정렬된 것은?

① 퍼퓸>오데퍼퓸>오드트왈렛>오데코롱
② 퍼퓸>오드트왈렛>오데퍼퓸>오데코롱
③ 오데코롱>오데퍼퓸>오드트왈렛>퍼퓸
④ 오데코롱>오드트왈렛>오데퍼퓸>퍼퓸

30 화장품의 요건 중 제품이 일정 기간 동안 변질되거나 분리되지 않는 것을 의미하는 것은 무엇인가?

① 안전성
② 안정성
③ 사용성
④ 유효성

31 자외선 차단 성분의 기능이 아닌 것은?

① 노화를 막는다.
② 과색소를 막는다.
③ 일광화상을 막는다.
④ 미백을 작용을 한다.

32 다음 중 화장수의 역할이 아닌 것은?

① 피부의 수렴 작용을 한다.
② 피부 노폐물의 분비를 촉진시킨다.
③ 각질층에 수분을 공급한다.
④ 피부의 pH 균형을 유지시킨다.

33 양모에서 추출한 동물성 왁스는?

① 라놀린
② 스쿠알렌
③ 레시틴
④ 리바이탈

34 세정제(Choansor)에 대한 설명으로 옳지 않은 것은?

① 가능한 한 피부의 생리적 균형에 영향을 미치지 않는 제품을 사용하는 것이 바람직 하다.
② 대부분의 비누는 알칼리성의 성질을 가지고 있어서 피부의 산·염기 균형에 영향을 미치게 된다.
③ 피부 노화를 일으키는 활성산소로부터 피부를 보호하기 위해 비타민 C, 비타민 E를 사용한 기능성 세정제를 사용할 수 있다.
④ 세정제는 피지선에서 분비되는 피지와 피부장벽의 구성 요소인 지질성분을 제거하기 위하여 사용된다.

35 바디샴푸(Body Shampoo)가 갖추어야 할 이상적인 성질과 가장 거리가 먼 것은?

① 각질의 제거 능력
② 적절한 세정력
③ 풍부한 거품과 거품의 지속성
④ 피부에 대한 높은 안정성

36 네일 파일의 거칠기 정도를 구분하는 기준은?

① 네일 파일의 두께
② 그릿(Grit) 숫자
③ 소프트(Soft) 숫자
④ 네일 파일의 길이

37 네일이 전체적으로 부드럽고 가늘며 하얗게 되어 네일 끝이 굴곡진 상태의 증상으로 질병, 다이어트, 신경성 등에서 기인되는 네일 병변으로 옳은 것은?

① 위축된 네일(Onychatrophia)
② 파란 네일(Onychocyanosis)
③ 달걀껍질 네일(Onychomalacia)
④ 거스러미 네일(Hang Nail)

38 인체를 구성하는 생태학적 단계를 바르게 나열한 것은?

① 세포-조직-기관-계통-인체
② 세포-기관-조직-계통-인체
③ 세포-계통-조직-기관-인체
④ 인체-계통-기관-세포-조직

39 네일의 역사에 대한 설명으로 틀린 것은?

① 최초의 네일관리는 기원전 3000년경에 이집트와 중국의 상류층에서 시작되었다.
② 고대 이집트에서는 헤나(Henna)라는 관목에서 빨간색과 오렌지색을 추출하였다.
③ 고대 이집트에서는 조홍이라고 하는 입술 연지를 만드는 홍화를 손톱에 물들였다.
④ 네일관리는 지금까지 5000년에 걸쳐 변화되어 왔다.

40 고객의 홈 케어 용도로 큐티클 오일을 사용 시 주된 사용 목적으로 옳은 것은?

① 네일 표면에 광택을 주기 위해서
② 네일과 네일 주변의 피부에 트리트먼트 효과를 주기 위해서
③ 네일 표면에 변색과 오염을 방지하기 위해서
④ 찢어진 네일을 보강하기 위해서

41 네일 폴리시를 도포하는 방법 중 네일을 가늘어 보이게 하는 것은?

① 프리에지
② 루눌라
③ 프렌치
④ 프리 월

42 다음 중 네일의 병변과 그 원인의 연결이 잘못된 것은?

① 흑색 반점(멜라노니키아)-네일의 멜라닌색소 작용
② 과잉 성장으로 두꺼운 네일-유전, 질병, 감염
③ 고랑 파인 네일-아연 결핍, 과도한 푸셔링, 순환계 이상
④ 붉거나 검붉은 네일-비타민, 레시틴 부족, 만성 질환 등

43 매트릭스에 대한 설명 중 틀린 것은?

① 손-발톱의 세포가 생성되는 곳이다.
② 매트릭스의 세로 길이는 네일 보디(네일 플레이트)의 두께를 결정한다.
③ 매트릭스의 가로 길이는 네일 베드의 길이를 결정한다.
④ 매트릭스는 네일 세포를 생성시키는 데 필요한 산소를 모세혈관을 통해서 공급받는다.

44 다음 중 손의 중간근(중수근)에 속하는 것은?

① 엄지맞섬근(무지대립근)
② 엄지모음근(무지내전근)
③ 벌레근(충양근)
② 작은원근(소원근)

45 다음 중 뼈의 구조가 아닌 것은?

① 골막
② 골질
③ 골수
④ 골 조직

46 건강한 네일의 조건으로 틀린 것은?

① 12~18%의 수분을 함유하여야 한다.
② 네일베드에 단단히 부착되어 있어야 한다.
③ 루눌라(조반월)가 선명하고 커야 한다.
④ 유연성과 강도가 있어야 한다.

47 일반적인 손·발톱의 성장에 관한 설명 중 틀린 것은?

① 소지 손톱이 가장 빠르게 자란다.
② 여성보다 남성의 경우 성장 속도가 빠르다.
③ 여름철에 더 빨리 자란다.
④ 발톱의 성장 속도는 손톱의 성장 속도보다 1/2 정도 늦다.

48 다음 중 소독 방법에 대한 설명으로 틀린 것은?

① 과산화수소 3%의 용액을 피부 상처의 소독에 사용한다.
② 포르말린 1~1.5%의 수용액을 도구 소독에 사용한다.
③ 크레졸 3%, 물 97%의 수용액을 도구 소독에 사용한다.
④ 알코올 30%의 용액을 손, 피부 상처에 사용한다.

49 한국 네일미용의 역사와 가장 거리가 먼 것은?

① 고려시대부터 시작하였다.
② 1990년대부터 네일 산업이 점차 대중화되어 갔다.
③ 1998년 민간자격시험 제도가 시행되었다.
④ 상류층 여성들은 네일 뿌리 부분에 문신 바늘로 색소를 주입하여 상류층임을 과시하였다.

50 네일 도구를 제대로 위생처리하지 않고 사용했을 때 생기는 질병으로, 작업할 수 없는 네일의 병변은?

① 오니코렉시스(조갑종렬증)
② 오니키아(조갑염)
③ 에그셸 네일(조갑연화증)
④ 니버스(조모반증)

51 젤 경화 시 발생하는 히팅 현상과 관련한 내용으로 가장 거리가 먼 것은?

① 네일이 얇거나 상처가 있을 경우에 히팅 현상이 나타날 수 있다.
② 젤 작업이 두껍게 되었을 경우에 히팅 현상이 나타날 수 있다.
③ 히팅 현상 발생 시 경화가 잘 되도록 잠시 참는다.
④ 젤 작업 시 얇게 여러 번 도포하고 경화하여 지팅 현상에 대처한다.

52 스마일 라인에 대한 설명 중 틀린 것은?

① 네일의 상태에 따라 라인의 깊이를 조정할 수 있다.
② 깨끗하고 선명한 라인을 만들어야 한다.
③ 좌우대칭의 밸런스보다 자연스러움을 강조해야 한다.
④ 빠른 시간에 작업해서 얼룩지지 않도록 해야 한다.

53 네일 프라이머의 특징이 아닌 것은?

① 아크릴 작업 시 자연네일에 잘 부착되도록 돕는다.
② 피부에 닿으면 화상을 입힐 수 있다.
③ 자연네일 표면의 단백질을 녹인다.
④ 알칼리 성분으로 자연네일을 강하게 한다.

54 가장 기본적인 네일관리법으로 손톱 형태 만들기, 큐티클 정리, 마사지, 컬러링 등을 포함하는 네일관리법은?

① 습식 매니큐어
② 페디아트
③ UV 젤 네일
④ 아크릴 오버레이

55 다음 중 아크릴 원톤 스컬프쳐 제거에 대한 설명으로 틀린 것은?

① 큐티클 니퍼로 뜯는 행위는 자연네일에 손상을 주므로 피한다.
② 표면에 에칭을 주어 아크릴 제거가 수월하도록 한다.
③ 100% 아세톤을 사용하여 아크릴을 녹여준다.
④ 네일 파일링 만으로 제거하는 것이 원칙이다.

56 페디큐어 과정에서 필요한 재료로 가장 거리가 먼 것은?

① 큐티클 니퍼
② 콘 커터
③ 엑티베이터(경화 촉진제)
④ 토우 세퍼레이터

57 자연네일에 네일 팁을 붙일 때 유지하는 가장 적합한 각도는?

① 35°
② 45°
③ 90°
④ 95°

58 원톤 스컬프쳐의 완성 시 인조네일의 아름다운 구조 설명으로 틀린 것은?

① 옆선이 네일의 사이드 월 부분과 자연스럽게 연결되어야 한다.
② 콘 벡스와 콘 케이브의 균형이 균일해야 한다.
③ 하이포인트의 위치가 스트레스 포인트 부근에 위치해야 한다.
④ 인조네일의 길이는 길어야 아름답다.

59 네일 폼의 사용에 관한 설명으로 옳지 않은 것은?

① 측면에서 볼 때 네일 폼은 항상 20° 하향하도록 장착한다.
② 자연네일과 네일 폼 사이가 벌어지지 않도록 장착한다.
③ 하이포니키움이 손상되지 않도록 주의하며 장착한다.
④ 네일 폼이 틀어지지 않도록 균형을 잘 조절하여 장착한다.

60 페디큐어의 정의로 옳은 것은?

① 발톱을 관리하는 것을 말한다.
② 발과 발톱을 관리, 손질하는 것을 말한다.
③ 발을 관리하는 것을 말한다.
④ 손상된 발톱을 교정하는 것을 말한다.

정답				
01 ②	02 ②	03 ②	04 ②	05 ②
06 ③	07 ②	08 ④	09 ④	10 ②
11 ④	12 ②	13 ④	14 ②	15 ①
16 ③	17 ③	18 ②	19 ④	20 ②
21 ①	22 ④	23 ①	24 ②	25 ④
26 ②	27 ④	28 ④	29 ①	30 ②
31 ④	32 ②	33 ①	34 ④	35 ①
36 ②	37 ③	38 ①	39 ③	40 ②
41 ④	42 ④	43 ③	44 ③	45 ②
46 ③	47 ①	48 ④	49 ④	50 ②
51 ③	52 ③	53 ④	54 ①	55 ④
56 ③	57 ②	58 ④	59 ①	60 ②

제3회 실전 모의고사

01 네일 미용 관리가 일반들에게 대중화가 가장 먼저 발전한 나라는?

① 중국
② 유럽
③ 일본
④ 미국

02 건강한 네일에 관한 설명이 아닌 것은?

① 25~30%의 수분과 10%의 유분을 함유해야 건강한 손톱이다.
② 건강한 손톱은 유연하고 탄력성이 좋으며, 튼튼하다.
③ 네일 바디는 빛이 통과할 정도로 반투명한 무색이다.
④ 건강한 손톱은 내구력이 좋아야 한다.

03 손톱의 끝 부분으로 형태를 자유롭게 변형할 수 있는 부분을 무엇이라 하는가?

① 네일 루트
② 하이포니키움
③ 네일 프리에지
④ 네일 베드

04 다음 중 인조 손톱을 시술 할 수 있든 손톱의 이상 증상은?

① 오니키아
② 테리지움
③ 오니코리시스
④ 오니코그라이포시스

05 전염성이 강하고 발가락 또는 발바닥에 붉은색의 수포와 반점들이 생기고 가려움증을 동반할 증상은?

① 테리지움
② 파로니키아
③ 오니코렉시스
④ 티니아페디스

06 완전히 케라틴화 되지 않은 네일바디의 베이스에 있는 것은?

① 매트릭스
② 큐티클
③ 루눌라
④ 프리에지

07 네일 재료의 개발 설명 중 바르지 않은 것은?

① 오렌지우드스틱은 치과에서 사용하던 도구에서 착안되었다.
② 아크릴 제품은 미술 조형작품에서 사용하던 아크릴 재료에서 비롯된 것이다.
③ 니트로셀룰로오스의 개발은 에나멜의 피막형성체로 사용 되었다.
④ 에어로졸 테크닉에서 스프레이형 폴리시 드라이어가 개발되었다.

08 평활근은 잡아당기면 쉽게 늘어나서 장력(tension)의 큰 변화 없이 본래 길이의 몇배까지도 되는데, 이와 같은 성질을 무엇이라고 하는가?

① 연축(twitch)
② 가소성(plasticity)
③ 긴장(tonus)
④ 강직(contracture)

09 네일 웰의 정확한 위치는?

① 네일 배드의 양측면에 좁게 패인곳
② 손톱 베이스에 있는 피부의 가는 선
③ 손톱 고랑위에 있는 양쪽 피부
④ 손톱 주위를 덮는 피부

10 다음 중 다리에 근육이 아닌 것은?

① 전경골근
② 비복근
③ 가자미근
④ 회내근

11 인체의 기본 4대 조직이 아닌 것은?

① 피부조직
② 상피조직
③ 결합조직
④ 신경조직

12 상어 간에서 추출한 동물성 왁스는?

① 라놀린
② 스쿠알렌
③ 레시틴
④ 리바이탈

13 화장품의 4대 요건에 해당되지 않는 것은?

① 안전성
② 안정성
③ 사용성
④ 보호성

14 기능성 화장품에 대한 설명으로 옳은 것은?

① 자외선의 의해 피부가 심하게 그을리거나 일광 화상이 생기는 것을 지연해 준다.
② 피부 표면에 더러움이나 노폐물을 제거하여 피부를 청결하게 해준다.
③ 피부표면의 건조를 방지해주고 피부를 매끄럽게 한다.
④ 비누 세안에 의한 손상된 피부의 ph를 정상적인 상태로 빨리 돌아오게 한다.

15 다음 중 향수의 부향률에 높은 것부터 순서대로 나열 된 것은?

① 퍼퓸, 오데퍼퓸, 오데코롱, 오데트왈렛
② 퍼퓸, 오데트왈렛, 오데코롱, 오데퍼퓸
③ 퍼퓸, 오데퍼퓸, 오데트왈렛, 오데코롱
④ 퍼퓸, 오데코롱, 오데퍼퓸, 오데트왈렛

16 장염, 비브리오 식중독을 일으키는 주 요원인 식품은?

① 달걀
② 어패류
③ 채소류
④ 육류

17 급성 감염병을 일으키는 병원체로 포자는 내열성이 강하며 생물학적이나 생물테러에 사용될 수 있는 위험성이 높은 병원체는?

① 브루셀라균
② 탄저균
③ 결핵균
④ 리스테리아균

18 다음 중 산란과 동시에 감염능력이 있으며 건조에 저항성이 커서 집단감염이 가장 잘 되는 기생충은?

① 회충
② 십이지장충
③ 광절열두조충
④ 요충

19 일반적으로 식품의 저온 살균온도로 가장 적합한 것은?

① 20~30℃
② 60~70℃
③ 100~110℃
④ 130~140℃

20 다음 중 폐흡충의 제1중간 숙주는 무엇인가?

① 쇠고기
② 배추
③ 다슬기
④ 붕어

21 다음 중 전염병과 관련내용이 바르게 연결되지 않은 것은?

① 콜레라 - 외래 전염병
② 파상열 - 바이러스성 인수공통전염병
③ 장티푸스 - 고열 수반
④ 세균성 이질 - 점액성 혈변

22 다음 중 확정 소득 방법이라 할 수 없는 것은?

① 포르말린
② 석탄산
③ 크레졸 비누액
④ 고압증기 멸균법

23 다음 중 이·미용업소에서 손님에게서 나온 객담이 묻은 휴지 등을 소독하는 방법으로 가장 적합한 것은?

① 소각소독법
② 자비소독법
③ 고압증기멸균법
④ 저온소독법

24 다음 중 독소형 식중독이 아닌 것은?

① 보툴리누스균 식중독
② 살모넬라 균 식중독
③ 웰치균 식중독
④ 포도상구균 식중독

25 다음 중 팔을 위로 올리거나 내릴 때 또는 바깥쪽으로 돌릴 때 사용되는 근육의 명칭은?

① 승모근
② 흉쇄유돌근
③ 대둔근
④ 비복근

26 자외선 중 홍반을 주로 유발시키는 것은?

① UV-A
② UV-B
③ UV-C
④ UV-D

27 내인성 노화가 진행될 때 감소현상을 나타내는 것은?

① 각질층의 두께
② 피부 처짐 현상
③ 랑게르한스 세포
④ 주름

28 다음 중 바이러스에 의한 피부질환은?

① 대상포진
② 식중독
③ 발 무좀
④ 농가진

29 진피의 자리하고 있으면 통증이 동반되고 여드름피부의 4단계에서 생성되는 것으로 치료 후 흉터가 남는 것은?

① 가피
② 농포
③ 면포
④ 낭종

30 화상에 9분중 홍반, 부종, 통증뿐만 아니라 수포 형성하는 것은?

① 제1도 화상
② 제2도 화상
③ 제3도 화상
④ 중급 화상

31 혈관과 림프관이 분포되어 있어 털에 영양을 공급하여 주로 발육에 관여하는 것은?

① 모유두
② 모표피
③ 모피질
④ 모수질

32 다음 중 피부에 기능에 대한 설명으로 틀린 것은?

① 인체의 내부기관을 보호한다.
② 비타민 B를 생성한다.
③ 감각을 느끼게 한다.
④ 체온조절을 한다.

33 공중보건학의 정의로 가장 적합한 것은?

① 질병예방, 생명 연장, 질병치료에 주력하는 기술이며 과학이다.
② 질병예방, 생명유지, 조기 치료에 주력하는 기술이며 과학이다.
③ 질병의 조기발견, 조기예방, 생명연장에 주력하는 기술이며 과학이다.
④ 질병예방, 생명연장, 건강증진에 주력 하는 기술이며 과학이다.

34 질병발생의 요인중 숙주 적 요인에 해당되지 않는 것은?

① 선천적 요인
② 연령
③ 생리적 방어기전
④ 경제적 수준

35 한국가가 지역사회간의 보건 수준을 비교하는데 사용되는 대표적인 3대 지표는?

① 영아사망률, 비례사망지수, 평균수명
② 영아사망률, 사인별 사망률, 평균수명
③ 유아사망률, 모성사망률, 비례사망지수
④ 유아사망률, 사이별 사망률,영 어사망률

36 한 나라의 건강수준을 다른 국가들과 비교할 수 있는 지표로 세계보건기구가 제시한 내용은?

① 인구증가율, 평균수명, 비례사망지수
② 비례사망지수, 조사망률, 평균수명
③ 평균수명, 조사망률, 국민소득
④ 의료시설, 평균수명, 주거상태

37 콜레라 예방접종은 어떤 면역방법인가?

① 인공수동면역
② 인공능동면역
③ 자연수동면역
④ 자연능동면역

38 법정감염병 중 제1군 감염병이 아닌 것은?

① 장티푸스
② 장출혈성대장균감염증
③ 세균성이질
④ 디프테리아

39 다음 중 인수공통감영병에 해당되는 것은?

① 홍역
② 한센병
③ 풍진
④ 공수병

40 기생충의 인체 내 기생부위 연결이 잘못된 것은?

① 구충증 : 폐
② 폐흡충 : 폐
③ 요충증 : 직장
④ 간흡충증 : 간의 담도

41 실내에 다수인이 밀집한 상태에서 실내 공기의 변화는?

① 기온상승, 습도증가, 이산화탄소 감소
② 기온하강, 습도증가, 이산화탄소 감소
③ 기온상승, 습도증가, 이산화탄소 증가
④ 기온상승, 습도감소, 이산화탄소 증가

42 다음 중 음용수에서 대장균 검출의 의의로 가장 큰 것은?

① 오염의 지표
② 감염병 발생예고
③ 음용수의 부패상태 파악
④ 비병원성

43 다음 중 물리적 소독법에 속하지 않는 것은?

① 건열멸균법
③ 크레졸 소독법
② 고압증기멸균법
④ 자비소독법

44 95% 농도의 소독약 200ml가 있다. 이것을 70% 정도로 농도를 낮추어 소독용으로 사용하고자 할 때 얼마의 물을 더 첨가하면 되는가?

① 약 25mℓ
② 약 50mℓ
③ 약 70mℓ
④ 약 140mℓ

45 이·미용사 업무범위에 관한 필요한 사항을 정한 것은?

① 대통령령
② 보건복지부령
③ 노동부령
④ 국무총리령

46 관계공무원의 출입 검사 기타 조치를 거부 방해 또는 기피했을 때의 과태료 부과 기준은?

① 500만원 이하
② 300만원 이하
③ 100만원 이하
④ 50만원 이하

47 미용업자가 점 빼기, 귓불 뚫기, 쌍꺼풀 수술, 문신, 박피술 그 밖에 이와 유사한 의료 행위를 하여 관련법규를 2차 위반했을 때의 행정처분은?

① 경고
② 영업정지 3개월
③ 영업장 폐쇄명령
④ 면허취소

48 건전한 영업질서를 위하여 공중위생영업자가 준수하여야 할 사항을 준수하지 아니한 자에 대한 벌칙기준은?

① 6개월 이하의 징역 또는 500만원 이하의 벌금
② 1년 이하의 징역 또는 500만원 이하의 벌금
③ 3개월 이하의 징역 또는 500만원 이하의 벌금
④ 500만원 이하의 벌금

49 다음 중 향료의 함유량이 가장 많은 것은?

① 퍼퓸
② 오데트왈렛
③ 샤워코롱
④ 오데코롱

50 화장품의 4대 품질 조건에 대한 설명 중 틀린 것은?

① 안전성 : 피부에 대한 자극, 알레르기, 독성이 없을 것
② 안정성 : 변색, 변취, 미생물의 오염이 없을 것
③ 사용성 : 피부에 사용감이 좋고 잘 스며들 것
④ 유효성 : 질병치료 및 진단에 사용할 수 있는 것

51 다음 중 여드름을 유발하지 않는 화장품 성분은?

① 올레인산
② 라우린 산
③ 솔비톨
④ 올리브 오일

52 다음 설명 중 기능성 화장품에 해당하지 않는 것은?

① 피부에 멜라닌 색소가 침착하는 것을 방지하여 기미, 주근깨 등의 생성을 억제함으로써 피부의 미백에 도움을 주는 기능을 가진 화장품
② 미백과 더불어 신체적으로 약리학적 영향을 줄 목적으로 사용하는 제품
③ 피부에 탄력을 주어 피부의 주름을 완화 또는 개선하는 기능을 가진 화장품
④ 피부를 곱게 태워 주거나 자외선으로부터 피부를 보호하는 데에 도움을 주는 제품

53 실크 익스텐션의 필요한 재료가 아닌 것은?

① 필러 파우더
② 글루
③ 글루 드라이어
④ 하프 웰 팁

54 프라이머는 다음 중 어떤 성질로 인해 피부에 닿으면 손상을 주는가?

① 알카리성
② 중성
③ 산성
④ 건성

55 다음은 아크릴 스컬프쳐의 시술과정이다. (　　) 안에 들어갈 작업으로 옳은 것은?

〈보기〉
손소독 → 폴리시 제거 → 큐티클 밀기 → (　　) → 네일 폼 접착하기 → 프라이머 바르기

① 자연 네일 광택제거
② 오일 바르기
③ 핑거볼에 손 담그기
④ 큐티클 리무버 바르기

56 UV젤 팁 오버레이의 보수 방법이 아닌 것은?

① 들뜬 UV 젤은 글루를 이용하여 채운다.
② 광택을 내기 위해 UV 젤 도포 후 큐어링 한다.
③ 자라나온 손톱과 시술된 인조네일 부분을 파일링 한다.
④ 보수한 UV 젤은 큐어링한다.

57 가느다란 명주실로 촘촘이 짜여서 있으며 투명성과 자연스러움이 가장 뛰어난 소재는?

① 화이버 글래스
② 실크
③ 린넨
④ 아세테이트

58 네일 팁 부착시 주의점이 바르지 않은 것은?

① 프리 엣지의 길이는 1mm 정도가 적당하다.
② 자연 네일의 모양은 라운드형이 적당하다.
③ 자연 네일의 길이가 일정 하지 않더라도 맞추지 않고 시술한다.
④ 푸셔나 오렌지우드스틱을 사용해 큐티클을 밀어 준다.

59 응고제를 뿌려 응고시키는 젤 네일을 무엇이라 하는가?

① 라이트 큐어드젤
② 노 라이트 큐어드젤
③ 젤 큐어드
④ 젤 코팅

60 아크릴 시스템 중 파우더 형태로 많은 수의 모노머들이 체인식의 긴연결 분자 구조를 갖는 것을 무엇이라 하는가?

① 폴리머
② 올리고머
③ 모너머
④ 아크릴 리퀴드

정답				
01 ④	02 ①	03 ③	04 ②	05 ④
06 ①	07 ②	08 ②	09 ③	10 ④
11 ①	12 ②	13 ④	14 ①	15 ③
16 ②	17 ②	18 ④	19 ②	20 ③
21 ②	22 ④	23 ①	24 ②	25 ①
26 ②	27 ③	28 ①	29 ④	30 ②
31 ①	32 ②	33 ④	34 ④	35 ①
36 ②	37 ②	38 ④	39 ④	40 ①
41 ③	42 ①	43 ③	44 ③	45 ②
46 ②	47 ②	48 ①	49 ①	50 ④
51 ③	52 ②	53 ④	54 ③	55 ①
56 ①	57 ②	58 ③	59 ②	60 ①

제4회 실전 모의고사

01 외국 네일 미용의 발전과 인물에 대한 연결이 바른 것은?

① 헬렌 걸리 : 네일 팁 개발
② 시트 : 오렌지 우드스틱 개발
③ 닥터 코로니 : 큐티클 리무버 개발
④ 토마스 슬랙크 : 아크릴 네일 제품 개발

02 B.C 3,000년경 최초의 손 관리가 행해졌다고 기록된 나라는?

① 그리스
② 로마
③ 이집트
④ 프랑스

03 외국 네일 미용의 역사에서 페디큐어가 일반화되기 시작한 시기는?

① 1940년대
② 1950년대
③ 1960년대
④ 1970년대

04 제품안전정보 지침서를 뜻하는 약어로 맞는 것은?

① MSDS
② EPA
③ DOH
④ OSHA

05 다음 중 네일을 지칭하는 전문용어로 바른 것은?

① 케라틴
② 프로틴
③ 오닉스
④ 오니코시스

06 네일숍에서 시술이 불가능한 질환은?

① 조갑구만증
② 커러제이션
③ 행네일
④ 오니코파지

07 손톱 밑의 구조로 맞지 않는 것은?

① 네일 베드
② 매트릭스
③ 루눌라
④ 네일 플레이트

08 대회용으로 많이 사용되며 다른 쉐입보다 강한 느낌을 주는 손톱모양은?

① 오벌 쉐입
② 라운드 쉐입
③ 스퀘어 쉐입
④ 아몬드형 쉐입

09 제1~제5 중족골 중 가장 긴 것은?

① 제1 중족골
② 제2 중족골
③ 제3 중족골
④ 제4 중족골

10 직업병과 관련 직업이 옳게 연결된 것은?

① 규폐증-용접공
② 열사병-채석공
③ 근시안-식자공
④ 잠함병-방사선기사

11 하수처리 방법 중 혐기성 분해처리에 해당하는 것은?

① 활성오니법
② 살수여과법
③ 산화지법
④ 부패조법

12 다음 중 감염형 식중독 세균이 아닌 것은?

① 살모넬라균
② 장염 비브리오균
③ 황색포도상구균
④ 캠필로박터균

13 세균의 대표적인 3가지 형태분류에 포함되지 않는 것은?

① 구균(Coccus)
② 나선균(Spirillum)
③ 간균(Bacillus)
④ 페니실린균(Penicillium)

14 경구 전염병의 예방법으로 부적합한 것은?

① 모든 식품을 일광 소독한다.
② 감염원이나 오염물을 소독한다.
③ 보균자의 식품취급을 금한다.
④ 주위환경을 청결히 한다.

15 다음 중 인수공통전염병은?

① 폴리오
② 이질
③ 야토병
④ 전염성 설사병

16 지역사회에서 노인 인구의 가장 적절한 보건 교육 방법은?

① 개별 접촉
② 신문
③ 집단 교육
④ 강연회

17 식중독에 관한 설명으로 옳은 것은?

① 세균성 식중독 중 치사율이 가장 낮은 것은 보툴리누스 식중독이다.
② 테트로도톡신은 감자에 다량 함유되어 있다.
③ 식중독은 급격한 발생률, 지역과 무관한 동시에 다발성이 특징이다.
④ 식중독은 원인에 따라 세균성, 화학물질, 자연독, 곰팡이독 등으로 분류된다.

18 절대적으로 공기와의 접촉이 차단된 상태에서만 생존할 수 있어 산소가 있으면 사멸되는 균은?

① 호기성균
② 편성 호기성균
③ 통성 혐기성균
④ 편성 혐기성균

19 고압증기 멸균법에 있어 압력10Lbs, 온도 115.5℃의 상태에서 몇 분간 처리하는 것이 바람직한가?

① 20분
② 30분
③ 15분
④ 40분

20 음료수 소독에 사용되는 소독방법 중 가장 거리가 <u>먼 것</u>은?

① 초고온 살균법
② 자비 소독
③ 표백분 소독
④ 승홍 소독

21 어떤 소독약의 석탄산 계수가 3.0이라는 것은 무엇을 의미하는가?

① 석탄산의 살균력이 3이다.
② 살균력이 석탄산의 3배이다.
③ 살균력이 석탄산의 3%이다.
④ 살균력이 석탄산의 30%이다.

22 "인구는 기하급수적으로 들고 생산은 산술급수적으로 늘기 때문에 체계적인 인구 조절이 필요하다" 라고 주장한 사람은?

① 토마스 R. 말더스
② 에드워드 윈슬로우
③ 프랜시스 플레이스
④ 포베르토 코흐

23 법정 제1군 감염병이 <u>아닌</u> 것은?

① 장티푸스
② 장출혈성 대장균 감염증
③ 세균성 이질
④ 디프테리아

24 보건행정의 특성과 거리가 <u>먼 것</u>은?

① 공공성
② 사회성
③ 교육성
④ 정치성

25 대기오염의 지표로 주로 측정되는 것은?

① N_2
② CO_2
③ CO
④ SO_2

26 보균자 중 질병에 감염되었으나 임상증상이 보이지 않고 병원체를 배출하여 감염병 관리상 관리가 가장 어려운 대상은?

① 회복기 보균자
② 잠복기 보균자
③ 감염병 환자
④ 건강보균자

27 공중보건의 3대 요소에 속하지 않는 것은?

① 감염병 치료
② 수면 연장
③ 건강과 능률의 향상
④ 감염병 예방

28 100% 크레졸비누액을 환자의 배설물, 토사물, 객담소독을 위한 소독용 크레졸 비누액 150ml로 조제하는 방법으로 가장 적합한 것은?

① 크레졸비누액 10ml+물 140ml
② 크레졸 비누액 4.5ml+물 140 5.5ml
③ 크레졸 비누에 3ml+물 147 ml
④ 크레졸비누액 7.5ml+물 142.5ml

29 이·미용업소에서 소독하지 않은 면체용 면도기로 주로 전염되는 질병은?

① B형 간염
② 파상풍
③ 트리코마
④ 결핵

30 공중위생에 관리를 위한 지도·계몽 등을 행하게 하기 위하여 둘 수 있는 것은?

① 공중위생조사원
② 명예공중위생감시원
③ 공중위생평가단체
④ 공중위생전문교육원

31 위생교육을 실시한 전문기관 또는 단체가 교육에 관한 기록을 보관·관리하여야 하는 기간은?

① 2년
② 3개월
③ 1년
④ 6개월

32 이·미용사의 면허증을 다른 사람에게 대여한 때의 법적행정처분 조치사항으로 맞는 것은?

① 시·도지사가 그 면허를 취소하거나 1년 이내의 기간을 정하여 업무정지를 명할 수 있다.
② 시·도지사가 6개월 기간 동안 업무를 정지시킨다.
③ 시장·군수·구청장은 그 면허를 취소하거나 6개월 이내의 기간을 정하여 면허정지를 명할 수 있다.
④ 시장·군수·구청장은 그 면허를 취소하거나 2년 이내의 기간을 정하여 업무정지를 명할 수 있다.

33 이·미용업 종사자로 위생교육을 받아야 하는 자는?

① 공중위생 영업에 종사자로 처음 시작하는 자
② 공중위생 영업에 6개월 이상 종사자
③ 공중위생 영업에 2년 이상 종사자
④ 공중위생 영업을 승계한 자

34 이·미용사의 면허를 받지 않은 자가 이·미용의 업무를 하였을 때의 벌칙기준은?

① 100만원 이하의 벌금
② 500만원 이하의 벌금
③ 300만원 이하의 벌금
④ 1000만원 이하의 벌금

35 이·미용업자가 이·미용업소 외의 장소에서 이·미용을 한 경우 1차 위반 시 행정처분 기준은?

① 영업정지 1개월
② 영업정지 10일
③ 영업정지 2개월
④ 영업장폐쇄 명령

36 사람의 항문 주위에서 알을 낳는 기생충은?

① 구충
② 사상충
③ 요충
④ 회충

37 미백 화장품에 사용되는 원료가 아닌 것은?

① 코직산
② 레티놀
③ 알부틴
④ 비타민C 유도체

38 피부에 존재하는 감각 기관 중 가장 많이 분포하는 것은?

① 촉각점
② 온각점
③ 냉각점
④ 통각점

39 인체에 있어 피지선이 전혀 없는 곳은?

① 이마
② 코
③ 귀
④ 손바닥

40 피부의 과립층에 대한 설명 중 옳은 것은?

① 지방을 다량 함유하고 있어서 피하지방 조직이라 한다.
② 엘라이딘이 존재한다.
③ 색소를 결정짓는 층이다.
④ 케라토히알린층으로 2~5개 층의 방추형 모양이며, 수분증발을 방지하는 역할을 한다.

41 다음 중 민감성 피부의 화장품 사용시 옳지 않은 것은?

① 화장품 도포시 첩포 시험을 통하여 적합성을 고려한 후 사용한다.
② 피부에 보습, 진정 효과가 뛰어난 제품을 사용한다.
③ 피부 재생을 위해 스크럽 필링젤을 사용한다.
④ 무알코올 화장수을 사용한다.

42 광노화에 반응과 가장 거리가 먼 것은?

① 피부결이 거칠어짐
② 피부가 건조해짐
③ 기미 및 색소침착
④ 모세혈관 수축

43 탄수화물에 대한 설명으로 옳지 않은 것은?

① 당질이라고도 하며 신체의 중요한 에너지원이다.
② 장에서 포도당, 과당 및 갈락토오스로 흡수된다.
③ 지나친 탄수화물의 섭취는 신체를 알칼리성 체질로 만든다.
④ 탄수화물의 소화흡수율은 99%에 가깝다.

44 다음 중 pH의 옳은 설명은?

① 어떤 물질의 용액 속에 들어있는 수소이온의 농도를 나타낸다.
② 어떤 물질의 용액 속에 들어있는 수소분자의 농도를 나타낸다.
③ 어떤 물질의 용액 속에 들어있는 수소이온의 질량을 나타낸다.
④ 어떤 물질의 용액 속에 들어있는 수소분자의 질량을 나타낸다.

45 여드름 발생의 주요 원인과 가장 거리가 먼 것은?

① 아포크린한선의 분비 증가
② 여드름 균의 군락 형성
③ 모낭 내 이상 각화
④ 염증 반응

46 팩에 사용되는 주성분 중 피막제 및 점도증가제로 사용되는 것은?

① 카올린, 탈크
② 폴리비닐알코올, 산탄검
③ 구연산나트륨, 아미노산류
④ 유동파라핀, 스쿠알렌

47 다음 중 오일에 물이 혼합되어 있는 유화 상태는?

① O/W 에멀젼
② W/O 에멀젼
③ W/S 에멀젼
④ W/O/W 에멀젼

48 아하(AHA)의 설명이 아닌 것은?

① 각질제거 및 보습기능이 있다.
② 글리콜릭산, 젖산, 사과산, 주석산, 구연산이 있다.
③ 알파 하이드록시카프로익엑시드(Alpha hydroxycaproic acid)의 약자이다.
④ 피부와 점막에 약간의 자극이 있다.

49 여드름과 잔주름 개선에 널리 사용되는 것은?

① 토코페롤
② 아스코르빈산
③ 레티노산
④ 갈시페롤

50 피부 관리에서 팩의 사용 효과가 아닌 것은?

① 수분 및 영양 공급
② 각질제거
③ 치유작용
④ 피부 청정 작용

51 향수의 구비조건이 아닌 것은?

① 향에 특징이 있어야 한다.
② 향이 강하므로 지속성이 약해야 한다.
③ 시대 성의 부합되는 향이어야 한다.
④ 향의 조화가 잘 이루어져야 한다.

52 여드름 피부에 직접 사용하기에 가장 좋은 아로마는?

① 유칼립투스
② 로즈마리
③ 페퍼민트
④ 티트리

53 캐리어 오일로써 부적합한 것은?

① 미네랄 오일
② 살구씨 오일
③ 아보카도 오일
④ 포도씨 오일

54 라이트 큐어드 젤 네일의 시술 과정이다. (　　) 안에 들어갈 알맞은 말은?

〈보기〉

광택 제거→1차 젤 바르기→젤 큐어드→2차 젤 바르기→(　　)→파일하기→네일세척→탑젤 바르기

① 파일링 하기
② 엑티베이터 뿌리기
③ 젤 큐어드
④ 마사지 하기

55 네일 미용인으로서의 자세로 올바르지 않는 것은?

① 고객의 요구가 많을 때는 적당히 타협한다.
② 새로운 테크닉 연구와 개발을 통해 항상 최고의 서비스를 제공한다.
③ 시술 테이블은 항상 청결히 유지한다.
④ 안전 규정을 준수하고 충실히 하여야 한다.

56 핫 오일 매니큐어 시 히터에서 데우는데 적당한 시간은?

① 10~15분
② 5~10분
③ 7~14분
④ 15~30분

57 아크릴 네일의 제작 완료된 형태를 가리키는 용어는?

① 모노머
② 폴리머
③ 프라이머
④ 카탈리스트

58 파라핀 시술은 어떤 증상에 효과가 있는가?

① 통증
② 건성
③ 습진
④ 무좀

59 베이스 코트의 주성분으로 바른 것은?

① 아세톤
② 니트로셀룰로오스
③ 이소프로필알코올
④ 쿼츠

60 페디큐어 시술 시 족탕기에 첨가하는 재료는?

① 알코올
② 방부제
③ 항균비누
④ 발 파우더

정답				
01 ②	02 ③	03 ②	04 ①	05 ③
06 ①	07 ④	08 ③	09 ②	10 ③
11 ④	12 ③	13 ④	14 ①	15 ③
16 ①	17 ④	18 ④	19 ②	20 ④
21 ②	22 ①	23 ④	24 ④	25 ④
26 ④	27 ①	28 ②	29 ①	30 ②
31 ①	32 ③	33 ④	34 ③	35 ①
36 ③	37 ②	38 ④	39 ④	40 ④
41 ③	42 ④	43 ③	44 ①	45 ①
46 ②	47 ②	48 ③	49 ③	50 ③
51 ②	52 ④	53 ①	54 ③	55 ①
56 ①	57 ②	58 ②	59 ②	60 ③

제5회 실전 모의고사

01 다음 중 제2군 감염병이 아닌 것은?

① 홍역
② 성홍열
③ 폴리오
④ 디프테리아

02 다음 5대 영양소 중 신체의 생리기능 조절에 주로 작용하는 것은?

① 단백질, 탄수화물
② 비타민, 무기질
③ 지방, 비타민
④ 탄수화물, 무기질

03 다음 중 감염병이 아닌 것은?

① 폴리오
② 풍진
③ 성병
④ 당뇨병

04 다음 중 실내공기 오염의 지표로 널리 사용되는 것은?

① CO_2
② CO
③ Ne
④ NO

05 보건행정의 특성과 거리가 먼 것은?

① 공성과 사회성
② 과학성과 기술성
③ 조장성과 교육성
④ 독립성과 독창성

06 출생 시 모체로부터 받는 면역은?

① 인공능동면역
② 자연능동면역
③ 인공수동면역
④ 자연수동면역

07 오늘날 인류의 생존을 위협하는 대표적인 3요소는?

① 인구 - 환경오염 - 교통문제
② 인구 - 환경오염 - 인간관계
③ 인구 - 환경오염 - 빈곤
④ 인구 - 환경오염 - 전쟁

08 다음 중 이학적(물리적) 소독법에 속하는 것은?

① 크레졸 소독
② 생석회 소독
③ 열탕소독
④ 포르말린 소독

09 다음 중 살균효과가 가장 높은 소독 방법은?

① 염소소독
② 일광소독
③ 저온소독
④ 고압증기멸균

10 이·미용 작업 시 시술자의 손소독 방법으로 가장 거리가 먼 것은?

① 흐르는 물에 비누로 깨끗이 씻는다.
② 락스액에 충분히 담갔다가 깨끗이 헹군다.
③ 시술 전 70% 농도의 알코올을 적신 솜으로 깨끗이 닦는다.
④ 세척액을 넣은 미온수와 솔을이용하여 깨끗이 닦는다.

11 소독용 과산화수소(H_2O_2) 수용액에 적당한 농도는?

① 2.5~3.5%
② 3.5~5.0%
③ 5.0~6.0%
④ 6.5~7.5%

12 세균의 단백질 변성과 응고 작용에 의한 기전을 이용하여 살균하고자 할 때 주로 이용하는 방법은?

① 가열
② 희석
③ 냉각
④ 여과

13 이·미용실의 기구(가위,레이저) 소독으로 가장 적합한 소독제는?

① 70~80%의 알코올
② 100~200배 희석 역성비누
③ 5% 크레졸 비누액
④ 50%의 페놀액

14 살균 작용에 기전 중 산화에 의하지 않는 소독제는?

① 오존
② 알코올
③ 과망간산칼륨
④ 과산화수소

15 흡연이 인체에 미치는 영향에 대한 설명으로 적절하지 않는 것은?

① 간접 흡연은 인체에 해롭지 않다.
② 흡연은 암을 유발할 수 있다.
③ 흡연은 피부의 표피를 얇아지게 해서 피부의 잔주름 생성을 증가시킨다.
④ 흡연은 비타민 C를 파괴한다.

16 피부 관리가 가능한 여드름에 단계로 가장 적절한 것은?

① 결절
② 구진
③ 흰면포
④ 농포

17 다음 중 최고의 색상을 좌우하는 멜라닌이 가장 많이 함유되어 있는 곳은?

① 모표피
② 모피질
③ 모수질
④ 모유두

18 다음에서 설명하는 피부병변은?

〈보기〉
신진대사의 저조가 원인으로 중년여성 피부의 유핵층에 자리하며, 안면의 상반부에 위치한 기름샘과 땀구멍에 주로 생성하며 모래알 크기의 각질세포로서 특히 눈 아래 부분에 생긴다.

① 매상 혈관종
② 비립종
③ 섬맘성 혈관종
④ 섬유종

19 피부 상필 세포조직에 성장과 유지 및 점막손상방지의 필수적인 비타민은?

① 비타민 A
② 비타민 D
③ 비타민 E
④ 비타민 K

20 다한증과 관련한 설명으로 가장 거리가 먼 것은?

① 더위에 견디기 어렵다.
② 땀이 지나치게 많이 분비된다.
③ 스트레스가 약화 요인이 될 수 있다.
④ 손바닥에 다한증은 악수 등의 일상생활에서 불편함을 초래한다.

21 인체에 있어 피지선이 존재하지 않는 곳은?

① 이
② 코
③ 귀
④ 손바닥

22 이·미용업 영업자가 시설 및 설비 기준을 위반한 경우 1차위반에 대한 행정처분 기준은?

① 경고
② 개선명령
③ 영업정지 5일
④ 영업정지 10일

23 공중위생 감시원의 업무에 해당하지 않는 것은?

① 공중위생영업 신고 시 시설 및 설비에 확인에 관한 사항
② 공주위생영업자 준수사항 이행 여부에 확인에 관한 사항
③ 위생지도 및 개선명령 이행여부에 확인에 관한 사항
④ 세금납부 적정 여부의 확인에 관한 사항

24 법에 따라 이·미용업 영업소 안에 게시하여야 하는 게시물에 해당하지 않는 것은?

① 이·미용업 신고증
② 개설자의 면허증 원본
③ 최종 지불 요금표
④ 이·미용사 국가기술자격증

25 과태료 처분에 불복이 있는 자는 그 처분의 고지를 받은 날부터 며칠 이내에 처분권자에게 이의를 제기할 수 있는가?

① 7일 이내
② 10일 이내
③ 15일 이내
④ 30일 이내

26 이·미용업 위생 교육에 관한 내용이 맞는 것은?

① 위생 교육 대상자는 이·미용업 영업자이다.
② 이·미용사의 면허를 받은 사람은 모두 위생교육을 받아야 한다.
③ 위생교육은 시·군·구청장이 실시한다.
④ 위생교육 시간은 매년 4시간으로 한다.

27 영업정지처분을 받고 그 영업정지기간 중 영업을 한 때, 1차 위반 시 행정 처분 기준은?

① 경보 또는 개선명령
② 영업정지 1개월
③ 영업장 패쇄명령
④ 영업정지 2개월

28 이·미용사의 면허를 받을 수 없는 자는?

① 전문대학에서 이용 또는 미용에 관한 학과를 졸업한 자
② 교육부 장관이 인정하는 이·미용 고등학교에서 이용 또는 미용에 관한 학과를 졸업한 자
③ 교육부 장관이 인정하는 고등기술학교에서 6개월 과정에 이용 또는 미용에 관한 소정의 과정을 이수한 자
④ 국가기술자격법에 의한 이·미용사의 자격을 취득한 자

29 다음 중 립스틱의 성분으로 가장 거리가 먼 것은?

① 색소
② 라놀린
③ 알라토인
④ 알코올

30 화장품 제조와 판매시 품질의 특성으로 틀린 것은?

① 효과성
② 유효성
③ 안전성
④ 안정성

31 다음에서 설명하는 것은?

〈보기〉
비타민 A 유도체로 콜라겐 생성을 촉진, 케라티노사이트의 증식 촉진, 표피의 두께 증가, 히아루론산 생성을 촉진하여 피부 주름을 개선시키고 탄력을 증대시키는 성분이다.

① 코엔자임 Q10
② 레티놀
③ 알부틴
④ 세라마이드

32 화장품의 사용 목적과 가장 거리가 먼 것은?

① 인체를 청결, 미화하기 위하여 사용한다.
② 용모를 변화시키기 위하여 사용한다.
③ 피부, 모발의 건강을 유지하기 위하여 사용한다.
④ 인체에 대한 약리적인 효과를 주기 위해 사용한다.

33 향수의 구비조건으로 가장 거리가 먼 것은?

① 향에 특징이 있어야 한다.
② 향은 적당히 강하고 지속성이 좋아야한다.
③ 향은 확산성이 낮아야 한다.
④ 시대성에 부합되는 향이어야 한다.

34 계면활성제에 대한 설명으로 옳은 것은?

① 계면활성제는 일반적으로 둥근 머리 모양의 소수성기와 막대 꼬리 모양의 친수성기를 가진다.
② 계면활성제에 피부에 대한 자극은 양쪽성·양이온성·음이온성·비이온성의 순으로 감소한다.
③ 비이온성 계면활성제는 피부에 대한 안전성이 높고 유화력이 우수하여 에멀젼의 유화제로 사용된다.
④ 양이온성 계면활성제는 세정작용이 우수하여 비누, 샴푸 등에 사용된다.

35 자외선 차단제의 올바른 사용법은?

① 자외선 차단제는 아침에 한 번만 바르는 것이 중요하다.
② 자외선 차단제는 도포 후 시간이 경과 되면 덧바르는 것이 좋다.
③ 자외선 차단제는 피부에 자극이 되므로 되도록 사용하지 않는다.
④ 자외선 차제는 자외선이 강한 여름에만 사용하면 된다.

36 각 나라 네일 미용 역사의 설명으로 잘못 연결된 것은?

① 그리스·로마:네일 관리로써 '마누스큐라'라는 단어가 시작되었다.
② 미국:노크 행위는 예의에 어긋난 행동으로 여겨 손톱을 길게 길러 문을 긁도록 하였다.
③ 인도:상류 여성들은 손톱에 뿌리 부분에 문신 바늘로 색소를 주입하여 상류층을 과시하였다.
④ 중국:특권층의 신분을 드러내기 위해 '홍화'의 재배가 유행하였고, 손톱에도 바르면 이를 '조홍'이라 하였다.

37 마누스(Manus)와 큐라(Cura)라는 단어에서 유래된 용어는?

① 네일팁(Nail Tip)
② 매니큐어(Manicure)
③ 페디큐어(Pedicure)
④ 아크릴(Acrylic)

38 네일미용 작업 시 실내공기 환기방법으로 틀린 것은?

① 작업장 내에 설치된 커튼은 장기적으로 관리한다.
② 자연환기와 신선한 공기에 유입을 고려하여 창문을 설치한다.
③ 공기보다 무거운 성분이 있으므로 환기구를 아래쪽에도 설치한다.
④ 겨울과 여름에는 냉·난방을 고려하여 공기 청정기를 준비한다.

39 손·발톱에 함유량이 가장 높은 성분은?

① 칼슘
② 철분
③ 케라틴
④ 콜라겐

40 네일 기본 관리 작업과정으로 옳은 것은?

① 손 소독→프리에지 모양 만들기→네일 폴리시 제거→큐티클 정리하기→컬러 도포하기→마무리하기
② 손 소독→네일 폴리시 제거→프리에지 모양 만들기→큐티클 정리하기→컬러 도포하기→마무리하기
③ 손 소독→프리에지 모양 만들기→큐티클 정리하기→네일 폴리시 제거컬러 도포하기→마무리하기
④ 프리에지 모양 만들기→네일 폴리시 제거→큐티클 정리하기→컬러 도포하기→마무리하기→손 소독

41 손의 근육과 가장 거리가 먼 것은?

① 벌림근(외전근)
② 모음근(내전근)
③ 맞섬근(대립근)
④ 엎침근(회내근)

42 매니큐어 작업 시 알코올 소독 용기에 담가 소독하는 도구로 적절하지 못한 것은?

① 네일파일
② 네일 클리퍼
③ 오렌지 우드스틱
④ 네일 더스트 브러시

43 네일숍에서의 감염 예방 방법으로 가장 거리가 먼 것은?

① 작업 장소에서 음식을 먹을 때는 환기에 유의해야 한다.
② 네일 서비스를 할 때는 상처를 내지 않도록 항상 조심해야 한다.
③ 감기 등 감염 가능성이 있거나 감염이 된 상태에서는 시술하지 않는다.
④ 작업 전, 후에는 70% 알코올이나 소독용액으로 작업자와 고객의 손을 닦는다.

44 손 근육의 역할에 대한 설명으로 틀린 것은?

① 물건을 잡는 역할을 한다.
② 손으로 세밀하고 복잡한 운동을 한다.
③ 손가락을 벌리거나 모으는 역할을 한다.
④ 자세를 유지하기 위해 지지대 역할을 한다.

45 잘못된 습관으로 손톱을 물어뜯어 손톱이 자라지 못하는 증상은?

① 교조증(Onychophagy)
② 조갑비대증(Onychauxis)
③ 조갑위축증(Onychatrophy)
④ 조내생증(Onychocryptosis)

46 건강한 손톱에 대한 조건으로 틀린 것은?

① 반투명하며 아치형을 이루고 있어야 한다.
② 반월(루눌라)이 크고 두께가 두꺼워야 한다.
③ 표면에 굴곡이 없고 매끈하며 윤기가 나야 한다.
④ 단단하고 탄력이 있어야 하며 끝이 갈라지지 않아야 한다.

47 네일 기기 및 도구류의 위생관리로 틀린 것은?

① 타월은 1회 사용 후 세탁 · 소독한다.
② 소독 및 세제용 화학제품은 서늘한 곳에 밀폐 보관한다.
③ 큐티클 니퍼 및 네일 푸셔는 자외선 소독기에 소독할 수 없다.
④ 모든 도구는 70% 알코올을 이용하여 20분 동안 담근 후 건조시켜 사용한다.

48 네일숍 고객관리 방법으로 틀린 것은?

① 고객의 질문에 경청하며 성의 있게 대답한다.
② 고객의 잘못된 관리방법을 제품판매로 연결한다.
③ 고객의 대화를 바탕으로 고객 요구사항을 파악한다.
④ 고객의 직무와 취향 등을 파악하여 관리방법을 제시한다.

49 손가락 뼈의 기능으로 틀린 것은?

① 지지기능
② 흡수기능
③ 보호작용
④ 운동기능

50 네일서비스 고객관리카드에 기재하지 않아도 되는 것은?

① 예약 가능한 날짜와 시간
② 손톱의 상태와 선호하는 색상
③ 은행 계좌정보와 고객의 월수입
④ 고객의 기본적인 사항

51 큐티클 정리 시 유의사항으로 가장 적합한 것은?

① 큐티클 푸셔는 90°의 각도를 유지해준다.
② 에포니키움의 밑 부분까지 깨끗하게 정리한다.
③ 큐티클은 외관상 지저분한 부분만 정리한다.
④ 에포니키움과 큐티클 부분은 힘을 주어 밀어준다.

52 UV젤 스컬프쳐 보수 방법으로 가장 적합하지 않는 것은?

① UV 젤과 자연네일의 경계 부분을 파일링 한다.
② 투웨이 젤을 이용하여 두께를 만들고 큐어링 한다.
③ 파일링 시 너무 부드럽지 않은 파일을 사용한다.
④ 거친 네일 표면 위에 UV젤 탑코트를 바른다.

53 네일 팁 사용과 관련하여 가장 적합한 것은?

① 팁 접착 부분의 공기가 들어갈수록 손톱의 손상을 줄일 수 있다.
② 팁을 부착할 시 유지력을 높이기 위해 모든 네일에 하프 웰 팁을 적용한다.
③ 팁을 부착할 시 네일 팁이 자연 손톱의 1/2 이상 덮어야 유지력을 높이는 기준이다.
④ 팁을 선택할 때에는 자연 손톱의 사이즈와 동일하거나 한 사이즈 큰 것을 선택한다.

54 내추럴 프렌치 스컬프쳐의 설명으로 틀린 것은?

① 자연스러운 스마일 라인을 형성한다.
② 네일 프리에지가 내추럴 파우더로 조형된다.
③ 네일 바디 전체가 내추럴 파우더로 오버레이 된다.
④ 네일 베드는 핑크 파우더 또는 클리어 파우더로 작업한다.

55 손톱에 네일 폴리시가 착색 되었을 때 착색을 제거하는 제품은?

① 네일 화이트너
② 네일 표백제
③ 네일 보강제
④ 폴리시 리무버

56 자외선 램프 기기에 조사해야만 경화되는 네일 재료는?

① 아크릴 모노머
② 아크릴 폴리머
③ 아크릴 올리고머
④ UV젤

57 네일 폴리시 작업 방법으로 가장 적합한 것은?

① 네일 폴리시는 1회 도포가 이상적이다.
② 네일 폴리시은 섞을 때는 위, 아래로 흔들어 준다.
③ 네일 폴리시는 굳었을 때는 네일 리무버를 혼합한다.
④ 네일 폴리시는 손톱 가장자리 피부에 최대한 가깝게 도포한다.

58 새로 성장한 손톱과 아크릴 네일 사이의 공간을 보수하는 방법으로 옳은 것은?

① 들뜬 부분은 니퍼나 다른 도구를 이용하여 강하게 뜯어낸다.
② 손톱과 아크릴 네일 사이의 턱을 거친 파일로 강하게 파일링 한다.
③ 아크릴 네일 보수 시 프라이머를 손톱과 인조네일 전체에 바른다.
④ 들뜬 부분은 파일로 갈아내고 손톱 표면에 프라이머를 바른 후 아크릴 화장품을 올려준다.

59 매니큐어 과정으로 (　　)안에 들어갈 가장 알맞은 것은?

〈보기〉
소독하기→네일폴리시 지우기→(　　)→샌딩 파일 사용하기→핑거볼 담그기→큐티클 정리하기

① 손톱 모양 만들기
② 큐티클 오일 바르기
③ 거스러미 제거하기
④ 네일 표백하기

60 매니큐어와 관련한 설명으로 틀린 것은?

① 일반 매니큐어와 파라핀 매니큐어는 함께 병행할 수 있다.
② 큐티클 니퍼와 네일 푸셔는 하루에 한 번 오전에 소독해서 사용한다.
③ 손톱의 파일링은 한 방향으로 해야 자연 네일의 손상을 줄일 수 있다.
④ 과도한 큐티클 정리는 고객에게 통증을 유발하거나 출혈이 발생하므로 주의한다.

정답				
01 ②	02 ②	03 ④	04 ①	05 ④
06 ④	07 ③	08 ③	09 ④	10 ②
11 ①	12 ①	13 ①	14 ②	15 ①
16 ③	17 ②	18 ②	19 ①	20 ①
21 ④	22 ②	23 ④	24 ④	25 ④
26 ①	27 ③	28 ③	29 ④	30 ①
31 ②	32 ④	33 ③	34 ③	35 ②
36 ②	37 ②	38 ①	39 ③	40 ②
41 ④	42 ①	43 ①	44 ④	45 ①
46 ②	47 ③	48 ②	49 ②	50 ③
51 ③	52 ②	53 ④	54 ③	55 ②
56 ④	57 ④	58 ④	59 ①	60 ②

제6회 실전 모의고사

01 다음 중 감염병 유행의 3대 요소는?

① 병원체, 숙주, 환경
② 환경, 유전, 병원체
③ 숙주, 유전, 환경
④ 감수성, 환경, 병원체

02 일반적으로 이·미용업소의 실내 쾌적 습도 범위로 가장 알맞은 것은?

① 10~20
② 20~40%
③ 40~70%
④ 70~90%

03 자력으로 의료문제를 해결할 수 없는 생활 무능력자 및 저소득층을 대상으로 공적으로 의료를 보장하는 제도는?

① 의료보험
② 의료보호
③ 실업보험
④ 연금보험

04 공중보건학의 범위 중 보건관리 분야에 속하지 않는 사업은?

① 보건통계
② 사회보장제도
③ 보건행정
④ 산업보건

05 다음 중 수인성 감염병에 속하는 것은?

① 유행성 출혈열
② 성홍열
③ 세균성 이질
④ 탄저병

06 인공조명을 할 때 고려 사항 중 틀린 것은?

① 광색은 주광색에 가깝고, 유해 가스의 발생이 없어야 한다.
② 열의 발생이 적고, 폭발이나 발화의 위험이 없어야 한다.
③ 균등한 조도를 위해 직접조명이 되도록 해야 한다.
④ 충분한 조도를 위해 빛이 좌상방에서 비춰줘야 한다.

07 솔라닌(Solanine)의 원인이 되는 식중독과 관계 깊은 것은?

① 버섯
② 복어
③ 감자
④ 조개

08 미생물의 발육과 그 작용을 제거하거나 정지시켜 음식물의 부패나 발효를 방지하는 것은?

① 방부
② 소독
③ 살균
④ 살충

09 물의 살균에 많이 이용되고 있으며 산화력이 강한 것은?

① 포름알데히드(Formaldehyde)
② 오존(O_3)
③ E.O(Ethylene Oxide) 가스
④ 에탄올(Ethanol)

10 소독제를 수돗물로 희석하여 사용할 경우 가장 주의해야 할 점은?

① 물의 경도
② 물의 온도
③ 물의 취도
④ 물의 탁도

11 소독제를 사용할 때 주의사항이 아닌 것은?

① 취급 방법
② 농도 표시
③ 소독제병의 세균 오염
④ 알코올 사용

12 다음 중 금속제품 가구 소독에 가장 적합하지 않은 것은?

① 알코올
② 역성비누
③ 승홍수
④ 크레졸수

13 다음 중 하수도 주위에 흔히 사용되는 소독제는?

① 생석회
② 포르말린
③ 역성비누
④ 과망간산칼륨

14 개달전염(介撻傳染)과 무관한 것은?

① 의복
② 식품
③ 책상
④ 장난감

15 피부 구조에서 지방세포가 주로 위치하고 있는 곳은?

① 각질층
② 진피
③ 피하조직
④ 투명층

16 다음 중 기미의 생성 유발요인이 아닌 것은?

① 유전적 요인
② 임신
③ 갱년기 장애
④ 갑상선 기능 저하

17 외인성 피부질환의 원인과 가장 거리가 먼 것은?

① 유전인자
② 산화
③ 피부건조
④ 자외선

18 다음 중 원발진에 해당하는 피부 변화는?

① 가피
② 미란
③ 위축
④ 구진

19 자외선으로부터 어느 정도 피부를 보호하며 진피조직 투여하면 피부 주름과 처짐 현상의 가장 효과적인 것은?

① 콜라겐
② 엘라스틴
③ 무코다당류
④ 멜라닌

20 정상피부와 비교하여 점막으로 이루어진 피부의 특징으로 옳지 않은 것은?

① 혀와 경구개를 제외한 입안에 점막은 과립층을 가지고 있다.
② 당김미세섬유사(Tonofilament)의 발달이 미약하다.
③ 미세융기가 잘 발달되어 있다.
④ 세포에 다량의 글리코겐이 존재한다.

21 성장기 어린이의 대사성 질환으로 비타민 D 결핍시 뼈 발육에 변형을 일으키는 것은?

① 석회결석
② 골막파열증
③ 괴혈증
④ 구루병

22 시·도지사 또는 시장·군수·구청장은 공중위생관리상 필요하다고 인정하는 때에 공중위생영업자 등에 대하여 필요한 조치를 취할 수 있다. 이 조치에 해당하는 것은?

① 보고
② 청문
③ 감독
④ 협의

23 법령상 위생교육에 대한 기준으로( ) 안에 적합한 것은?

〈보기〉

공중위생관리법령상 위생교육을 받은자가 위생교육을 받은 날부터 (　　) 이내에 위생교육을 받은 업종과 같은 업종의 영업을 하려는 경우에는 해당 영업에 대한 위생교육을 받은 것으로 본다.

① 2년
② 2년 6월
③ 3년
④ 3년 6월

24 미용사에게 금지되지 않는 업무는 무엇인가?

① 얼굴의 손질 및 화장을 행하는 업무
② 의료기기를 사용하는 피부관리 업무
③ 의약품을 사용하는 눈썹손질 업무
④ 의약품을 사용하는 제모

25 다음 중 이·미용업에 있어서 과태료 부과대상이 아닌 사람은?

① 위생관리 의무를 지기지 아니한 자
② 영업소 외의 장소에서 이용 또는 미용업무를 행한 자
③ 보건복지부령이 정하는 중요사항을 변경하고도 변경 신고를 하지 아니한 자
④ 관계 공무원의 출입·검사를 거부·기피 방해한 자

26 손님에게 음란행위를 알선한 사람에 대한 관계행정기관의 장의 요청이 있는 때, 1차 위반에 대하여 행할 수 있는 행정처분으로 영업소와 업주에 대한 행정 처분기준이 바르게 짝지어진 것은?

① 영업정지 1월 - 면허정지 1월
② 영업정지 1월 - 면허정지 2월
③ 영업정지 3월 - 면허정지 3월
④ 영업정지 3월 - 면허정지 5월

27 이·미용업 영업장 안의 조명도 기준은?

① 50 스 이상
② 75룩스 이상
③ 100룩스 이상
④ 125룩스 이상

28 이·미용업 영업신고를 하면서 신고인이 확인에 동의하지 아니하는 때에 첨부하여야 하는 서류가 아닌 것은?(단, 신고인이 전자정부법에 따른 행정정보의 공동이용을 통한 확인에 동의하지 아니하는 경우임)

① 영업시설 및 설비개요서
② 교육필증
③ 이·미용사 자격증
④ 면허증

29 동물성 단백질의 일종으로 피부의 탄력 유지에 매우 중요한 역할을 하며 피부의 파열을 방지하는 스프링 역할을 하는 것은?

① 아줄렌
② 엘라스틴
③ 콜라겐
④ DNA

30 식물의 꽃, 잎, 줄기, 뿌리, 씨, 과피, 수지 등에서 방향성이 높은 물질을 추출한 휘발성 오일은?

① 동물성 오일
② 에센셜 오일
③ 광물성 오일
④ 밍크 오일

31 화장품의 피부 흡수에 관한 설명으로 옳은 것은?

① 분자량이 적을수록 피부 흡수율이 높다.
② 수분이 많을수록 피부 흡수율이 높다.
③ 동물성 오일<식물성 오일<광물성 오일 순으로 피부 흡수력이 높다.
④ 크림류<로션류<화장수류 순으로 피부 흡수력이 높다.

32 여드름 피부에 맞는 화장품 성분으로 가장 거리가 먼 것은?

① 캄퍼
② 로즈마리 추출물
③ 알부틴
④ 하마멜리스

33 보습제가 갖추어야 할 조건으로 틀린 것은?

① 다른 성분과 혼용성이 좋을 것
② 모공 수축을 위해 휘발성이 있을 것
③ 적절한 보습능력이 있을 것
④ 응고점이 낮을 것

34 메이크업 화장품에 주로 사용되는 제조 방법은?

① 유화
② 가용화
③ 겔화
④ 분산

35 화장품법상 기능성 화장품에 속하지 않는 것은?

① 미백에 도움을 주는 제품
② 여드름 완화에 도움을 주는 제품
③ 주름 개선에 도움을 주는 제품
④ 자외선으로부터 피부를 보호하는 데 도움을 주는 제품

36 손톱이 나빠지는 후천적 요인이 아닌 것은?

① 잘못된 푸셔와 니퍼사용에 의한 손상
② 손톱 강화제 사용 빈도수
③ 과도한 스트레스
④ 잘못된 파일링에 의한 손상

37 손톱의 특성이 아닌 것은?

① 손톱은 피부의 일종이며, 머리카락과 같은 케라틴과 칼슘으로 만들어져 있다.
② 손톱의 손상으로 조갑이 탈락되고 회복되는 데는 6개월 정도 걸린다.
③ 손톱의 성장은 겨울보다 여름이 잘 자란다.
④ 엄지 손톱을 성장이 가장 느리며, 중지 손톱이 가장 빠르다.

38 고객을 응대할 때 네일아티스트의 자세로 틀린 것은?

① 고객에게 알맞은 서비스를 하여야 한다.
② 모든 고객은 공평하게 하여야 한다.
③ 진상고객은 단념하여야 한다.
④ 안전 규정을 준수하고 충실히 하여야 한다.

39 손톱에 색소가 침착되거나 변색되는 것을 방지하고 네일 표면을 고르게 하여 폴리시의 밀착성을 높이는 데 사용되는 네일미용 화장품은?

① 탑 코트
② 베이스 코트
③ 폴리시 리무버
④ 큐티클 오일

40 에나멜을 바르는 방법으로 손톱을 가늘어 보이게 하는 것은?

① 프리에지
② 루눌라
③ 프렌치
④ 프리 월

41 골격근에 대한 설명으로 틀린 것은?

① 인체의 약 60%를 차지한다.
② 횡문근이라고도 한다.
③ 수의근이라고도 한다.
④ 대부분이 골격에 부착되어 있다.

42 매니큐어를 가장 잘 설명한 것은?

① 네일에나멜을 바르는 것이다.
② 손톱 모양을 다듬고 색깔을 칠하는 것이다.
③ 손 매뉴얼 테크닉과 네일에나멜을 바르는 것이다.
④ 손톱 모양을 다듬고 큐티클 정리, 유분기 제거 등을 포함한 관리이다.

43 매니큐어의 유래에 관한 설명 중 틀린 것은?

① 중국은 특권층의 신분을 드러내기 위해 홍화를 손톱에 바르기 시작했다.
② 매니큐어는 고대 희랍어에서 유래된 말로 마누와 큐라의 합성어이다.
③ 17세기 경 인도의 상류층 여성들은 손톱의 뿌리 부분에 신분을 나타내는 목적으로 문신을 했다.
④ 건강을 기원하는 주술적 의미에서 손톱에 빨간색을 물들이게 되었다.

44 다음 중 하지의 신경에 속하지 않는 것은?

① 총비골 신경
② 액와신경
③ 복재신경
④ 배측신경

45 표피성 진균증 중 네일몰드는 습기, 열, 공기에 의해 균이 번식되어 발생한다. 이때 몰드가 발생한 수분 함유율이 옳게 표기된 것은?

① 2%~5%
② 7%~10%
③ 12%~18%
④ 23%~25%

46 손톱의 역할 및 기능과 가장 거리가 먼 것은?

① 물건을 잡거나 성상을 구별하는 기능
② 작은 물건을 들어 올리는 기능
③ 방어와 공격의 기능
④ 몸을 지탱해주는 기능

47 네일 재료에 대한 설명으로 적합하지 않은 것은?

① 네일 에나멜 시너-에나멜을 묽게 해주기 위해 사용한다.
② 큐티클 오일-글리세린을 함유하고 있다.
③ 네일 블리치-20볼륨 과산화수소를 함유하고 있다.
④ 네일 보강제-자연네일이 강한 고객에게 사용하면 효과적이다.

48 뼈의 기능이 아닌 것은?

① 지렛대 역할
② 흡수기능
③ 보호작용
④ 무기질 저장

49 매니큐어 시술 시에 미관상 제거의 대상이 되는 손톱을 덮고 있는 각질세포는?

① 네일 큐티클(Nail Cuticle)
② 네일 플레이트(Nail Plate)
③ 네일 프리에지(Nail Free Edge)
④ 네일 그루브(Nail Groove)

50 다음(　　) 안의 a와 b에 알맞은 단어를 바르게 짝지은 것은?

〈보기〉

(a)는 폴리시 리무버나 아세톤을 담아 펌프식으로 편리하게 사용할 수 있다.
(b)는 아크릴 리퀴드를 덜어 담아 사용할 수 있는 용기이다.

① a-다크디시, b-작은 종지
② a-디스펜서, b-다크디시
③ a-다크디시, b-디스펜서
④ a-디스펜서, b-디펜디쉬

51 페디큐어 시술 과정에서 베이스 코트를 바르기 전 발가락이 서로 닿지 않게 하기 위해 사용하는 도구는?

① 엑티베이터
② 콘커터
③ 클리퍼
④ 토우 세퍼레이터

52 큐티클 정리 및 제거 시 필요한 도구로 알맞은 것은?

① 파일, 탑코트
② 라운드 패드, 니퍼
③ 샌딩블럭, 핑거볼
④ 푸셔 ,니퍼

53 네일 팁 접착 방법의 설명으로 틀린 것은?

① 네일 팁 접착 시 자연 네일의 1/2 이상 덮지 않는다.
② 올바른 각도의 팁 접착으로 공기가 들어가지 않도록 유의한다.
③ 손톱과 네일 팁 전체에 프라이머를 도포한 후 접착한다.
④ 네일 팁 접착할 때 5~10초 동안 누르면서 기다린 후 팁의 양쪽 꼬리부분을 살짝 눌러준다.

54 UV 젤 네일 시술 시 리프팅이 일어나는 이유로 적절하지 않은 것은?

① 네일의 유·수분기를 제거하지 않고 시술했다.
② 젤을 프리에지까지 시술하지 않았다.
③ 젤을 큐티클 라인에 닿지 않게 시술했다.
④ 큐어링 시간을 잘 지키지 않았다.

55 습식 매니큐어 시술에 관한 설명 중 틀린 것은?

① 베이스 코트를 가능한 한 얇게 1회 전체에 바른다.
② 벗겨짐을 방지하기 위해 도포한 폴리시를 완전히 커버하여 탑 코트를 바른다.
③ 프리에지 부분까지 깔끔하게 바른다.
④ 손톱의 길이 정리는 클리퍼를 사용할 수 없다.

56 아크릴릭 네일의 설명으로 맞는 것은?

① 두꺼운 손톱 구조로만 완성되며 다양한 형태를 만들 수 없다.
② 투톤 스컬프쳐인 프렌치 스컬프쳐에 적용할 수 없다.
③ 물어뜯는 손톱에 사용하여서는 안 된다.
④ 네일 폼을 사용하여 다양한 형태로 조형이 가능하다.

57 아크릴릭 스컬프쳐 시술 시 손톱에 부착해 길이를 연장하는 데 받침대 역할을 하는 재료로 옳은 것은?

① 네일 폼
② 리퀴드
③ 모노머
④ 아크릴 파우더

58 다른 모형보다 강한 느낌을 주며, 대회용으로 많이 사용되는 손톱 모양은?

① 오벌 모형
② 라운드 모형
③ 스퀘어 모형
④ 아몬드형 모형

59 발톱의 모형으로 가장 적절한 것은?

① 라운드형
② 오발형
③ 스퀘어형
④ 아몬드형

60 아크릴릭 보수 과정 중 옳지 않은 것은?

① 심하게 들뜬 부분은 파일과 니퍼를 적절히 사용하여 세심히 잘라내고 경계가 없도록 파일링한다.
② 새로 자라난 손톱 부분에 에칭을 주고, 프라이머를 바른다.
③ 적절한 양의 비드로 큐티클 부분에 자연스러운 라인을 만든다.
④ 새로 비드를 얹은 부위는 파일링이 필요하지 않다.

정답				
01 ①	02 ③	03 ②	04 ④	05 ③
06 ③	07 ③	08 ①	09 ②	10 ①
11 ④	12 ③	13 ①	14 ②	15 ③
16 ④	17 ①	18 ④	19 ①	20 ①
21 ④	22 ①	23 ①	24 ①	25 ③
26 ③	27 ②	28 ③	29 ②	30 ②
31 ①	32 ③	33 ②	34 ④	35 ②
36 ②	37 ④	38 ③	39 ②	40 ④
41 ①	42 ④	43 ②	44 ②	45 ④
46 ④	47 ④	48 ②	49 ①	50 ④
51 ④	52 ④	53 ③	54 ③	55 ④
56 ④	57 ①	58 ③	59 ③	60 ④